JN086363

Minerva Shobo Librairie

子ども家庭福祉

子どもと家庭を支援する

大津泰子

[著]

ミネルヴァ書房

は じ め に

　わが国の「児童福祉」は，戦後の孤児の保護や浮浪児・非行児童の保護対策から，子どもと子どもが生まれ育つ家庭と地域を含めた支援「子ども家庭福祉」へと変化してきました。「子ども家庭福祉」の理念とは，子どもの基本的人権を尊重し，子どもが適切な環境のもと健やかに生れ，生き生きと子どもらしく成長，発達することです。

　子ども家庭福祉が実践されるためには，成人，親（保護者）など環境の側の配慮とケアが必要となります。親の権利を守り，子どもを育てやすい環境を整備していかなければ，子どもを健やかに育てることはできません。子ども家庭福祉とは，次世代を担う子どもの健全な育成を，国や地方自治体，社会全体で協力し支援していくことでもあります。そのためには，子ども家庭福祉に携わるものとして，子ども家庭福祉に関する総合的な理解を深める必要があります。

　本書は，保育士養成課程のテキストとして刊行しました。近年では，保育士養成カリキュラムの改正や新保育所保育指針の施行，また子ども家庭福祉に関する法令の改正も行われてきました。さらに，「こども基本法」の策定や，「こども家庭庁」の創設など，新たな「子ども家庭福祉」施策が展開されています。これらの点に鑑み，本書では子ども家庭福祉に関する基礎的な内容とともに，法整備や今後の動向など最新の子ども家庭福祉に関する内容を取り入れ，初めて「子ども家庭福祉」を学ぶ方にも無理なく理解できるようわかりやすい表現を用いました。保育士資格取得を目指す学生の方々に加え，子ども家庭福祉・保育現場に携わる方々にも広く活用していただければ幸いです。

　最後になりましたが，本書の編集等の大変な作業にご尽力いただいたミネルヴァ書房の音田潔さんに厚く御礼申し上げます。

2023年2月

大津泰子

も　く　じ

はじめに

第 **1** 章　現代社会と子ども家庭福祉

　近年，子どもを養育する家庭を取り巻く環境はますますきびしくなってお
り，特に子どもや子育て家庭をめぐる様々な問題が深刻化しています。子ど
もへの虐待，ドメスティック・バイオレンス（DV），いじめや不登校，社
会的ひきこもりなどが社会問題化し，子ども同士の殺人など凶悪な事件も後
が絶ちません。この背景には，産業構造の変化，都市化，核家族化，価値観
の多様化といった様々な社会経済・文化的な要因と，それに伴う家庭や地域
の子育て機能の低下等が考えられます。
　そこで本章では，現代の家族や地域社会の状況や，そのなかで育つ子ども
たちの状況について学習します。

1　少子高齢社会と子どもの健全育成

（1）少子化の現状

　厚生労働省の「令和3（2021）年人口動態統計」によると2021年の合計特殊
出生率は1.30で，前年の1.33を下回りました。出生数は81万1,622人で過去最
少となりました。出生率（人口対千）は6.6で，前年より0.2ポイント低下して
います。

　わが国の年間出生数は，第1次ベビーブーム期（1947〜1949年）に生まれた
女性が出産した第2次ベビーブーム期（1971〜1974年）には，年間200〜210万
の出生数がありました。しかし，1974年を境に，それ以降毎年減少し続け，
1991年以降低水準のまま増減を繰り返しています。

▷1　合計特殊出生率
　　その年次の15〜49歳までの女性の年齢別出生率を合計したもので，1人の女性が，仮にその
年次の年齢別出生率で一生の間に子どもを産むと仮定したときの子ども数に相当する。

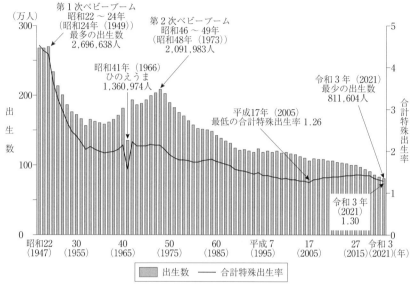

図表 1 - 1　出生数及び合計特殊出生率の年次推移

（万人）
300

第 1 次ベビーブーム
昭和22 ～ 24年
（昭和24年（1949））
最多の出生数
2,696,638人

第 2 次ベビーブーム
昭和46 ～ 49年
（昭和48年（1973））
2,091,983人

昭和41年（1966）
ひのえうま
1,360,974人

令和 3 年（2021）
最少の出生数
811,604人

平成17年（2005）
最低の合計特殊出生率1.26

令和 3 年
（2021）
1.30

出生数

200

100

0

昭和22
（1947）

30
（1955）

40
（1965）

50
（1975）

60
（1985）

平成 7
（1995）

17
（2005）

27
（2015）

令和 3
（2021）（年）

合計特殊出生率
5
4
3
2
1
0

出生数　　　　合計特殊出生率

出所：厚生労働省「令和 3 年人口動態統計月報年計（概数）の概況」2022年。

　合計特殊出生率においては，戦後のベビーブームの1947年の4.32をピークに，1960年代はほぼ2.1台で推移していました。1973年の第 2 次ベビーブームでは2.0を保っていましたが，1975年に2.0を下回ってから低下傾向となり，1989年には，それまでの最低であった1966年の1.58を下回る1.57となり，その衝撃から「1.57ショック」といわれました。2003年には，「超少子化国」[2]と呼ばれる1.3を下回り，さらに2005年に過去最低の1.26まで落ち込みました。その後，2015年には1.45まで上昇しましたが，2021年は1.30で前年より下回っています（図表 1 - 1 ）。

　出生数の減少は，年少人口（ 0 ～14歳）割合の低下をもたらし，「日本の将来推計人口（2017年推計）」（国立社会保障・人口問題研究所）によると，2065年には，わが国の人口は8,808万人となり（2021年10月 1 日現在 1 億2,550万人） 1 億人を下回ると推計されます。また，年少人口は減少し続け，898万人の規模となり，

▷ 2　人口学では，合計特殊出生率が1.3を割った国を「超少子化国」と呼ぶことがある。

総人口に占める割合は10.2％になると推計されます（2021年10月1日現在1,478万人，11.8％）。

　婚姻件数は第一次ベビーブーム世代が25歳全の年齢となる1970〜1974年にかけて年間100万組を超え，婚姻率（人口千人当たりの婚姻件数）も約10.0以上でした。その後婚姻件数も婚姻率も増減を繰り返しながら，2021年の婚姻件数は50万1,138組で前年より2万4,369組減少し戦後最少となりました。婚姻率（人口千人）も4.1で過去最低となり，1970年代前半と比較すると半分程度の水準となっています。

　これらの状況を踏まえ，未婚率の増加や共働き世帯の増加などのライフスタイルの変化に対応できる社会，さらに，結婚したい，子どもを生み育てたい，子どもを持って働きたいと思う人が，希望する結婚・出産・子育てを実現できる社会づくりが必要となります。

図表 1 - 2　平均初婚年齢の年次推移

	夫（歳）	妻（歳）
1994年	28.5	26.2
2004	29.6	27.8
2014	31.1	29.4
2018	31.1	29.4
2019	31.2	29.6
2020	31.0	29.4
2021	31.0	29.5

注：各届出年に結婚生活に入ったもの。
出所：図表 1 - 1 と同じ。

（2）少子化の要因

　これまで少子化の要因として，①婚姻年齢の上昇，②非婚傾向，③夫婦の出生力の低下などが問題としてあげられてきました。厚生労働省「人口動態統計月報年計（概数）の概況（2021年）」によると，2021年の平均初婚年齢は，男性が31.0歳，女性は29.5歳で1994年と比較すると夫は2.5歳，妻は3.3歳上昇しています（図表 1 - 2）。2020年の「国勢調査」（総務省）によると，生涯未婚率（50歳時未婚率）は，男性が25.7％（2015年，23.4％），女性は16.4％（2015年，14.1％）で前回の2015年の調査より上昇しています。

　「第15回出生動向基本調査（独身者調査）」（2015年）によると，「いずれ結婚するつもり」と考える18〜34歳の未婚者の割合は，男性85.7％，女性89.3％で，男女とも高い割合を示しています。また，25〜34歳の未婚者は結婚しない理由として，「適当な相手にめぐりあわない」（男性45.3％，女性51.2％）が最も高い

割合になっています。次に多いのは男性では「まだ必要性を感じない」や「結婚資金が足りない」となり，女性では「自由さや気楽さを失いたくない」「まだ必要性を感じない」が理由となっています。男女とも結婚の意思はあるが，結婚にいたるまでの相手とめぐりあわない，また特に必要性を感じていないケースが多いといえます。さらに男性の場合は経済面，女性は結婚によって自由さや気楽さが失われることも結婚をためらわせる要因といえるでしょう。

　さらに，同調査において，夫婦の出生力については，平均2.2人前後でこれまで一定していましたが，近年ではそれも低下傾向にあります。平均理想の子ども数は2010年では，2.42人ですが，2015年では，2.32人と過去最低となりました。それに達しない理由として，「子育てや教育費にお金がかかりすぎるから」がトップにあげられ，特に30〜34歳では8割を超えています。ほかに「高年齢で産むのはいやだから」や「欲しいけれどもできないから」などが理由としてあげられています。

　子育てや教育に係る費用が，出生力低下に関連していることは，若い世代の所得の伸び悩みからもうかがえます。20歳，30歳といった世代の所得をみると（総務省統計局「就業構造基本調査」），1997年と比較すると2017年には，20代では300〜400万円未満が減少し，150万円未満の割合が増加しています。30代では400〜700万円未満が減少し，100〜400万円未満の割合が増加しています。このように若い世代の所得分布が低所得層に移行しています。さらに，新型コロナウイルス感染の影響も考えられます。「労働力調査」によると，若年層（15〜34歳）の完全失業率が2019年から増加傾向となっています。最も高かった2021年は男性3.1％，女性2.5％で，年齢別では男女とも15〜24歳の失業率が最も高くなっています（男性5.1％，女性4.2％）。若い世代の低所得への移行と新型コロナウイルス感染症の拡大による雇用問題などにより，結婚・出産・子育てがより厳しい選択となっている状況がうかがえます。

　また，出生力低下の原因として，核家族化やライフスタイルの都市化によって，仕事と家庭の両立が困難になったこともあげられます。子育てに関して祖父母や親族，近隣などの支援やアドバイスが得られない状況などです。さらに

コロナ禍で日常や将来に対する不安やストレスを感じる中，休園や休校による家事・子育ての負担など子育てにかかる肉体的・精神的負担も増大していることが考えられます。また，育児休業を取得する女性の割合は増加傾向にあり，出産を機に仕事を辞める女性の割合はほとんど変化していません。しかし，待機児童の問題も大きく，女性が出産後職場復帰を希望しても，保育施設への入所が難しく就業をあきらめるケースも見られます。さらに，子育てを一段落した女性が再就職を望んでも，パートやアルバイトなど，不安定な雇用を選択せざるを得ない状況が出産をためらわせるケースもあります。

　2019年に出生数が90万人を下回り，「86万ショック」と呼ばれましたが，2021年には過去最少の出生数になりました。少子化の危機感はさらに高まる中，コロナウイルス感染症の流行によって，日常や将来に不安を感じ，結婚・子育てに少なからず影響を与えていることは否めません。

（3）少子化による影響

　少子化による影響として，まず，労働力人口の減少と，それによる，経済成長へのマイナスの影響があげられます。次に，高齢化率の上昇と，それに伴う年金や医療，介護費の増大の問題が考えらます。さらに社会保障制度を支える現役世代の総人口に占める割合が減少するため，社会保障制度の維持に関する問題も生じてきます。

　しかし，少子化が子どもの育ちに与える影響はさらに重要であるといえます。少子化に伴う遊び仲間，とりわけ異年齢児たちによる集団遊びの機会の減少や，テレビゲーム，パソコン等の普及によって，子ども同士の人間関係が築きにくいことや，子どもの孤立化などが生じています。

　また，親の関心が数少ない子どもに向けられることから，子どもへの過度の期待による過干渉・過保護の問題が見られます。母と子どもの結びつきが強くなりやすいことから「母子密着」関係を引き起こしやすい状況があり，それにより，子どもへの過干渉，過保護，厳格・抑圧などが強くなり，子どもへの期待が不満足であった場合，子どもに対する不信感，失望感，拒否感など否定感

情を募らせることになります。その結果，子どもへの虐待に至ることも珍しくありません。

　一方，子どもたちは親の期待にこたえるために，自分の個性や能力を無視し努力し続けることで慢性的なストレスを生じるなど，親の過度の期待が子どもへの抑圧になっていることも考えられます。このように，一方的に子どもに対して過度の期待を寄せる親の養育は，歪んだ人間関係の形成，子どもの自立の妨げ，情緒障害[▷3]，非行や不登校など，子どもの発達期において様々な影響を及ぼすことになります。

　このように，少子化に伴い発生する子どもの生活環境や子育ての問題は，子どもの健全な育成に大きな影響を与えるといえます。

2　変化する家族形態

（1）家族形態の多様化と世帯人員の減少

　日本の家族形態はこの50年間に大きく変化してきました。直系多世代世帯から，夫婦と子どもからなる核家族世帯が中心となり，特に近年では単独（ひとり）世帯や夫婦のみの世帯が増加しています。さらに，近年では，晩婚化や非婚化も進み，離婚や再婚の増加も家族の多様化の要因となっています。

　2021年の「国民生活基礎調査」によると，2021年の総世帯数は5,191万4,000世帯で増加していますが，平均世帯人員は2.37人と減少しています（図表1-3）。そのうち核家族世帯（夫婦のみの世帯，夫婦と未婚の子のみの世帯，ひとり親と未婚の子のみの世帯）は3,067万9,000世帯で，総世帯の59.1％を占めています。一方，1986年には，15.3％だった三世代世帯は，2021年には4.9％と大きく減少しています。夫婦のみの世帯と単独世帯は，1986年には，それぞれ14.4％，18.2％でしたが，2021年には24.5％，29.5％と大きく増加しています。

▷3　情緒障害
　　情緒の現れ方が偏っていたり，その現れ方が激しい状態を，自分の意思では抑制することができないことが継続し，学校生活や社会生活に支障となる状態。

図表1-3　世帯数と平均世帯人員の年次推移

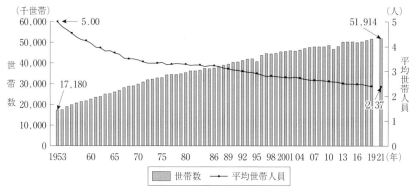

注：(1)　1995（平成7）年の数値は，兵庫県を除いたものである。
　　(2)　2011（平成23）年の数値は，岩手県，宮城県及び福島県を除いたものである。
　　(3)　2012（平成24）年の数値は，福島県を除いたものである。
　　(4)　2016（平成28）年の数値は，熊本県を除いたものである。
　　(5)　2020（令和2）年は，調査を実施していない。
出所：厚生労働省「2021年国民生活基礎調査の概況」2022年。

　18歳未満の子どものいる世帯は1,073万3,000世帯，全世帯の20.7％で減少傾向です。子どもがいる世帯の平均子ども数は1.69人となり，年々減少しています（図表1-4）。

　世帯の縮小化により家族の生活を維持し保障する機能の低下が進むことで，子育てや介護など福祉機能を家庭以外で補完せざるを得ない状況となっています。

（2）増える共働き家庭の増加と雇用問題

　1980年以降，夫婦共に雇用者の共働き世帯は年々増加し，1997年以降は共働き世帯が片働き世帯（夫は有業，妻は無業）を継続して上回っています（図表1-5）。共働き世帯の増加の背景には，女性の社会進出や男女共同参画社会の推進，さらに第3次産業従事者[▷4]の増加や少子化による労働力の確保など，経済情

――――――――――――――
▷4　第3次産業従事者
　　商業，運輸通産業，金融業，サービス業など。

図表 1 - 4　児童の有（児童数）無の年次推移

| (年) | 児童のいる世帯 | | | 児童のいない世帯 |
	1 人	2 人	3 人以上	
1986	16.3	22.3	7.7	53.8
'89	15.5	19.3	6.8	58.3
'92	14.0	16.3	6.2	63.6
'95	13.5	14.4	5.5	66.7
'98	12.6	12.8	4.9	69.8
2001	12.2	12.2	4.3	71.2
'04	11.9	12.2	3.8	72.1
'07	11.5	11.0	3.5	74.0
'10	11.3	10.7	3.3	74.7
'13	10.9	10.1	3.2	75.9
'16	10.9	9.4	3.1	76.6
'17	10.3	9.8	3.2	76.7
'18	10.0	8.9	3.1	77.9
'19	10.1	8.7	2.8	78.3
'21	9.7	8.2	2.8	79.3

児童のいる世帯
（20.7％）

0　10　20　30　40　50　60　70　80　90　100（％）

注：(1)　1995年の数値は，兵庫県を除いたものである。
　　(2)　2016年の数値は，熊本県を除いたものである。
　　(3)　2020年は，調査を実施していない。
出所：図表 1 - 3 と同じ。

勢の変化もみられます。

　「国民生活基礎調査」によると，2021年の調査では，子どものいる世帯にお
いて母親が仕事をしている割合は75.9％で，2013年の63.1％よりも増加してい
ます。仕事をしていない母親の割合は減少傾向です。仕事をしている母親のう
ち正規の職員の割合は29.6％，非正規の職員の割合は37.3％となり，非正規の
仕事に就いている割合が高くなります。末子の年齢階級別に母親の仕事の状況
を見ると，末子の年齢が上がるにつれて，仕事をしている母親の数は多くなり
ます。しかし，就業形態別では，正規雇用者数は末子の年齢による差は大きく
ありませんが，非正規雇用者数では，末子の年齢が上がるにつれて大幅に増加
しています。このように，子どもを持つ母親の就業率は増加していますが，そ

図表1-5　共働き等世帯数の推移

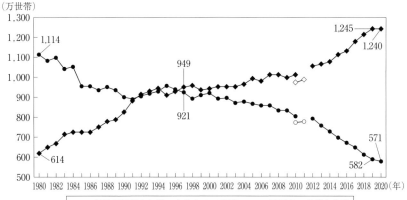

注：(1)　1980年から2001年までは総務庁「労働力調査特別調査」（各年2月。ただし，1980年から1982年
　　　　は各年3月），2002年以降は総務省「労働力調査（詳細集計）」より作成。「労働力調査特別調査」
　　　　と「労働力調査（詳細集計）」とでは，調査方法，調査月等が相違することから，時系列比較には
　　　　注意を要する。
　　　(2)　「男性雇用者と無業の妻から成る世帯」とは，2017年までは，夫が非農林業雇用者で，妻が非就
　　　　業者（非労働力人口及び完全失業者）の世帯。2018年以降は，就業状態の分類区分の変更に伴い，
　　　　夫が非農林業雇用者で，妻が非就業者（非労働力人口及び失業者）の世帯。
　　　(3)　「雇用者の共働き世帯」とは，夫婦共に非農林業雇用者（非正規の職員・従業員を含む）の世帯。
　　　(4)　2010年及び2011年の値（白抜き表示）は，岩手県，宮城県及び福島県を除く全国の結果。
出所：内閣府『男女共同参画白書　令和3年版』勝美印刷，2021年，110頁。

　の多くは非正規雇用であり，かつ末子の年齢が上がるにつれて非正規雇用が多
くなる傾向といえます（図表1-6）。
　非正規雇用による収入は，正規雇用者と比較すると低く，正規雇用者と同様
の長時間勤務を求められることも少なくないため，子どもと過ごす時間の確保
が困難な場合もあります。
　このような母親の就業状況の背景には，女性の仕事と子育ての両立という問
題が見られます。女性は，妊娠・出産を機にいったん離職をし，子どもが成長
し，子育てが一段落ついた頃に再就職します。しかし，正規雇用の再就職は少
なくパート・アルバイトという非正規雇用を選択することになります。あるい
は，子育ての時間を確保するために，非正規雇用を選ばざるを得ない状況もあ
ると思われます。

図表 1 - 6　末子の年齢階級別にみた母親の仕事の状況

(単位：千世帯)　　　　　　　　　　　　　　　　　　　　　　　　　　　　　　　2021（令和 3）年

末子の年齢階級	総　　数	仕事あり	正規の職員・従業員	非正規の職員・従業員	その他	仕事なし
総　数	10,369	7,868	3,070	3,872	926	2,501
0 歳	749	451	310	95	46	298
1	800	519	282	173	64	281
2	619	399	202	154	43	220
3	616	450	213	196	41	166
4	613	453	190	215	49	159
5	568	439	153	218	68	129
6	541	410	157	207	46	131
7 ～ 8	1,080	859	288	468	103	221
9 ～11	1,558	1,266	423	676	168	292
12～14	1,633	1,338	451	718	169	295
15～17	1,593	1,285	402	753	129	309

注：(1)　母親の「仕事の有無不詳」を含まない。
　　(2)　「その他」には，会社・団体等の役員，自営業主，家族従業者，内職，その他，勤めか自営か不詳及び勤め先での呼称不詳を含む。
出所：図表 1 - 3 と同じ。

　また，近年では夫婦ともに非正規雇用という家庭も少なくありません。さらに非正規雇用のひとり親世帯も増加しています。さらに，新型コロナウイルス感染拡大の影響により，休業や退職を余儀なくされた人も多く，非正規雇用者の雇用状況は悪化しました。とりわけ非正規労働者の多い女性への経済的な影響は深刻です。

　仕事と子育ての両立支援策として，国は育児休業などの普及を図っていますが，仕事と育児の両立は依然として厳しい状況です。「令和 2 年度雇用均等基本調査」によると，2020年度の女性の育児休業取得率は81.6％で，2008年の 9 割取得と比較すると減少傾向にあります。一方，男性は12.65％と前年より5.17ポイント増加していますが，国が掲げる30％には至っていません（図表 1 - 7 ）。

　三菱 UFJ リサーチコンサルティング調査（2018年）「仕事と育児の両立に関する実態把握のための調査研究報告書」によると，末子の出産・育児のために何らかの休暇・休業を希望していた男性のうち，育児休業制度を利用した割合

図表1-7　育児休業取得率の推移

(%)

	1996年度	2002年度	2008年度	2010年度	2011年度	2012年度	2013年度
女　性	49.1	64.0	90.6	83.7	[87.8]	83.6	83.0
男　性	0.12	0.33	1.23	1.38	[2.63]	1.89	2.03
	2014年度	2015年度	2016年度	2017年度	2018年度	2019年度	2020年度
女　性	86.6	81.5	81.8	83.2	82.2	83.0	81.6
男　性	2.30	2.65	3.16	5.14	6.16	7.48	12.65

注：2011年度の［　］内の比率は，岩手県，宮城県および福島県を除く全国の結果。
出所：厚生労働省「令和2年度雇用均等基本調査」2021年。

は19.9％で，利用しなかった割合は37.5％という結果が出ています。取得意向と取得の実態には大きな隔たりがあります。育児休業制度を希望しつつも，利用しなかった理由として，「会社で育児休業制度が整備されていなかったから」，「収入を減らしたくなかったから」が上位を占めています。国は，少子化社会対策大綱（2020年）において，2025年までに「男性の育児休業取得率」30％の数値目標を掲げています。目標値達成のためには，育児休暇が取得しやすい職場環境の整備が必要となります。

　前述したように，共働き世帯数は増加し，子育て世代の女性の就業率も7割を超えています。▷5女性の正規雇用者，非正規雇用者ともに，仕事と家庭（子育て）の両立を行っていくのは困難な状況が見られます。子どもの生活の基本となる安定した家庭生活を保障するため，親の就労環境に関しては，生産性や利益だけにとどまらず，子ども家庭福祉の視点から改善していく必要があるのではないでしょうか。

3　家族機能の変化

　近年では，子育て家庭の低賃金化や長時間労働，子どもの貧困，子ども虐待

▷5　子育て世代の女性の就業率
　　2017年の25歳から39歳までの女性の就業率は75.7％で過去最高（総務省「平成29年就業構造基本調査」）。

などが進行し，子どもの生活の基盤である家庭の生活，労働，地域が変化し，脆弱化しています。これは，子育てを行う上で大きな困難となって，子どもの成長に影響を与えることになります。子どもが健全に成長し，基本的生活習慣を獲得し社会性を身につけていく基本的な集団としての家族の機能はどのように変化しているのでしょうか。

（1）子どもの生活習慣の変化

　家庭は，「子どもを生み育てる」役割をもつと同時に，「基本的な生活習慣などを通して，子どもが社会に適応していくための能力や知恵を身につける」役割も求められています。しかし，近年は家庭における教育力が低下し，基本的な生活習慣の欠如が子どもの育ちの変化の一つとしてあげられています。

　文部科学省は，子どもの基本的生活習慣の確立や生活リズムの向上をめざして，「『早寝・早起き・朝ごはん』国民運動」の推進を展開し，様々な企業がこの運動とタイアップして，生活リズムを整えることの重要性を伝えています。しかし，実際の子どもたちの生活リズムはどのようになっているのでしょうか。

　子どもの睡眠時間や睡眠の質は，脳の発達，成長ホルモンの分泌，疲労回復，1日のストレス解消など，子どもの心身の健やかな発達に大きく影響しています。子どもの睡眠不足や睡眠障害が持続すると，肥満や生活習慣病（糖尿病・高血圧），うつ病などの発症率を高めたり症状を悪化させたりする危険性も指摘されています。そのため，子どもの規則正しい生活習慣を身につけることが大切です。

　「平成30（2018）年度家庭教育の総合的推進に関する調査研究」（文部科学省）によると，子どもの平日の睡眠時間は，年齢が上がるにつれ短くなり，中学生以上になると睡眠時間8時間未満が約8割を占めています（図表1‐8）。厚生労働省の「健康づくりのための睡眠指針2014」では，10代前半の子どもが健康を維持するために必要な睡眠時間は8時間以上となっており，子どもの睡眠不足が危惧されます。

　子どもの睡眠には，保護者のメディア利用状況が大きく関連しており，起

図表 1 - 8　子どもの平日の睡眠時間（末子年齢別）

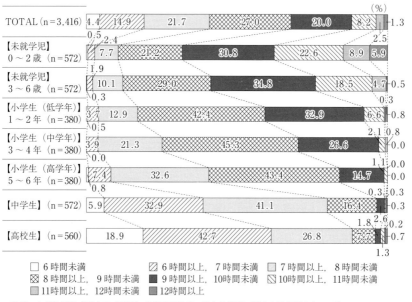

凡例：
- □ 6 時間未満
- ▨ 6 時間以上，7 時間未満
- ▤ 7 時間以上，8 時間未満
- ▨ 8 時間以上，9 時間未満
- ■ 9 時間以上，10時間未満
- ▨ 10時間以上，11時間未満
- ▦ 11時間以上，12時間未満
- ■ 12時間以上

出所：文部科学省「平成30（2018）年度家庭教育の総合的推進に関する調査研究」2022年。

床・就寝が遅い子どもほど，午後 9 時以降のメディアの利用も多いことから，保護者のメディア利用時間が長くなることで，子どもの生活習慣に影響を与えていると推察されます。

　子どもの食生活では，朝食の摂取は栄養補給だけではなく，体内時計のリズムを整え，適切な生活習慣の育成や心身の健康保持につながる点からも重要といえます。小・中学生の朝食欠食の割合は，一時期は減少傾向が見られましたが，近年は横ばい傾向です（図表 1 - 9 ）。

　文部科学省の同調査において，「朝食を毎日食べている」と回答した子どもは87.6％で，「週 1 日以上朝食を食べない日がある」が10.3％となっています。朝食を食べない理由は，「食べる時間がない（朝起きることができない）」36.6％，「食欲がない」32.0％が上位を占めています。

　「朝食を毎日食べている」子どもと「週 1 日以上朝食を食べない日がある」

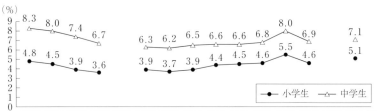

図表 1 - 9　小・中学生の朝食欠食率の推移

注：(1)　2011年度は，東日本大震災の影響等により，調査の実施を見送り。
　　(2)　2020年度は，新型コロナウイルス感染症の影響等により，調査の実施を見送り。
　　(3)　「朝食を毎日食べていますか」という質問に対して，「あまりしていない」，「全くしていない」
　　　　と回答した割合の合計。
　　(4)　小学校 6 年生，中学校 3 年生が対象。
資料：文部科学省「全国学力・学習状況調査」。
出所：農林水産省『食育白書 令和 3 年版』2022年。

子どもを比較すると，週 1 日以上朝食欠食の子どもは，朝食を毎日食べる子ど
もよりも起床・就寝時間が遅く，早寝・早起きの生活習慣が身についていない
傾向が見られます。また，夕食を食べる時間が遅く，夕食後の間食も多くなり
がちで，夜間のメディア利用状況も比較的多くなる傾向が示されています。こ
れらの生活習慣，食習慣，メディア利用時間によって生活リズムが乱れること
が「子どもの朝食欠食」につながることが指摘されています。また，週 1 回以
上朝食欠食の子どもの家庭では，保護者も朝食を欠食する割合が高くなってお
り，子どもの朝食欠食は，保護者の生活習慣とも関係していることが報告され
ています。

　また，朝食摂取と子どもの学力の関係について，国立教育政策研究所が行っ
た調査（「全国学力・学習状況調査（令和 3 年度)」）によると，小学校，中学校と
もに「毎日朝食を食べる」学生は，「食べない日が多い」「全く・あまり食べな
い」と答えた学生と比較して，国語・算数の平均回答率が高い結果が出ていま
す。さらに，朝食摂取と運動能力・体力との関係についても，「毎日食べる」
学生と比較して，「食べない日が多い」「食べない」学生は，体力合計点が低い
結果が出ています（文部科学省スポーツ・青少年省「全国体力・運動能力・運動習慣
等調査（令和 3 年度)」）。

　さらに，女性の社会進出に伴い，家庭の食卓は変化し，低年齢化する孤食
化▷6が指摘されています。また，栄養の偏りによる子どもの肥満や生活習慣病の
増加といった子どもの健康にも大きな影響を与えています。

　心身の健康の基礎となる，睡眠，食事といった基本的生活習慣がうまく保た
れなくなっている現代の子どもの生活状況がうかがえます。これらの要因とし
て，親の就業形態やライフスタイルの変化により生活が夜型化し，子どもがそ
の影響を受ける場合や，塾や習い事・学習によって，あるいはテレビ・パソコ
ン等の情報メディアによって就寝時間が遅くなることなど，子どもの過密スケ
ジュールによる結果と考えられます。

（2）育児不安の増加と子ども虐待

　子どもに関する問題において，その一つに深刻化する育児不安と子ども虐待
の問題があります。育児不安の背景として，核家族世帯の増加や，近隣関係の
希薄化などによる育児の孤立化，子育ての負担による育児ストレスなどが考え
られます。

　内閣府が行った「結婚・家族形成に関する意識調査（平成26年度）」によると，
子育てで不安に思っていることは，全体では「経済的にやっていけるか」が
63.9％と最も多く，次いで「仕事をしながら子育てすることが難しそう」
（51.1％），「きちんとした子どもに育てられるか自信がない」（40.7％）となり，
経済面や仕事と子育ての両立について不安に思う人が多くみられます。

　結婚状況別では，子育てで不安に思っていることについて，既婚者は「経済
的にやっていけるか」62.8％，「仕事をしながら子育てをすることが難しい」
（46.0％），「子育てが大変そう」（27.5％）が上位を占めています。しかし，「仕
事をしながら子育てをすることが難しそう」と回答した既婚男性は33.3％，既
婚女性は53.7％と男女で大きな意識の差が見られます。また，「きちんとした

　▷6　孤食化
　　　家族が揃って食事をせず，各自バラバラな時間に食事をすること。近年では，一人で食事を
　　とる子どもが増加し，日常化しているケースもある。

子どもに育てられるか自信がない」と答えたのは，既婚男性30.6％，既婚女性45.0％です。「配偶者の家事・子育てへの協力が期待できない」でも，既婚男性4.8％，既婚女性17.3％と10ポイント以上男女差が見られます。

　この調査結果から，女性は男性と比較して，仕事と子育ての両立や配偶者の家事・子育てへの協力など，子育て全般に関する不安を強く感じていることがわかります。

　母親と子どもが孤立した育児環境によって生じる「母子密着」，「育児ストレス」，「育児不安」なども，子ども虐待が発生する要因と見られています。実際に，子育て世代の父親の長時間勤務，通勤時間の長時間化，単身赴任の増加などによって父親不在が生じ，物理的に子育てに関わることが困難な状況も見られます。多様な働き方に対応するための，保育サービス，企業における子育て支援，雇用制度など，仕事と育児を両立させるための支援は進められていますが充分に整備されているとはいえません。さらに，近隣との付き合いがなく，地域社会とのつながりが希薄な家族も少なくありません。子育てについての夫の協力や精神的な支えを得られず，地域社会からも孤立してしまう母親は，相談する相手もなく悩みを抱えたまま密室での育児を強いられてしまいます。

　また，新型コロナウイルス感染によって，在宅ワークやステイホーム，学校休校などが増えたことで女性の家事・育児に関わる負担が増加していることが報告されています。東京都が調査した2021年度の「男性の家事・育児参画状況実態調査報告書」によると，配偶者と同居する子育て世帯の家事や育児，介護にかける時間は，女性が計8時間54分（家事2時間38分，育児6時間10分，介護6分）だったのに対し，男性は計3時間34分（家事1時間10分，育児2時間15分，介護9分）でした。女性は前回調査（2019年）より20分増え，男性は1分増となりました。家族で過ごす時間の増加による，家事・育児のストレスに加え，感染への不安や貧困問題，さらに行動制限によって家庭を孤立させ，子ども虐待や家庭内暴力の増加などが見えづらくなっていることも大きな問題です。

　なお，子ども虐待に関する現状や施策については，第6章でまとめています。

（3）生活困窮世帯の増加と子どもの貧困

　「2019年国民生活基礎調査」によると，相対的貧困率は2018年（旧基準）には
15.4％で，これらの世帯で暮らす18歳未満の子どもの貧困率は13.5％となり，
2015年の相対貧困率15.7％，子どもの貧困率13.9％とほぼかわらず改善してい
るとはいえません（図表 1 - 10）。子どもがいる貧困世帯のうち，貧困率は，
「子どもがいる大人 2 人以上」の世帯では10.7％であるのに対して，「子どもが
いる大人 1 人」の世帯では48.1％です。また，「全国ひとり親世帯等調査」
（2016年度）によると，2015年の母子世帯の母自身の平均年間収入は243万円，
父子世帯の父自身の平均年間収入は420万円となっています。ひとり親世帯，
特に母子世帯は経済的に厳しい状況であることがわかります。

　これらの背景には，長引く不況で子育て世帯の収入が低下したことや，離婚
等によって母子世帯が増加し，働く母親が，給与水準の低い非正規雇用に就い
ていることも影響していると分析されています。それに加え，コロナ禍による
影響が長期化する中で，低所得のひとり親世帯の経済面での負担はさらに大き
くなっています。

　貧困が及ぼす子どもへの影響として，幼児期における教育・保育の保障の問
題が考えられます。親の経済状況にかかわらず，子どもが安心して質の高い教
育・保育を受ける機会が保障されなければなりません。子どもを保育所に入所
させ就労を希望しても，待機児童問題など保育所への入所が困難な場合は，就
労できず自立を妨げることになります。

　また，家庭の経済状況が子どもの進学にも影響を与えることも考えられます。
厚生労働省の調べによると（2020年 4 月 1 日時点），高等学校等進学について，
全世帯では99.0％に対し生活保護世帯では93.7％と差が見られます。高等学校
中退率（2020年 4 月 1 日時点）は，全国では1.3％に対し，生活保護受給世帯で
は4.1％となっています（「学校基本調査」「保護世帯に属する子供の高等学校等中退

　▷7　相対的貧困率
　　　収入から税金・社会保険料等を差し引いた手取りの収入を，世帯人員の平方根で割って，調
　　整した所得の中央値の50％を貧困線（2018年の数値では，年収127万円）とし，これを下回る
　　所得しか得ていない世帯の割合。

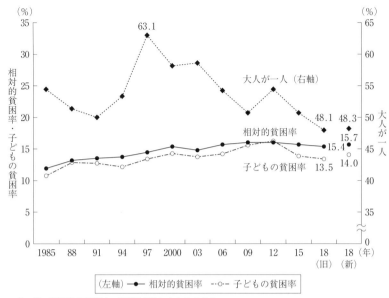

図表 1 - 10　貧困率の年次推移

注：(1)　1994年の数値は，兵庫県を除いたものである。
　　(2)　2015年の数値は，熊本県を除いたものである。
　　(3)　2018年の「新基準」は，2015年に改定されたOECDの所得定義の新たな基準で，従来の可
　　　　処分所得から更に「自動車税・軽自動車税・自動車重量税」，「企業年金の掛金」及び「仕送
　　　　り額」を差し引いたものである。
　　(4)　貧困率は，OECDの作成基準に基づいて算出している。
　　(5)　大人とは18歳以上の者，子どもとは17歳以下の者をいい，現役世帯とは世帯主が18歳以上
　　　　65歳未満の世帯をいう。
　　(6)　等価可処分所得金額不詳の世帯員は除く。
出所：厚生労働省「2019年国民生活基礎調査の概況」2019年。

率」)。

　さらに高等学校卒業後の進路について，大学等・専修学校等へ進学する割合
は，2020年4月1日時点で全国で73.4％，生活保護受給世帯の子どもで37.3％，
となっています。

　貧困は，その世帯で育つ子どもの学力，進学機会，退学率などと深く関係し
ています。さらに，虐待や非行へのリスクとも深く関わっていきます。子ども
が生育環境に左右されず，健やかに育成されるような環境整備，教育の機会均

等を図るとともに，就労支援や経済的支援など保護者の自立支援への取り組み
が期待されます。

　子どもの貧困対策の詳細については，第8章を参照して下さい。

4　子どもの遊びの変化

　子どもは多様な遊びを通じて，楽しさ，不思議さ，面白さを感じ，さらに人
や物，自然と関わりながら，創造性，社会性，感性，基本的運動能力などを身
につけていきます。

　しかし，都市化・情報化の進展などによって，子どもの生活空間は人工的に
になり，自然と関わる機会や遊び場が減少しています。また，少子化に伴うき
ょうだいや友達の減少，習い事，学習塾通いの子どもの増加などによって，子
ども同士が関わる機会も減少しています。さらに，電子メディアの普及によっ
て，テレビゲーム，インターネット，パソコンなど屋内での遊びが増加してい
ます。このように，現在の子どもの遊びは，子どもが自由に遊べる屋外の「空
間」「時間」「仲間」の「3つの間」がなくなったといわれています。

　株式会社バンダイが実施した「小中学生の遊びに関する意識調査」(2018年)[8]
では，現代の子どもの遊びに関する特徴が報告されました。小中学生の普段の
遊びについては，最も多いのが「スマートフォン・携帯電話・タブレット端
末・パソコン」(45.3%)で，遊び場所については，9割の子どもが「自宅」で，
「公園」で遊ぶ子どもは約半数となっています。また遊ぶ相手についても，全
体の74.3%が「一人で」遊んでおり，次いで「学校の友達（同学年）」(70.5%)，
「親」(52.2%)です。このことからも子どもたちは，自然に接したり，体を動
かす遊びよりも自宅でインターネットなどで遊ぶ傾向が強いといえるでしょう。
また，遊ぶ友人も限られており異年齢集団での遊びは少ないといえます。

▷8　株式会社バンダイは，子どもの"遊び"の実態を探るため，小学1年生から中学3年生の子
　　どもを持つ親（子どもと一緒に回答できる方）900人を対象に，「小中学生の"遊び"に関する
　　意識調査」を実施した（実査期間2018年3月23日（金）～3月25日（日））。

また，子どもたちの放課後は，勉強や習い事，部活動，携帯電話・スマートフォンを使う時間など忙しく，そのため，「遊び」の時間が十分にとれないことも指摘されています。同調査でも，「遊ぶ時間が少なすぎる」「もっと屋外の遊び場を増やしてほしい」といった遊ぶ環境についての意見も見られます。

　さらに，多忙な生活で子どもたちの心身にゆとりがない状況も見えてきます。ベネッセが行った調査「第2回 放課後の生活時間調査」(2013年) では，子どもたちの心身の疲れが報告されました。小学生・中学生・高校生，どの学校段階でも半数以上の子どもが「忙しい」と答えています。また，「もっとゆっくりすごしたい」と感じている子どもは小学生74.2％，中学生85.1％，高校生84.7％と高い割合です。この結果から，現代の子どもたちの生活のスケジュールの過密化が見えてきます。

　また，遊びの変化によって，子どもの体力にも変化が見られます。スポーツ庁が行った調査「令和3年度全国体力・運動能力，運動習慣等調査結果（概要）」(国公私立の小学校5年生及び中学校2年生を対象とした調査（小学生：約103万人，中学生：約98万人）) では，体力合計点については，2019年度調査と比べ，小・中学生の男女ともに低下しています。

　低下の主な要因としては，新型コロナウイルス感染拡大以前の2019年度から指摘されていた，①運動時間の減少，②学習以外のスクリーンタイム（平日1日当たりのテレビ，スマートフォン，ゲーム機等による映像の視聴時間）の増加，③肥満の子どもの増加，に加え新型コロナウイルス感染の影響を受け，さらに拍車がかかったと考えられます。また，新型コロナウイルスの感染拡大防止に伴い，学校の活動が制限されたことで，体育の授業以外での体力向上の取り組みが減少したことも考えられます。

　社会環境の変化に伴う子どもの遊びの変化は，子どもの成長に必要な体験を得る機会を減少させています。家庭で子どもの生活時間について一緒に考える機会を設けることも必要でしょう。また，幼稚園・小学校などでの身体運動を含む遊びの充実を図るとともに，地域における体験活動の機会や，子どもが安心して遊ぶことができる環境を整備し，子どもの遊ぶ力を育んでいく必要があ

ります。

5　情報メディアと子どもの健全育成

　この10年間で，携帯電話の機能は多様化し，パソコン機能を持つスマートフォンやインターネットに接続できるタブレット端末が急激に普及してきました。図表1-11を見てもわかるように，青少年（満10歳～満17歳）のインターネット接続機器の利用は幅広く，インターネット利用率は97.7％と高い割合となっています。その他にもテレビやビデオ，テレビゲームなど，生活のなかで，多くの子どもたちが多様なメディアに接していることがわかります。

　長時間のメディアへの接触によって，就寝時間が遅くなり，充分な睡眠時間が確保できない，食欲不振といった生活習慣の問題や，視力低下，暴力や殺人に関するテレビゲームへのアクセスによる精神面の問題，有害サイトや迷惑メールによる子どもの心身への悪影響など，子どもたちの育ちを歪めることも考えられます。また，家庭にいても孤立し，メディアに没頭するなど，親やきょうだいとのコミュニケーションの減少といった子どもと家族との関係にも支障が見られます。

　また，近年では低年齢の子どもがパソコンやスマートフォン，タブレットなどに接触する機会が増え，それに伴い様々な問題も指摘されています。幼児期のスマートフォンの利用について，乳幼児向けのしつけや，絵本，知育アプリなどがいつでも自由に気軽に利用でき，子育ての情報やLINEを使って親同士の情報交換など，子育ての一つのツールとして普及しています。このように，スマートフォンの普及によって，電車や公園の中，子育て広場，診療所の待合室などでスマートフォンを使う保護者が増えてきました。テレワークの保護者がいる場合は，子どもを静かにさせるために，DVDやゲームなどを活用する家庭もあるようです。

　しかし，乳幼児期の子どもの発達・成長に大切とされる乳幼児に応答的にかかわること，アイコンタクト，言葉の発達のプロセスなどが，メディア漬けに

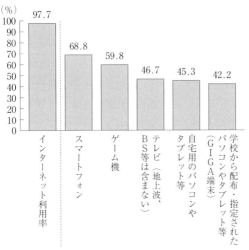

図表 1 - 11　青少年のインターネットの利用率（2021年度）

（％）
97.7　インターネット利用率
68.8　スマートフォン
59.8　ゲーム機
46.7　テレビ（地上波、BS等は含まない）
45.3　自宅用のパソコンやタブレット等
42.2　学校から配布・指定されたパソコンやタブレット等（GIGA端末）

注：(1)　調査対象は，満10歳から満17歳までの青少年。
　　(2)　2019年度調査からインターネットを利用している機器
　　　　を変更。
資料：内閣府「令和3年度青少年のインターネット利用環境実
　　　態調査　調査結果」
出所：内閣府『子供・若者白書 令和4年版』2022年．161頁。

よってマイナスの影響を受けないようにしなければなりません。また，視力低下，社会性や運動能力の低下，愛着障害，言語発達の低下など，低年齢児の場合は特に注意が必要となります。

このような状況に対して，日本小児科医会では，子どもとメディアの問題に対する提言を発表して，「見直しましょうメディア漬けの子育て」というポスターを作製し，啓発活動を行っています。

メディアの利用時間と学力の関係についても報告されています。国立教育政策研究所の報告では，(2014年度「全国学力・学習状況調査」の学力テストとアンケート調査：国内の小学校6年生および中学校3年生の全児童・生徒を対象）携帯電話・スマートフォンの利用時間が短い児童・生徒ほど学力テストの平均正答率が高い傾向があることが報告されました。

メディアへの接触によって，子どもたちが事件に巻き込まれるケースも増加しています。出会い系サイトにアクセスした小・中学生が性犯罪の被害者になった事件や，ネット上のいじめやゲーム利用による課金の問題，学習や生活に支障をきたすネット依存症などの問題も指摘されています。また，後を絶たない若者の犯罪の背景にも，メディアの影響があるともいわれています。

このような状況から，携帯・スマートフォンだけでなくパソコンも含めてインターネット等の有害情報から子どもたちを守るため「青少年が安全に安心し

てインターネットを利用できる環境整備法」が2008年6月に国会で成立しました。この法律は，携帯電話会社やネット接続会社に対して，18歳未満の子どもが使う携帯やパソコンに有害サイトの閲覧を制限するフィルタリングサービスの提供を義務づける内容となっています。しかし，フィルタリングの利用やインターネット利用の制限が行われているのは，約半数にしかすぎません。溢れる情報のなかで，子どもが健全に発達する権利を今後どのように守っていくのか，おとなの責任が問われます。

6　食生活の変化と食育の推進

（1）食育の必要性

　健康な子どもの成長を保障することは，おとなの責任でもあります。特に乳幼児期は，生涯を支える子どもの基本的生活習慣や生活リズムを確立する大切な時期でもあります。そのために家庭において食行動や食習慣の基盤を形成し，習得する必要があります。

　しかし，食生活を取り巻く社会環境などの変化により，不規則な食事，栄養の偏り，生活習慣病の増加，食の安全性など，子どもや国民の食に関する問題が注目されています。そのため，子どもたちが様々な経験を通じて，「食」に関する知識や，「食」を選択する力を習得し，健全な食生活を実践することができるよう，「食育」を推進することが必要となります。

（2）食をめぐる子どもの変化

　都市化・核家族の進行，産業構造の変化などに伴い，家庭や地域での人間関係は希薄化し，特に家庭での食卓や食生活に大きな変化をもたらしました。朝食欠食や偏食など不健全な食生活，小児期における肥満の増加や生活習慣病の若年化，また食の安全性の問題など，食に関する問題は多様化・深刻化し，健康への影響が懸念されています。

　食をめぐる子どもの変化について，まず，小児肥満が増加していることがあ

図表 1‐12　肥満傾向児の出現率の推移

(%)

区　分		男　子						女　子					
		6歳	8歳	10歳	12歳	14歳	16歳	6歳	8歳	10歳	12歳	14歳	16歳
肥満傾向児	1980年度	2.64	4.90	6.86	7.48	6.07	…	2.73	5.03	6.78	7.30	5.75	…
	1990	3.98	6.46	8.93	9.64	8.64	…	4.32	6.26	7.38	8.34	6.77	…
	2000	5.04	8.08	10.43	11.28	9.33	…	4.57	7.27	9.45	10.05	7.86	…
	2010	4.46	7.20	10.37	10.99	9.37	11.57	4.23	6.90	8.13	8.92	7.89	7.81
	2015	3.74	6.70	9.77	9.87	7.94	9.21	3.93	6.31	7.42	8.36	7.14	7.48
	2016	4.35	7.65	10.01	10.42	8.04	9.43	4.24	6.63	7.86	8.57	7.70	7.36
	2017	4.39	7.24	9.99	9.89	8.03	9.93	4.42	6.55	7.74	8.01	7.01	7.38
	2018	4.51	7.76	10.11	10.60	8.36	10.57	4.47	6.41	7.82	8.45	7.22	6.93
	2019	4.68	8.16	10.63	11.18	8.96	10.50	4.33	6.88	8.46	8.48	7.37	7.30
	2020	5.85	11.67	14.24	12.71	10.94	11.54	5.16	8.89	9.47	8.89	8.29	6.59
	2021	5.25	9.75	12.58	12.58	10.25	10.64	5.15	8.34	9.26	9.15	7.80	7.20

注：(1)　肥満傾向児とは，1977年度から2005年度は性別・年齢別に身長別平均体重を求め，その平均体重
　　　の120％以上（80％以下）の者。
　　(2)　2018年度からは，次の式により性別・年齢別・身長別標準体重から肥満度を求め，肥満度が20％
　　　以上（－20％以下）の者。
　　(3)　肥満度＝(実測体重－身長別標準体重)／身長別標準体重×100（％）。
出所：文部科学省「学校保健統計調査令和3年度（速報値）の結果の概要」をもとに筆者作成。

げられます。文部科学省「学校保健統計調査（2020年度）」によると，肥満傾向があるとされた児童の割合は増加傾向にあります（図表1‐12）。男女とも他の年齢と比較しても小学校高学年（10歳，12歳）の出現率が高い傾向にあります。2020年度の調査では，16歳女子を除いた男女の肥満傾向児は急激に増えています。この結果は，2020年以降の新型コロナウイルス感染拡大による一斉休校，休校が終わった後も部活動の制限などによって，自宅で過ごす時間が増えたことによる運動不足や，不規則な食事などが影響していると考えられます。小児期の肥満は成人期の肥満，生活習慣病につながりやすく，若年層のやせの増加も次世代への影響が考えられます。そのため，幼児期からの食習慣の形成や，食に関する学習が重要といえます。

　子どもの生活習慣の変化でも述べたように朝食抜きの子どもが増加し，特に低年齢化が進んでいます。「平成27年度乳幼児栄養調査」によると，2～6歳児の朝食摂取の割合は「必ず食べる」が93.3％で，欠食する子どもは6.4％です。生涯で成長が最も著しいこの時期は，「食」の基礎が育つ時期でもありま

す。体や心の発達のためにも規則正しい食事が必要となります。保護者の朝食摂取にも関連があり，保護者が「必ず食べる」場合，朝食を必ず食べる子どもの割合が最も高くなっています。一方，保護者が「ほとんど食べない」，「全く食べない」場合は，朝食を必ず食べる子どもの割合は最も低くなっています。また，約2割の子どもが朝食を「子どもだけで食べる」，「ひとりで食べる」という結果が出ています。子どもの朝食欠食には，子どもの就寝時間や保護者の食習慣との関連が報告されています。

　さらに，インスタント食品や加工食品，調理済み食品など食の簡素化は年々進み，さらに外食化による親子の交流やコミュニケーションは希薄化しています。家庭における食事は，家族関係の希薄化とも大きく関わっています。食事とは，単に食べることだけではなく，食事をつくり，食べ，片付ける作業が含まれています。父親，母親，子どもが一緒にそれぞれの過程に参加することで，親子や家族のふれあいの機会をつくり，連帯感を深め，人とのかかわりを強化することにつながります。また近年のテレワーク等の増加で在宅時間や家族で食を考える時間が増加しており，家庭での食育の重要性が高まっています。

　このような社会情勢を背景に，2005年6月，「食育基本法」が制定され（同年7月施行），国民運動の一貫として食育の推進が図られています。「食育基本法」では，子どもたちに対する食育は，心身の成長および人格の形成に大きな影響を及ぼし，生涯にわたって健全な心と身体を培い豊かな人間性を育んでいく基礎となるものとして，総合的かつ計画的に推進することが求められています。さらに，「食育基本法」に基づき，2006年度から2010年度までの5年間を対象とした「第4次食育推進基本計画」が決定され，2021年3月には，2021年度から2025年度の5年間を期間とする新たな基本計画が決定されました。

　保育や教育の場は，子どもが1日の生活時間の大半を過ごす場であり，食育の推進が期待されています。そのため保育所では「保育所における食育に関する指針」，「保育所保育指針」，「児童福祉施設における食事の提供ガイド」，「保育所における食事の提供ガイドライン」に基づき，食育に関する活動が展開されています。さらに，学校教育においては，2005年4月には栄養教諭が，食育

指導のために制度化され，学校給食の管理とともに，食に関する指導を行っています。また，2008年の学習指導要領の改訂で「学校における食育の推進」を明確に位置づけ，家庭科や体育科など関連する教科等おいても食育に関する内容が充実されました。合わせて「幼稚園教育要領」の改訂も行われ，「健康」領域において，食育の観点からの内容が充実されました。

　家庭における食育の推進として，2001年から「健やか親子21」において食育を推進してきましたが，2015年度からスタートした「健やか親子21（第2次）」においても，子どもの生活習慣の形成という観点から，朝食を欠食する子どもの割合を減らす取り組みを進めるほか，家族など誰かと食事をする子どもの割合を増やす取り組みなどもあわせて推進することとしています。

　子どもの発達に応じた望ましい食行動，食習慣を定着させ，「食」に関する正しい知識と食生活を営む力をつけるために，家庭，学校，保育所，地域と連携した食育の推進が求められています。

7　地域社会の変化

　子どもたちの社会性の発達には，地域における町内会などの地域組織の果たす役割も大きいといえます。子どもたちは，地域における集団の中で，地域の伝統や共同活動や行動様式，社会規範を学び，社会人としての基礎を養っていきます。このように地域共同体は，子どもへの目配りによって，子どもの変化を発見し，犯罪や非行から子どもを守る役割ももち，地域組織のなかで子どもを守り，教育し，育む機能をもっていました。

　しかし，マイホームやニュータウンの建設が進み，地方での都市型生活様式の広がりによって，地域社会の共同体意識も低下していきました。かつては，地域社会がもっていた「困ったときはお互いさま」といった助け合いや，子どもたちのたまり場，遊び場となる路地や店先，そこで遊ぶ子どもたちへの目配りなどの，様々な子育て機能が低下し，少子化による学校の統廃合，遊び友達の減少など，子育てが地域から切り離され，家庭と学校だけで行われるものと

なっていきました。

　さらに，郊外住宅地でも近隣の人間関係は希薄で，近所のおばさん・おじさんの子育てについての助言や緊急時の支援，近所のおとなたちから子どもへの様々な働きかけといった，住民の自発性に基づく子育て支援を受けられないまま，郊外住宅地においても，子育てが地域から切り離され，母親と学校だけで担うものとなりました。このため子育てに関する心配事を相談する相手がいない，育児ストレスによる子ども虐待の発生なども社会問題として取り上げられるようになりました。このように地域共同体としての意識の希薄化に伴い，子どもの成長の過程で社会性を学ぶ機会として必要な地域の教育力の低下を引き起こしています。

　さらに，少子化，都市化に加え，習い事，塾通いの子どもの増加によって，異年齢集団は急激に減少しています。これまでは異年齢集団の遊びを通して学んだ，集団ルールを守ることの大切さや，人への思いやり，集団遊びの楽しさなど，子どもが成長していく過程で必要な体験を得ることが困難になっています。

　子どもの健全育成には，地域における多様な体験とともに地域住民による子育て支援が必要となります。地域ぐるみで子育てをする環境をつくり，希薄化した地域社会の共同意識を啓発し，地域社会と家庭が協力した子育て支援を行っていくことが求められます。

8　学校に関する子どもの問題

　学校生活は，子どもにとって1日の大半を過ごす場となっています。その学校生活を通じた，あらゆる教育活動のなかで，子どもたちの社会的な資質や能力，行動などを修得・発達させる教育が行われます。

　しかし，学校生活におけるいじめの社会問題化や，校内暴力の増加，不登校，自殺など，児童生徒の問題行動は教育上の大きな課題となっています。

　文部科学省が行った「児童生徒の問題行動・不登校等生徒指導上の諸問題に関する調査（令和2年度）」によると，全国の国公私立小・中・高等学校の児童

生徒が起こした学校内の暴力行為の発生状況は，2014年には5万4,246件だったのが，2019年には7万8,787件と約1.4倍増加し，過去最高となりました。一方2020年度の発生件数は，合計で6万6,201件（前年度7万8,787件），小学校で4万56件（前年度4万3,614件），中学校で2万1,293件（前年度2万8,518件），高校で3,852件（前年度6,655件）と前年度より減少していますが，高い状況にあります。中学，高校では減少傾向の一方で，小学校では増加が続いており，校内暴力の低年齢化が進んでいるといえます。前年度より減少した理由として新型コロナウイルス感染による一斉休校など学校生活への影響が考えられます。

　いじめによる子どもの自殺という事件が相次いで発生したことをきっかけに，いじめ問題は大きな社会問題として取り上げられるようになりました。同調査では，2020年度の全国の小学校・中学校・高等学校・特別支援学校のいじめの認知件数は51万7,163件（前年度61万2,496件）で，5年前の22万5,132件と比較しても2倍以上になり，依然として相当数に上ります。いじめを認知した学校は，全学校の78.9％にあたる2万9,001校で約8割の学校でいじめが発生しています。

　学校により認知されたいじめは，小・中学校及び特別支援学校では「冷やかしからかい，悪口や脅し文句，嫌なことを言われる」が最も多く，「軽くぶつかられたり，遊ぶふりをして叩かれたり，蹴られたりする」が続きます。高等学校においては，「冷やかしからかい，悪口や脅し文句，嫌なことを言われる」が最も多く，次に「パソコンや携帯電話等で，ひぼう・中傷や嫌なことをされる」が多くなっています。年齢層が上がるにつれて，叩かれたり蹴られたりすることは減少していますが，パソコンや携帯電話による誹謗中傷が増加しています。

　不登校児童生徒の問題も深刻化しています。特に小・中学生の不登校児童生徒数は増加し続けています。同調査では2020年度に年間30日以上学校を欠席した小・中学校の長期欠席児童生徒数は28万7,747人（うち新型コロナウイルス感染回避によるもの2万905人）で，このうち不登校によるものは19万1,627人，前年度の18万1,272人より増加し過去最多となっています。不登校児童生徒のうち，

90日以上欠席したものは54.9％を占め，長期間の不登校児童生徒が多いことがわかります。

　不登校になったきっかけは，小学生は「無気力・不安」(46.3％) が最も多く「親子の関わり方」(14.8％)「生活リズムの乱れ，あそび，非行」(14.0％) と続きます。中学生では，「無気力・不安」(47.1％) が最も多く「(いじめを除く) 友人関係をめぐる問題」(12.5％)「生活リズムの乱れ，あそび，非行」(11.0％) と続きます。小・中学生の不登校のきっかけが，「無気力・不安」を上位占めることから，子どもたちの心の問題を解決していくことが重要になります。また，小学生においては「親子の関わり方」，「生活リズムの乱れ，あそび，非行」の割合が高く，家庭における生活環境の影響が考えられます。

　子どもの自殺は年々増加し続け，憂慮すべき状況です。同調査によると，小・中・高等学校から報告があった自殺した児童生徒数は415人（前年度317人）（2020年度警察庁調査では507人）で，調査開始以降，最多となりました。高等学校が305人で最も多くなっています。

　前年度の調査より，学内の暴力件数やいじめの発生件数が減少した理由として，新型コロナウイルス感染予防のために行動制限を余儀なくされ，児童生徒間の物理的な距離が広がったことや，休校などによる授業日数の減少，学校行事・クラブ活動などの制限が，子どもたちの対面によるやりとりの機会を減少させたことが考えられます。しかし，一方で子どもは規制によるストレスや，不安や悩みを相談できない孤立感などを感じ，それが子どもたちの登校拒否や自殺といった形で表れているのではないでしょうか。

　いじめや不登校の問題の深刻化を受けて，教育相談体制を充実させるために，スクールカウンセラー[9]やスクールソーシャルワーカー[10]が学校に配置されています。また，教育委員会における24時間対応の電話相談や，「いじめ防止対策推進法」に基づいていじめの早期発見，早期対応への取り組みなども行われています。

　子どもの問題行動の背景には親の失業，虐待など家庭の問題が存在する場合が多く，スクールカウンセラーだけでは困難だった家庭の問題に対してスクー

ルソーシャルワーカーや関係機関と連携して対応することが重要となります。コロナ禍によって子どもの生活環境が変化したことで，これまでとは異なる子どもの不安や悩みに対応し，子どもの SOS を受け止めていくためには，子どもへの対応だけでなく，家族への対応も含めて，児童相談所や病院，幼稚園・保育園，小・中学校など関係機関との連携をとりながら地域ぐるみで支援していく体制の整備が求められています。

9　コロナ禍と子どもの育ち

　人々の生活を大きく変えた新型コロナウイルス感染症によって，子どもや若者の生活が激変しました。休校や外出自粛，オンライン授業化などこれまでにない生活が続いてきました。また，病気としてのコロナ以外にも心身の異常，自殺，家庭内暴力（DV）や子ども虐待の増加も社会問題となりました。さらに，失業などによる貧困や孤立化は深刻化し，保育に関わる現場での疲弊と混乱といった様々な困難が生じました。

　子どもの生活習慣の乱れや精神面にも影響が見られます。在宅時間の増加による運動不足や食事の不規則化，ネットやオンライン・TV ゲームにつながる時間の増加などによる基本的生活習慣の乱れは子どもの健康にも影響を与えます。学校の休校や外出自粛などによる人との交流の制限は，子どもの発達・成長に影響を与え，ストレスを生じさせました。

▷9　スクールカウンセラー
　　1960〜1970年代からいじめによる自殺や不登校が社会問題化され，1990年には不登校の数は5万人に近くまで増加した。このようないじめや不登校などの児童生徒の問題への対策として，学校内のカウンセリング機能の充実をはかるために，1995年に「スクールカウンセラー活用調査研究委託事業」が開始された。その後2001年度からは文部科学省による「スクールカウンセラー活用事業補助」のもと，本格的にスクールカウンセラー制度がスタートした。

▷10　スクールソーシャルワーカー
　　不登校やいじめの問題，発達上の課題，虐待の問題など児童生徒が抱える問題解決のために学校に配置される専門家。本人だけでなく，家庭，地域など子どもに関わるすべての背景や状況を視野に入れて判断し，問題の解決をめざす。文部科学省は，2008年度より「スクールソーシャルワーカー活用事業」を実施している。

　また「3密（密閉，密集，密接）」によって，子どもが家庭以外の人や場とつながることが難しくなったことで，様々な面で大変な状況にある家庭を孤立させ，生活困窮やDVの増加などが見えづらくなる問題も起きています。

（1）子どもの生活への影響

　生活への影響として，生活リズムの乱れ，スマホやゲームを見る時間の増加，肥満の増加が挙げられます。休校や外出自粛により，子どもが外に出て体を動かす機会が奪われています。これは，子どもの体力低下に加え，快適な睡眠リズムの乱れにもつながっていきます。また，家庭で過ごす時間が増えたことでスマホやゲームの時間が増え，1日中何かを食べている生活によって，生活リズムの乱れや食生活の変化を生じることになります。このように子どもたちの生活習慣の乱れは，特に成長期の子どもにとっては身体や精神面，栄養，体力，健康など子どもの成長において影響が大きいといえます。

　さらに，食生活の変化に加え，コロナの影響で学校にも行けず，友達とも遊べない，スポーツもできない状況で子どもの肥満度20％を超える子どもの割合が増えたことが報告されています（文部科学省「学校保健統計調査（2021年）」）。生活習慣の乱れやスマホやゲームを見る時間の増加が，子どもの肥満につながると推測されますが，小児生活習慣病の可能性もあり今後の対策が必要になります。

（2）スクリーンタイム（平日1日当たりのテレビ，スマートフォン，ゲーム機等による映像の視聴時間）の増加

　コロナ禍によって，感染防止，密にならない，という行動制限によって，子どもたちは友達と対面で遊べず，「インターネット」によって友達とつながる生活を余儀なくされました。さらに，休園・休校による在宅時間の増加やオンライン学習の導入によってスマホやタブレットなどを利用する時間が増加しています。先ほど述べた「情報メディアと子どもの健全育成」でも，長時間のスマホやタブレットなどの使用にはスマホ依存や学習へも影響することが指摘さ

れています。

　また，学校教育でも ICT 化に拍車がかかっています。2020年度末までに全国のほとんどの地域にタブレットなどの端末機器が配布されました。長時間のデジタルメディアの使用による子どもの心身への影響に加え，各家庭の情報環境の格差への対応やメディアリテラシー教育など課題は山積みだといえます。

（3）子どもの心への影響

　「コロナ×子どもアンケート調査第6回調査報告書（2021年9月調査）」（国立成育医療研究センター）によると，最近1か月の子どものストレスについて，小学生以上の子どもによる回答全体では，38％が「コロナのことを考えると嫌な気持ちになる」を選択しています。また，「すぐにイライラする」は28％，「最近集中できない」は26％で，いずれか1つ以上のストレス反応を選択した子どもは，回答全体で70％でした。コロナ禍で子どもたちが何らかのストレスを感じているといえます。

　コロナ禍が子どもの心に悪影響を与えた最悪の結果として，自殺に至るケースもあります。2020年からのコロナ禍において，児童生徒の自殺の増加が顕著であったことが「令和3年版自殺対策白書」（厚生労働省，2021年）でも報告されました。若者の自殺者数が急増しており，2020年度の20〜29歳の自殺者は前年度より404人増加し2,521人，10〜19歳の自殺者数は118人増加し777人となっています。これまでとは異なる子どもの不安や悩み，孤立感に対応できる取り組みが必要となっています。

（4）子ども虐待・DV の増加

　学校が休校になると同時に，保護者のリモートワークが増え子どもと保護者が一緒に過ごす時間が増加しました。さらに，保護者のリストラや休業で生活が困窮するなど保護者自身のストレスも増大することから子ども虐待が増加することが懸念されました。

　「虐待」について，警察庁が発表した「令和3年の犯罪情勢（確定値）」では，

虐待の疑いで全国の警察が児童相談所に通告した18歳未満の子どもは2020年10万6,991件，さらに2021年では10万8,059件に及び，統計を取り始めた2004年以降過去最多となり，2017年と比較して65.1％増加しています。配偶者からの暴力事案等の相談件数も増え，2021年は過去最多の 8 万3,042件になります。新型コロナ感染拡大で在宅時間が増えたことが増加の一因として指摘されていますが，コロナ禍で家庭の様子やその事情が見えづらくなっていることが，より危険性を高めていると思われます。

（5）貧困問題

　コロナ禍による労働市場への影響も大きく，非正規雇用労働者を中心に休職・退職を余儀なくされるケースが相次ぎました。多くの家庭に収入減をもたらしましたが，もともと存在した貧困問題はさらに深刻化しました。内閣府の「令和 3 年子供の生活状況調査の分析報告書」では，貧困世帯，特にひとり親世帯の生活困窮が報告されています。暮らしの状況については，全体として25.3％が「苦しい」，「大変苦しい」と答えています。世帯状況別では，「苦しい」，「大変苦しい」を合わせた割合は「ふたり親世帯」では21.5％，「ひとり親世帯」全体では51.8％，「母子世帯」のみでは53.3％となっています。また，過去 1 年間に必要とする食料が買えなかった経験について「ふたり親世帯」は8.5％に対し，「ひとり親世帯」全体では30.3％，「母子世帯」では32.1％となり，ひとり親世帯，特に母子世帯の厳しい状況とともに子どもへの影響が危惧されます。

参考文献

株式会社バンダイ「小中学生の遊びに関する意識調査（2018年）」（https://www.bandai.co.jp/kodomo/pdf/question243.pdf，2022年 8 月21日アクセス）。

警察庁「令和 3 年の犯罪情勢（確定値）」2022年。

厚生労働省「全国ひとり親世帯等調査（平成28年度）」2017年。

厚生労働省「子どもの貧困対策について」2021年。

厚生労働省『自殺対策白書 令和3年版』2021年。

厚生労働省「令和2年度雇用均等基本調査」2021年。

厚生労働省「人口動態統計月報年計（概数）の概況（令和3年）」2022年。

厚生労働省「2021年国民生活基礎調査の概況」2022年。

厚生労働省雇用均等・児童家庭局「乳幼児栄養調査（平成27年度）」2015年。

国立成育医療研究センター「コロナ×子どもアンケート調査第6回調査報告書（2021年9月調査）」(https://www.ncchd.go.jp/center/activity/covid19_kodomo/report/CxC6_repo_final.pdf, 2022年8月20日アクセス)。

スポーツ庁「令和3年度全国体力，運動能力，運動習慣等調査結果」2021年。

東京都「令和3年度男性の家事・育児参画状況実態調査報告書」東京都生活文化局，2021年。

内閣府『男女共同参画白書 令和3年版』勝美印刷，2021年。

内閣府「令和3年子供の生活状況調査の分析報告書」2022年。

内閣府『子供・若者白書 令和4年版』日経印刷，2022年。

内閣府『少子化社会対策白書 令和4年版』日経印刷，2022年。

日本子ども家庭総合研究所編『日本子ども資料年鑑2021, 2022』KTC中央出版，2021年，2022年。

日本子どもを守る会『子ども白書2021, 2022』本の泉社，2021年，2022年。

農林水産省『食育白書 令和3年版』2022年。

ベネッセ教育総合研究所「第2回放課後の生活時間調査（2013）」(https://berd.benesse.jp/up_images/research/2014/houkago_04.pdf, 2022年6月15日アクセス)。

三菱UFJリサーチ&コンサルティング「仕事と育児等の両立に関する実態把握のための調査研究事業報告書（2018年度）」(https://www.mhlw.go.jp/content/11900000/000534372.pdf, 2022年7月3日アクセス)。

文部科学省「平成30（2018）年度家庭教育の総合的推進に関する調査研究」2022年。

文部科学省「児童生徒の問題行動等生徒指導上の諸問題に関する調査（令和2年度）」2021年。

文部科学省「学校保健統計調査令和3年度（速報値）の結果の概要」2022年。

第2章　子ども家庭福祉の歴史

　子ども家庭福祉のあり方は，その時代の政策や社会経済に大きく影響され
てきました。本章では子ども家庭福祉の実践と歴史を，イギリス，アメリカ，
日本を中心に学習していきます。また，日本における子ども家庭福祉の歴史
では，近年の子ども家庭福祉への変換の動きに伴う諸政策の見直しや改正に
も注目します。

1　イギリスにおける子ども家庭福祉の歴史

　11世紀末の中世ヨーロッパの封建社会では，村落共同体やギルド（商業組合）
などがあり，人々の生活上の困難に対して相互に助け合いが行われ，孤児・棄
児たちも養育されていました。しかし，封建社会が崩壊し資本主義社会へと変
革する中，農民や職人が職を失うなど貧困者や貧困児童が増え，犯罪も増加し
ていきました。

　これらの状況を背景にイギリスでは1601年に「エリザベス救貧法」が制定さ
れました。エリザベス救貧法は，労働能力の有無を基準に貧民を分類し，労働
不能者に対しては生活扶助，労働可能者に対しては就労を課し，扶養者のいな
い子どもは，徒弟奉公に出されました。この法律は1834年の「新救貧法」まで
続きました。

　18世紀後半からの産業革命によって，子どもはこれまでの徒弟奉公から工場
での安価な労働者として雇用され，新たな「児童労働」という問題が引き起こ
されました。工場での子どもの生活と労働は厳しく，劣悪な労働環境の中で15
時間以上に及ぶ長時間労働や，過酷な労働によって子どもの健康は蝕まれ，ま
た事故による死亡や，障害を負ってしまう子どももいました。

このような劣悪な労働環境から子どもを守るための法案が，世界で始めて制定された1802年の「工場法」といわれています。後の1833年の「工場法」では，働く子どもの最低年齢や最長労働時間を定め，少年の夜間労働が禁止されました。これらの規定により子どもは過酷な労働から保護され，教育を受ける権利を保障するなど，工場での児童保護が本格的に行われる基盤が築かれました。

　1834年成立の「新救貧法」は，救済を最少に抑え，労役場や救貧院などの収容施設での救済を原則としたため，労役場では高齢者，障害者，病人，貧困児童などは劣悪な生活環境の中で一緒に扶養されていました。しかし，根本的な貧困の解決には教育が必要であるという考えから，労役場に収容された子どもに対して道徳的・職業的訓練などの教育が行われました。その後，各地で地域学校（救貧法学園）が設立され，1870年には初等教育法が成立し，子どもの教育が強化されました。

　19世紀末には，様々な児童保護活動が行われました。慈善組織協会（COS）などの慈善事業家によって民間の児童保護事業が行われ，要保護児童や犯罪少年を保護監督し，矯正教育するための授産施設や感化院が設立されました。バーナード（T. J. Barnardo）は，貧困な少年たちの小舎制施設をロンドンに開設し，浮浪児・孤児の収容保護や里親委託，未婚の母の救済を試みました。さらに，児童虐待の問題に取り組む民間活動を目的として全国児童虐待防止協会（NSPCC）が創設され，1889年には「児童虐待防止法」が制定されるなど，これらの慈善事業家の活動によって，教育の重視，小舎制度，里親制度，児童虐待防止など児童救済の方法が改善・拡充されていきました。

　社会保障についても整備が進められ，1902年「母子保健法」，1906年「教育（学校給食）法」，1907年「教育（学童保健）法」などが制定され，1908年には，初めての児童総合立法である「児童法」が制定されました。

　第一次世界大戦後，1922年には世界的に児童保護の最低基準を確立することを目標とする「世界児童憲章」が発表され，1924年の「児童の権利に関する宣言（ジュネーブ宣言）」へとつながっていきました。

　第二次世界大戦後，「ゆりかごから墓場まで」のスローガンによる福祉国家

を目指し，1942年に出された「ベヴァリッジ報告」では，社会保障の確立が計画されました。社会保険，教育，雇用，公的扶助の社会保障制度を充実させ，福祉国家として基盤整備が進められていきました。

2　アメリカにおける子ども家庭福祉の歴史

　植民地時代のアメリカは，勤労は美徳とされ，労働能力のない者や貧しい者への救済は，イギリスのエリザベス救貧法を応用した「植民地救貧法」に基づいて行われていました。児童保護においても孤児は徒弟に出される徒弟奉公制度で，徒弟となった子どもたちは労働力と考えられ，過酷な労働を強いられました。

　1776年のアメリカ独立後，1800年代の初頭に始まる産業革命によって，社会変動やそれによる失業，貧困，傷病，家族崩壊，浮浪，犯罪など社会問題が拡大しました。さらにこの産業革命は，過酷な児童労働と家庭環境の悪化を生み出し，少年非行も多く発生しました。そこで，児童保護事業として，児童救護協会や慈善組織協会（COS）などの民間慈善団体と1889年のジェーン・アダムスが開設した「ハルハウス」などのセツルメント運動が行われるようになり，19世紀半ばから20世紀にかけてアメリカ全土に子どもに対する福祉運動が発展していきました。

　アメリカの児童福祉事業に大きな影響を与えたのは，1909年セルドア・ルーズベルト大統領が開いた第1回ホワイトハウス会議でした。子どもにとって家庭生活の重要性を強調し，「児童は緊急な止むを得ない理由がない限り，家庭生活から引き離されてはならない」という声明が発表されました。その後，1930年のホワイトハウス会議では，「アメリカ児童憲章」が採択されました。

　1929年の世界恐慌による失業と貧困の問題は，子どもへも大きな影響を与え，貧窮児，孤児，浮浪児の増加や，栄養不良による子どもの健康状態の悪化も問題となりました。これらの問題に対してフランクリン・ルーズベルト大統領がニューディール政策を進める中で1935年に「社会保障法」が成立し，社会保障

制度の中に公的扶助・社会福祉事業が組み込まれました。アメリカの児童問題の解決は，国家による政策的課題として歩み始めることとなったのです。

　第二次世界大戦後は，経済的発展の中で，女性の社会進出と家庭崩壊，1960年代の「貧困の再出現」など新たな社会問題が発生しました。さらに，家庭崩壊による非行・浮浪の問題，離婚によるひとり親世帯の増加とその貧困，子ども虐待の増加なども問題となりました，これに対し，1962年の社会保障改正によって，子どもを扶養する貧困家庭への現金扶助制度「要扶養児童家庭扶助（AFDC）」◁1の適用範囲の拡大や，就業促進事業などを導入し自助・自立を目的とする社会福祉サービスが導入されました。要保護児童については，ノーマライゼーションの考えに基づいて，グループホーム形態の児童福祉施設の導入や「家庭養育」が強化され，それができない場合は里親制度・養子制度などが児童福祉サービスに組み込まれました。さらに低年齢の子どもを抱えた女性の労働者の増加に対応するため保育制度が拡大充実されました。1965年には「特別就学前教育制度」（ヘッド・スタート）が開始され，低所得家庭の子どもへの早期教育が進められました。1996年の福祉改革では，「貧困家庭への一時扶助（TANF）」◁2が策定され，これまでの救済的な制度から就労と自立を目的とした制度へと変化していきました。

　児童虐待への対応は，子ども家庭福祉政策の中でも中心的な課題であり，1974年に「児童虐待予防・処遇法（CAPTA：Child Abuse Prevention and Treatment Act）」が制定され，その後多くの法律によって児童虐待の発見，報告義務，予防措置などが規定されています。

▷1　要扶養児童家庭扶助（Aid to Families with Dependent Children）
　　扶養を要する18歳以下の子どもを持つ貧困家族を対象とするプログラムで，連邦政府が州に補助金を交付し各州が独自の基準によって運営する。扶助の内容は，現金給付，就職奨励プログラム，就職斡旋サービス，保育を含む。
▷2　貧困家庭への一時扶助（Temporary Assistance for Needy Families）
　　扶養の長期需給者への自立促進，財政改革の観点で，1997年から施行された。一部の例外を除き，給付期間は累積し5年間に限定され，2年以上の金銭給付を受けた者は原則として，その後就労活動や職業訓練，コミュニティサービスなどの参加が義務づけられていた。

3　日本における子ども家庭福祉の歴史

（1）明治期以前の児童保護

　古代（飛鳥・奈良・平安時代）における貧困者の救済は，主に血縁，地縁による共同体での相互扶助が基本であり，児童保護についても同様でした。また，仏教伝来以降，仏教思想に基づいた孤児，貧児，棄児の救済も行われてきました。推古天皇時代に聖徳太子が設立した「悲田院」では孤児を収容していたといわれています。また，この時代，孤児を庶民に委託する委託保護も講じられていました。

　中世（鎌倉・室町時代），近世（～江戸時代）においては，封建的な身分制度のなかで，子どもは家長の所有物とみなされていました。武士や裕福な階層の子どもは，身分を継続し家を守るために「家の子」として養育され，庶民（農民）の子どもは労働者とみなされ，生活が困窮すると子どもの遺棄，人身売買，堕胎，間引きなどが行われていました。この時代の救済事業は，中世においては，親族や荘園内の相互扶助が中心に行われていました。また，仏教思想による慈善活動は断続的に行われていましたが，キリスト教の宣教師による慈善活動もなされるようになりました。近世では，五人組[3]制度を規範とした村落共同体に相互扶助が行われ，人身売買等の禁止，孤児・棄児などの保護が行われました。

（2）明治期以後の児童保護

　1868年明治維新政権が成立すると，資本主義体制のもとで「富国強兵」「殖産興業」を掲げた新しい国家施策を打ち出し，堕胎，間引き，人身売買の禁止や，棄児や貧窮児童の救済なども行われていました。しかし，実際には応急的

▷3　五人組制度
　　江戸幕府が村々の百姓，町々の地主・家主に命じて作らせた隣保組織。近隣の5戸を1組として，火災，盗賊，不浪人，キリシタン（キリスト教徒）等の取り締まりや，連帯責任負担などに利用され，後に成員の相互扶助としての機能をもった。

なものにすぎませんでした。さらに，政府は1874（明治7）年「恤 救 規則」
を定めました。これには，貧窮者一般に対する救済が規定され，その中に13歳
以下の極貧児童の救済が盛り込まれました。しかしこれも，厳しい規定によっ
て適用された者は少数にすぎませんでした。

　明治維新後の産業革命が推し進められていく一方，貧窮者は増大していきま
すが，政府による貧窮者対策は恤救規則以後，何ら行われませんでした。貧窮
層の子どもは路上に放置されるか，劣悪な労働環境のなかで労働が課せられ，
教育を受ける機会は与えられていませんでした。このような状況のもと，慈善
事業による貧窮児童，孤児・棄児の救済が進められていきました。キリスト
教・仏教を背景とした施設を中心に，棄児，孤児の養育のための施設として，
カトリック系の「奥浦慈恵院」（1881〈明治14〉年），プロテスタント系の「岡山
孤児院」（1887〈明治20〉年），仏教系では「福田会育児院」（1879〈明治12〉年）
など孤児院が多く設立されていきました。また，保育施設として，赤沢 鍾 美
によって創設された新潟静修学校に託児所が1890（明治23）年に開設されまし
た。1891（明治24）年には石井 亮 一が知的障害児施設「滝乃川学園」の前身と
いわれる「孤女学院」を開設しました。

　さらに，急激な社会経済的変動による社会問題も発生しました。非行少年や
犯罪少年の増加，少年放火犯の頻発が市民生活を脅かす社会問題となり，それ
に対応するために1900（明治33）年「感化法」が成立しました。これは，犯罪
児童に対して，家庭あるいは地方自治体設置の感化院において感化教育を行う
ことを目的としたものでした。

　また，子どもの労働問題にも目が向けられ，子ども・女性労働に対する保護
立法「工場法」が1911（明治44）年に制定され，1916（大正5）年に施行される
こととなりました。12歳未満の者の使用禁止，15歳未満の者の労働時間の短縮，

▷4　感化院
　　少年犯罪者を懲罰ではなく，感化する目的の施設で，院内では職業教育などが行われた。
　　1933（昭和8）年に感化院は「少年教護院」に名称変更された。1947（昭和22）年の児童福祉
　　法によって「教護院」に，1997（平成9）年の児童福祉法改正によって98年より「児童自立支
　　援施設」に変更された。

深夜労働・危険作業の禁止などが規定されていますが，保護の内容は決して充分なものではなく，雇用者も必ず規定を守ったとはいえませんでした。

　大正期に入ると，第一次世界大戦（1914〜1918年）の勝利によって経済は一時好景気となります。しかし，物価の高騰，特に米の異常騰貴による1918（大正7）年の米騒動，1920（大正9）年の戦後恐慌，1923（大正12）年の関東大震災によって，経済的な打撃を受けることになります。高い乳幼児死亡率，栄養不良児や貧困な子どもの増加，不就学の子どもの問題など，子どもに関する問題も多様化してきました。これらの子どもに関する問題が社会問題であると認識され，1922（大正11）年には内務省社会局が新設され，児童保護に関する職務内容が加えられました。これにより，児童保護のために社会福祉の制度や施設の設備充実が図られました。さらに「母子保護事業」としての児童相談所や，働く母親のための託児所が，地方自治体によって設置・運営されることとなりました。

　昭和に入ると，東北地方の凶作，三陸沖地震などの災害や，昭和恐慌によって，国民の生活は経済的にも大打撃を受けました。その影響はさらに子どもを直撃し，栄養不良児が続出し，人身売買，子ども虐待，非行，母子心中など子どもに関する問題が多発しました。このような社会情勢に対して，1874（明治7）年の「恤救規則」に代わり，13歳以下の子どもや，要扶養児をもつ貧困な母親への扶養などを定めた「救護法」が1929（昭和4）年に制定されました。1933（昭和8）年には「少年教護法」「児童虐待防止法」が制定され，1937（昭和12）年には「母子保護法」によって貧困母子世帯に対する扶助が行われることとなりました。

　日中戦争の全面化，そして太平洋戦争へと軍事的緊張が高まる過程で，日本は戦争に必要な人的資源を確保するために，要保護児童だけでなくすべての子どもを対象とした児童保護に移行していくことになります。これまで感化や救護が目的の保護から「児童愛護」へと展開し，さらに早婚・多産奨励や母子保健サービスなどの諸施策が図られ，女性の労働力確保のために託児所が大量に設置されました。

（3）第二次世界大戦後の児童福祉の整備

1）戦災孤児救済を目的とした児童福祉

第二次世界大戦の敗戦によって大量の戦災孤児，引き揚げ孤児，浮浪児が大量に巷にあふれ，物乞いあるいは窃盗など，生きるために犯罪を犯す子どもも少なくありませんでした。民間の施設は戦争で焼失したり経営困難によって激減し，浮浪児保護には充分な機能を果たしていませんでした。

このような状況の中，戦後におけるわが国の児童保護は，戦災孤児，引き揚げ孤児，浮浪児の要保護児童を対象とするものでした。浮浪児の緊急対策として，1945（昭和20）年9月20日「戦災孤児等保護対策要綱」が決定され，1946（昭和21）年4月の通知「浮浪児その他の児童保護等の応急措置実施に関する件」によって，本格的な浮浪児の保護対策が展開されていきました。1947（昭和22）年3月には児童福祉に関する主管の機関として厚生省児童局が設置されました。同年5月3日より施行された「日本国憲法」の基本理念に基づき，同年12月に「児童福祉法」が制定され，翌年から施行されました。「児童福祉法」は，これまでの児童保護に関する立法であった，「少年教護法」「児童虐待防止法」「母子保健法」を取り込み，さらに新しい内容を加え，児童福祉を国の責任において，一つの体系のもとに推進することを目指しました。これによって，これまでの児童救済が，要保護児童を対象とした「児童保護」からすべての子どもを対象とした「児童福祉」へと転換していきました。1948（昭和23）年には「児童福祉施設最低基準」が制定され，児童福祉施設の設備や運営について必要条件が示されるなど，児童福祉に関する施策が進められていきました。

しかしながら，これらの「児童福祉法」を含む一連の施策は，孤児・浮浪児の問題に対処するものでしたが，現実には充分な成果をあげることはできませんでした。戦後の貧困や混乱のなか，子どもの人身売買事件は後を立たず，また要保護児童や非行少年も大きな社会問題でした。そのため子ども観あるいは子どもの権利について国民の理解を高めるために，1951（昭和26）年5月5日に「児童憲章」が制定されました。これにより，おとなは子どもの権利を認め，保護する責任を有し，子どもの健全な発達を目指し努力する意識の醸成が図ら

れました。

2）児童福祉の発展

　昭和30年代から本格的に始まった高度経済成長は，国民の生活水準を豊かにした一方，新たな児童問題を生むことになります。工業化により賃金・報酬で生計を立てる生活への変化，また農山村からの工業地帯への急激な人口移動，また女性の労働市場へ進出による共稼ぎ世帯の増加など，これまでの家庭の形態が変化していきました。親の失業，家出，病気，離婚，長期間の出稼ぎなどが原因となって家庭問題を引き起こし，子どもの扶養や養育能力の低下をもたらしました。それによって非行，情緒障害，自殺，不登校，保育所不足，乳幼児死亡の地域格差など，新たな子どもに関する問題が急増していきました。さらに，車社会の到来により交通事故の増加，あるいは水俣病・四日市ぜんそくなど公害による生活環境の悪化で，子どもの死傷，交通遺児，交通事故や公害による障害児の増加など多くの子どもが犠牲となりました。1963（昭和38）年厚生省『児童福祉白書』において「児童は危機的段階にある」と発表し，経済成長を支える労働力確保のために人的能力の育成が必要であり，そのために児童福祉の重要性が主張され，施策が展開されました。

　1961（昭和36）年，母子家庭に対して支給される手当に関する「児童扶養手当法」が制定されました。次いで1964（昭和39）年「母子福祉法」（2014〈平成26〉年「母子及び父子並びに寡婦福祉法」に改められる），「重度精神薄弱児扶養手当法」（1974〈昭和49〉年に「特別児童扶養手当等の支給に関する法律」に改められる），1965（昭和40）年「母子保健法」，1971（昭和46）年「児童手当法」などの諸立法が制定され，児童福祉の法制度は整備，拡充されていきました。

　さらに女性労働者の増加により保育に対する需要が急激に増加し，ベビーホテル問題は大きな社会問題として取り上げられるようになりました。これに対して政府は，保育需要の拡大に対処するために保育所の整備を図ることとなりました。また，核家族化や離婚率の増加によって，乳児院，児童養護施設，母子生活支援施設といった「養護系施設」の必要性が高まっていきました。

　これまで他の施策に比べ遅れていた障害児対策についても進められ，「重度

精神薄弱児扶養手当法」は，その後，身体障害児を支給対象に加え，さらに重度の身体障害と知的障害を重複する者に関わる特別福祉手当の支給を追加し，1974（昭和49）年に「特別児童扶養手当等の支給に関する法律」に改められました。さらに児童福祉政策の中心に障害児施策を位置づけ，通園施設や家庭奉仕員（ホームヘルパー）制度などがつくられ，障害児施設や学校の設置など，福祉と教育制度の整備といった障害児対策が推進されました。また，重度障害児，重複障害児についても，療育や教育，リハビリテーションの重要性が認知され，多様な児童福祉サービスが展開されていきました。

3）国際的な児童福祉の動き──人権・子どもの権利保障

　1970年代から国際的にも福祉の活動が展開され，1975年「国際婦人年」，1979年「国際児童年」，1981年「国際障害者年」は世界的規模で「人権」を考えるきっかけとなりました。わが国においても，「国際児童年」をきっかけに，母子保健対策，障害児（者）施策が強化され，「国際障害者年」では，障害児（者）施策として在宅福祉の重要性が認識され，在宅サービスが強化されました。

　さらに，国際連合総会による1989年の「児童の権利に関する条約」の締結といった動きを踏まえ，わが国でも1994年「児童の権利に関する条約」（子どもの権利条約）を批准し，締約国となりました。「児童の権利に関する条約」は，基本的人権が子どもにも保障されるべきことを国際的に定めた条約で，前文および54か条から構成されています。この条約では，これまでの子どもを社会的弱者とする子ども観から，生活主体者とする子ども観が導入され，子どもを「保護される対象」としてとらえるのではなく，権利を享受し行使する「権利の主体者」としてとらえていることが特徴です。条約では，意見表明権，思想・信条や表現の自由，プライバシーの保護，障害のある子どもの自立など幅広い権利を保障しています。また，発展途上国や地域紛争下の子ども，難民の子どもにも配慮し，経済的搾取・有害労働からの保護，性的搾取・性的虐待からの保護，難民の子どもの保護・援助，武力紛争からの子どもの保護などが定められています。

　このように国際的に子どもの権利保障や人権侵害の予防と対応が求められるなか，1999年「児童買春，児童ポルノに係る行為等の処罰及び児童の保護等に

関する法律」が制定され，2000年には「児童虐待の防止等に関する法律」が制定されました。

（4）児童福祉から子ども家庭福祉へ

　近年では，少子化の進行，夫婦共稼ぎ家庭の一般化，家庭や地域の子育て機能の低下，離婚の増加など子ども家庭を取り巻く環境の変化に伴い，子ども虐待や不登校児の増加など家庭問題が複雑・多様化しています。これらの問題に対応するために，子どもの育ち，子育て支援，さらに家庭の養育機能の低下に対応する法改正や諸施策が進められました。

　1989年に合計特殊出生率が1.57となった「1.57ショック」を機に，少子化対策の施策として仕事と子育ての両立支援が求められ，保育ニーズの多様化に対応するために，政府は1994年に「今後の子育て支援のための施策の基本的方向について」（エンゼルプラン）を策定しました。さらに 5 年後の1999年にはこれらを引き継ぐ「重点的に推進すべき少子化対策の具体的実施計画について」（新エンゼルプラン）を策定し，子育て支援対策を推進しました。その後「少子化社会対策基本法」（2003年），「少子化社会対策大綱」（2004年）と少子化対策が本格的に進められました。

　1997年には，「児童福祉法」制定後はじめて本格的な改正が行われ，翌年 4 月から施行されました。主な改正内容として，これまで市町村による措置であった保育所への入所が，保護者が希望する保育所を選択し入所することが可能となり，さらに児童福祉施設においては，「養護施設・虚弱児施設」が「児童養護施設」に，「教護院」が「児童自立支援施設」に，「母子寮」が「母子生活支援施設」になるなど，自立支援を基本として施設の機能と名称の見直しが行われました。さらに，地域における児童相談所の相談機能の強化と「児童家庭支援センター」の創設などが規定されました。

　2000年には「児童虐待の防止等に関する法律（児童虐待防止法）」が制定され，2001年には，「配偶者からの暴力の防止及び被害者の保護等に関する法律（DV防止法）」が制定されました。児童虐待の問題に対する取り組みとして，様々

な施策が推進されました。しかし，重大な児童虐待事件は後を絶たず，困難な事例が増加していることから，その後も児童虐待防止法の改正やそれに伴う児童福祉法，民法等の一部改正などが行われ，制度的な充実が図られています。

家庭や地域の子育て機能の低下に対応して，2003年7月には，「次世代育成支援対策推進法」が成立し，子育て支援は，専業主婦家庭も含め，すべての子育て家庭に必要な施策へと転換しました。これにより，地方自治体や事業主に5か年の目標を盛り込んだ行動計画の作成が義務づけられ，従来の保育施設中心の少子化対策から，労働環境も含めた少子化対策となりました。

2004年には，「発達障害者支援法」が制定され，特別支援を必要とする発達障害児・者への自立と社会参加を促進するための制度がつくられました。さらに，2010年の「障害者自立支援法」（現・障害者総合支援法）と「児童福祉法」の改正によって，障害児の範囲の拡大，障害児施設の一元化，障害児通所支援事業の創設など障害児への新たなサービスが始まり，障害児への支援強化が図られました。

2000年代後半からニートやフリーターの増加，経済格差，様々な情報氾濫など子どもや若者に影響を与える環境が危惧され始めました。その後，児童虐待，いじめ，少年による重大事件，有害情報の氾濫など，子どもや若者をめぐる問題は深刻化し，次代の社会を担う子どもや若者の健やかな成長を保障することが厳しい状況となっていきました。そのため，2009年「子ども・若者育成支援推進法」が成立し（2010年4月1日施行），子ども・若者育成支援施策の推進を図るための大綱・計画作成，相談窓口の整備，地域ネットワークの整備などの内容が盛り込まれました。また，同法に基づく大綱として，2010年に「子ども・若者ビジョン」が決定しました。

子育て支援，少子化対策などの施策が展開されているにもかかわらず，虐待や待機児童の問題など子どもや子育てをめぐる環境は厳しくなっています。また，子どもを生み育てたいという個人の希望がかなう社会にするための支援も強く求められています。これらの観点から，国や地域，社会全体で子ども・子育てを支援するという新しいシステムの構築を目指し，2010年には，「子ど

も・子育て新システム検討会議」が発足し，新たな子育て支援の制度について検討が進められました。それを基に2012年には，子ども・子育て関連3法（「子ども・子育て支援法」，「就学前の子どもに関する教育，保育等の総合的な提供の推進に関する法律の一部を改正する法律」，「子ども・子育て支援法及び就学前の子どもに関する教育，保育等の総合的な提供の推進に関する法律の一部を改正する法律の施行に伴う関係法律の整備等に関する法律」）が成立し，子どもの育ちを保障し，社会全体で子どもや子育てを支援するための仕組みの整備が進められました。そして，2015年4月から子ども・子育て支援新制度が本格的に実施されています。

（5）新たな子ども家庭福祉の構築

　子ども虐待や障害児施策など子ども家庭福祉に関する法整備は進められてきましたが，子ども虐待事例の増加や自立が困難な子どもの増加，子どもの貧困など，子どもと家庭を取り巻く環境は厳しさを増しています。

　稼得年齢層の生活保護受給者や低所得世帯の増加などに伴い，わが国の子どもの貧困率が世界的に高い水準であることが報告されました。その対策として2013年に「子どもの貧困対策の推進に関する法律」が公布され，これに基づき2014年には，子どもの貧困対策会議が設置されました。そして2015年には，子どもの貧困対策会議において，ひとり親家庭等の施策および子ども虐待防止対策充実に向けた「すくすくサポート・プロジェクト（すべての子どもの安心と希望の実現プロジェクト）」を決定しました。

　2016年の「児童福祉法」の改正では，わが国における児童福祉の理念の転換が行われました。児童福祉法の理念規定は，1947年の制定時から改正されておらず，「子どもの権利条約」に掲げられている「子どもが権利の主体」「子どもの最善の利益の優先」が明確化されていませんでした。しかし，この改正によって「子どもの権利条約」が1994年に日本で批准されてはじめて国内法において，子どもが「権利の主体」として位置づけられました。さらに，社会的養護のあり方についても明記され，里親を含む「家庭養護」を原則とし，これが適当でない場合に施設入所とする，その場合も「家庭的環境」での養育を義務と

する内容となっています。「子どもは権利の主体」，「子どもの最善の利益」の保障を基本とした新たな子ども家庭福祉へのパラダイムシフトといえるでしょう。

　さらに，障害児への支援に関する法整備も行われました。2016年に「障害者総合支援法」と「児童福祉法」の一部改正によって，これまで障害児施策を十分受けられなかった医療的ケアを要する障害児（医療的ケア児）に対する支援の努力義務が定められました。障害児支援のニーズの多様化にきめ細かく対応するための支援の拡充やサービスの質の確保・向上が図られ，一部を除いて2018年から施行されます。これに続き，2021年に「医療的ケア児及びその家族に対する支援に関する法律（医療的ケア児支援法）が成立し同年9月から施行されています。また，2016年には「発達障害者支援法」も改正され，発達障害者の定義に「社会的障壁」が加えられました。教育現場では個別の教育支援計画の作成やいじめ防止等のための対策の推進などが新たに盛り込まれました。

（6）新たな子ども・家庭支援政策への転換

　子ども家庭福祉に関わる法整備や施策が図られてきましたが，子ども虐待相談件数の急増や虐待による死亡事案，また子どもの自殺やいじめ問題，貧困問題などに加えコロナ禍により子どもとその家族に関わる課題は多様化・深刻化しています。それを打破するために，福祉，教育，医療，保健など様々な分野において「子どもの権利の保障」を基盤とした新たな子どもと家庭の支援体制を整備することが求められています。そのため，子どもの権利を包括的に保障する国内法である「こども基本法案」が2022年4月国会に提出され，6月に公布されました。2023年4月1日から施行予定です。

　さらに，子ども基本法に加え，「こども家庭庁」が設置されることになり，2023年創設予定です。こども家庭庁は，これまで個別に運営されてきたこども政策に関わる大綱や閣僚会議を一元化し，こども政策の司令塔機能をこども家庭庁に一本化することで，政府のこども政策を一体的に推進することを目的としています。

　子ども虐待と重複して発生する DV（ドメスティック・バイオレンス）の取り組みも進められてきました。これまで「DV 防止法」「売春防止法」「ストーカー規制法」などに基づき婦人保護事業として DV，性暴力，貧困，障害等様々な問題を抱えた女性の支援が行われてきました。しかし，困難を抱える女性への支援ニーズは複雑化し，必要な支援につながらないことが指摘されていました。コロナ禍によって，さらに女性への影響は深刻となり，これまで見過ごされてきたことや，潜在的にあった諸問題が表面化し，DV（経済的・精神的），ひとり親世帯，自殺，貧困など女性の抱える問題が可視化されました。それらに対応するためには法制度上の新たな枠組みの構築が必要となり，「困難な問題を抱える女性への支援に関する法律」が2022年5月に成立し，2024年4月から施行されることとなりました。この法律は，様々な事情で問題を抱える女性を支援対象とし，包括的な援助に当たる「女性相談支援センター」の設置が都道府県に義務づけられ，相談，保護，心身のケア，就労・自立支援などの支援体制が整えられることになります。コロナ禍によって，わが国の危機的状況における福祉，経済，医療，教育，政治などの脆弱性が露になったと指摘されています。「新しい暮らし方」「新しい働き方」をジェンダー視点でも見直す取り組みが求められます。

参考文献

新井光吉『アメリカの福祉国家政策』九州大学出版会，2002年。

一番ケ瀬康子『アメリカ社会福祉発達史』光生館，1989年。

右田紀久惠ほか『社会福祉の歴史』有斐閣，2001年。

大津泰子「児童福祉の史的発展」鈴木幸雄編『児童福祉概論』同文書院，2007年。

厚生労働統計協会『国民の福祉と介護の動向　2021/2022』厚生労働統計協会，2021年。

厚生労働統計協会『国民の福祉と介護の動向　2022/2023』厚生労働統計協会，2022年。

杉本貴代栄『アメリカ社会福祉の女性史』勁草書房，2002年。

高島進『イギリス社会福祉発達史論』ミネルヴァ書房，1979年。

田澤あけみ『20世紀児童福祉の展開』ドメス出版，2006年。

ウォルターI, トラットナー／古川孝順訳『アメリカ社会福祉の歴史』中央印刷，1979

　　年。

内閣府『少子化社会対策白書 令和 4 年版』日経印刷，2022年。

中村優一ほか『世界の社会福祉 4　イギリス』旬報社，1999年。

中村優一ほか『世界の社会福祉 9　アメリカ　カナダ』旬報社，2000年。

中村優一ほか『世界の社会福祉年鑑　2002年～2004年』旬報社，2002～2004年。

古川孝順『子どもの権利』有斐閣，1991年。

山縣文治ほか『社会福祉用語辞典 第 7 版』ミネルヴァ書房，2009年。

吉田久一ほか『社会福祉思想史入門』勁草書房，2000年。

第3章　子ども家庭福祉の理念と法律

　国際的な子ども観の変化や子どもの変化に対応するために，これまでの「児童福祉」から新たな「子ども家庭福祉」への転換が求められています。その子ども家庭福祉の転換と新しい理念について理解を深めます。
　また，子ども家庭福祉に関する施策は，種々の法律，政令，省令などに基づいて実施されています。本章では子ども家庭福祉に関わる法律として，基本的な児童福祉法などの児童福祉六法について学習します。さらに，その他の法律として近年の子ども家庭福祉の新たな動きに関わるものについても解説します。

1　子ども家庭福祉の理念

　子ども救済のための「児童福祉」という概念が生まれたのは，1947年に制定された「児童福祉法」が最初です。この法律には，児童福祉の理念・責務・原理が明記されました。この児童福祉法は，すべての子どもの健やかな育成と，生活の保護という児童福祉の理念を示し，その権利を保障する国民の義務や社会の責任が示され，保護を中心として展開されてきました。

　一方で，1979年の国際児童年，1989年の児童の権利に関する条約（子どもの権利条約）の国連採択（日本は1994年に批准）など国際的な子ども観の変化と同時に，わが国においても急激な少子高齢化や子どもを取り巻く環境の変化，子ども虐待の増加などを背景に，これまでの保護を中心とした児童福祉施策の転換が求められるようになりました。これらの状況に対応するために，新たな児童福祉施策のあり方として「子ども家庭福祉」が誕生しました。子どもの健全な育成を保障するために，子どもの育ちや子育て支援，家庭を含む子どもを取り巻く環境への福祉サービスという概念に変換しました。

しかし，児童福祉法の理念では，保護する対象としての受動的な子ども観が基本とされ，子どもの権利が明確に保障されていませんでした。さらに，増加し続ける子ども虐待，自立困難な子どもの増加などの変化に対応するため，2016年に「児童福祉法」の理念規定が改正されました。理念規定が改正されたのは，児童福祉法制定以来初めてのことで，そこでは「子どもの権利」を位置づけ，さらに「子どもの最善の利益」とともに能動的権利としての子どもの意見を尊重することが明記されました。

今後の「子ども家庭福祉」のあり方として，子どもを権利の主体に置き，子どもが適切に養育され，発達する権利と自立を保障していくこと，その際には，子どもの最善の利益を優先し，子どもの意見が尊重されつつ子どもに関わる福祉施策が展開されることが根幹となります。そのために「子どもの権利保障」「養育支援」における公的責任を自覚し，社会全体で子どもの権利保障・育成支援を行う視点が不可欠です。

（1）児童福祉法

「児童福祉法」の概要やこれまでの改正に関わる内容は，次節「2　児童福祉六法」で説明しています。ここでは新たな理念について説明します。

わが国の「子ども家庭福祉」の理念を明文化した法律として，まず「児童福祉法」があげられます。「児童福祉法」は第二次世界大戦後の1947年に制定され，当時の児童福祉は，浮浪児対策を含めて，子どもの福祉を中心とした緊急児童対策が中心として始まりました。同法第1条「児童福祉の理念」では「すべて国民は，児童が心身ともに健やかに生まれ，且つ，育成されるよう努めなければならない。2　すべて児童は，ひとしくその生活を保障され，愛護されなければならない」とされ，保護される対象と捉えられていました。

しかし，2016年の改正では理念の転換が行われ，「子どもの権利条約」に掲げられている「子どもが権利の主体」「子どもの最善の利益の優先」が明確化され，総則の冒頭（第1条）に「子どもの権利」を位置づけ，第2条においては，「子どもの最善の利益」とともに，能動的権利としての子どもの意見を尊

重することも明記されました。国や自治体の責任として，子どもの福祉のためには，子どもへの直接的な支援以外にも，保護者を含め，社会全体が子どもの福祉を支援・保障することが明確にされました。

　子どもの権利，特に養育される権利を保障するためには，養育を行っている家族，あるいはその他の養育者を支援することが不可欠です。そのため，子どもが家庭において心身ともに健やかに育成されるよう，その保護者を支援することが重要であることが明記されています。

　また，家族から分離され，代替的養育を受ける子どもへの適切なケアは，子どもの権利保障の観点からも最重要課題の一つです。虐待など，家庭において適切な養育を受けられない場合には，家庭に近い環境での養育を推進するために，養子縁組や里親・ファミリーホームなど「家庭と同様の養育環境」において継続的に養育されることが原則とされました。施設入所は，それが困難な場合あるいは適当でない場合に限られ，しかもその場合でもできる限り良好な「家庭的環境」で養育されることが義務づけられました。

　この改正で「子どもの権利擁護」が理念として位置づけられたことで，子どもに関わる福祉の法制度の仕組みと目的が再確認されることとなります。

（2）児童憲章

　「児童憲章」は，すべての子どもの幸福を図ることを目的として，子どもの権利を認め，保護する責任を有し，子どもの健全な発達をめざし努力する意識の醸成を図るために，1951年5月5日に制定されました。この憲章が制定された日は「こどもの日」として国民の祝日となりました。この憲章は法律ではありませんが，子どもの権利と福祉を図るために制定された重要な取り決めです。

　条文のなかには，「児童は，人として尊ばれる。児童は，社会の一員として重んぜられる。児童は，よい環境の中で育てられる」と3つの基本理念を掲げ，その後12の条文から構成されています。条文1では「すべての児童は，心身ともに健やかにうまれ，育てられ，その生活を保障される」とあり，児童福祉法第1条「児童福祉の理念」にも同様の文言が見られます。

児童憲章

制定日：昭和26年5月5日

制定者：児童憲章制定会議（内閣総理大臣により招集。国民各層・各界の代表で構成。）

われらは，日本国憲法の精神にしたがい，児童に対する正しい観念を確立し，すべての児童の幸福をはかるために，この憲章を定める。

児童は，人として尊ばれる。

児童は，社会の一員として重んぜられる。

児童は，よい環境の中で育てられる。

1　すべての児童は，心身ともに健やかにうまれ，育てられ，その生活を保障される。

2　すべての児童は，家庭で，正しい愛情と知識と技術をもつて育てられ，家庭に恵まれない児童には，これにかわる環境が与えられる。

3　すべての児童は，適当な栄養と住居と被服が与えられ，また，疾病と災害からまもられる。

4　すべての児童は，個性と能力に応じて教育され，社会の一員としての責任を自主的に果たすように，みちびかれる。

5　すべての児童は，自然を愛し，科学と芸術を尊ぶように，みちびかれ，また，道徳的心情がつちかわれる。

6　すべての児童は，就学のみちを確保され，また，十分に整つた教育の施設を用意される。

7　すべての児童は，職業指導を受ける機会が与えられる。

8　すべての児童は，その労働において，心身の発育が阻害されず，教育を受ける機会が失われず，また，児童としての生活がさまたげられないように，十分に保護される。

9　すべての児童は，よい遊び場と文化財を用意され，悪い環境からまもられる。

10　すべての児童は，虐待・酷使・放任その他不当な取扱からまもられる。あやまちをおかした児童は，適切に保護指導される。

11　すべての児童は，身体が不自由な場合，または精神の機能が不充分な場合に，適切な治療と教育と保護が与えられる。

12　すべての児童は，愛とまことによつて結ばれ，よい国民として人類の平和と文化に貢献するように，みちびかれる。

（3）児童権利宣言

　子どもの人権についての国際的な定義として，1924年国際連盟の「児童の権利に関する宣言（ジュネーブ宣言）」や1959年の「児童権利宣言」があります。

　「ジュネーブ宣言」は，第一次世界大戦により被害を受けた子どもたちへの反省と今後の幸福を願って採択されました。しかし，その後の第二次世界大戦において，世界中の多くの子どもたちが再び，戦争により被害を受けることになります。そのため，国際連合は「ジュネーブ宣言」を改定し，「児童権利宣言」を採択しました。

　「児童権利宣言」は，1948年の「世界人権宣言」を基に条文化されたもので，その前文に「人類は，児童に対し，最善のものを与える義務を負う」「児童が，幸福な生活を送り，かつ，自己と社会の福利のためにこの宣言に掲げる権利と自由を享有することができるようにするため，この児童権利宣言を公布」したと述べられ，その後10の条文で具体的な児童の権利について宣言しています。

（4）児童の権利に関する条約（子どもの権利条約）

　1989年11月20日，国際連合総会で満場一致で「子どもの権利条約」は採択されました。日本でも1994年に批准し，締約国となりました。この条約は「子どもの最善の利益」（第3条）を考慮して，「子どもの生存および発達を可能な限り最大限に確保する」（第6条）ために不可欠である子どもの権利が，あらゆる場で保障されることを国際的に定めた条約で，前文および54か条から構成されています。「子どもの権利条約」の特徴は，子どもは「保護の対象」ではなく，権利を享受し行使する「権利の主体」として認められていることです。また，条約では，意見表明権，思想・信条や表現の自由，プライバシーの保護，障害のある子どもの自立など幅広い権利を保障しています。また，発展途上国や地域紛争下の子ども，難民の子どもにも配慮し，経済的搾取・有害労働からの保護，性的搾取・性的虐待からの保護，難民の子どもの保護・援助・武力紛争からの子どもの保護などが定められています。

　また，条約の締結国が負う子どもの権利実現義務の進捗状況を審査するため

に「国連子どもの権利委員会（CRC）」が独立機関として設置されています。この委員会による審査のため，締約国は条約発効後2年以内に1回，その後は5年ごとに子どもの権利実現義務の進捗状況を国連に報告することが求められています。

　日本は1994年に「子どもの権利条約」を批准しましたが，国連子どもの権利委員会から，わが国における包括的な子どもの権利に関する法律が存在しないことが指摘されてきました。その勧告を受け，2016年の「児童福祉法」改正により「子どもの権利」「子どもの最善の利益」が明記され，初めて日本の国内法で，子どもが「権利の主体」として位置づけられることとなりました。

2　児童福祉六法

（1）児童福祉法

　「児童福祉法」は，第二次世界大戦後の1947年に制定されました。敗戦による国民生活は混乱と困窮は，特に子どもに大きな影響を与えました。家を焼かれ親を失った戦災孤児や浮浪児，また引き揚げ孤児などが大量に巷にあふれ，物乞いあるいは窃盗などを行う子どもも少なくありませんでした。このような子どもの非行，乳幼児の保健衛生上の悪化など，子どもに関する問題が注目されるようになりました。そこで，1945年の「戦災孤児等保護対策要綱」と，1946年の「浮浪児その他の児童保護等の応急措置実施に関する件」によって，浮浪児の保護が行われました。このように，戦後の児童福祉は，浮浪児対策を中心とした緊急児童対策として始まり，1947年12月に制定された「児童福祉法」にひきつがれることとなりました。

　「児童福祉法」は，「第1章　総則」「第2章　福祉の保障」「第3章　事業，養育里親及び養子縁組里親並びに施設」「第4章　費用」「第5章　国民健康保険団体連合会の児童福祉法関係業務」「第6章　審査請求」「第7章　雑則」「第8章　罰則」から構成されています。

　第1章「総則」では，児童福祉の理念・責任・原理の他に，児童福祉に関す

る事項を調査審議する機関として児童福祉審議会を，児童福祉の実務を遂行する機関・職種として市町村および都道府県の業務，児童相談所，一時保護施設，保健所，児童福祉司，児童委員，保育士について規定されています。

1）児童福祉の原理

〔児童福祉の理念〕

第1条　全て児童は，児童の権利に関する条約の精神にのつとり，適切に養育されること，その生活を保障されること，愛され，保護されること，その心身の健やかな成長及び発達並びにその自立が図られることその他の福祉を等しく保障される権利を有する。

〔児童育成の責任〕

第2条　全て国民は，児童が良好な環境において生まれ，かつ，社会のあらゆる分野において，児童の年齢及び発達の程度に応じて，その意見が尊重され，その最善の利益が優先して考慮され，心身ともに健やかに育成されるよう努めなければならない。

　②　児童の保護者は，児童を心身ともに健やかに育成することについて第一義的責任を負う。

　③　国及び地方公共団体は，児童の保護者とともに，児童を心身ともに健やかに育成する責任を負う。

〔原理の尊重〕

第3条　前2条に規定するところは，児童の福祉を保障するための原理であり，この原理は，すべて児童に関する法令の施行にあたつて，常に尊重されなければならない。

　この第1条では，子どもの権利を示し，子どもの成長・発達や子どもに関わる福祉が保障される権利について定められています。また第2条では，子どもの育成については，子どもの最善の利益を優先して考慮することが明記され，子どもを育成する責任は，保護者を第一義的責任とし，社会（国，地方公共団体）にも責任があることが明記されています。第3条では，第1条，第2条の規定は子どもの福祉を保障するための原理であり，この原理は，ほかの子どもの福祉に関係する法令の施行にあたっては，常に尊重されなくてはならないと

規定しています。

2）国及び地方公共団体の責務

第1節　国及び地方公共団体の責務

第3条の2　国及び地方公共団体は，児童が家庭において心身ともに健やかに養育されるよう，児童の保護者を支援しなければならない。ただし，児童及びその保護者の心身の状況，これらの者の置かれている環境その他の状況を勘案し，児童を家庭において養育することが困難であり又は適当でない場合にあつては児童が家庭における養育環境と同様の養育環境において継続的に養育されるよう，児童を家庭及び当該養育環境において養育することが適当でない場合にあつては児童ができる限り良好な家庭的環境において養育されるよう，必要な措置を講じなければならない。

第3条の3　市町村（特別区を含む。以下同じ。）は，児童が心身ともに健やかに育成されるよう，基礎的な地方公共団体として，第10条第1項各号に掲げる業務の実施，障害児通所給付費の支給，第24条第1項の規定による保育の実施その他この法律に基づく児童の身近な場所における児童の福祉に関する支援に係る業務を適切に行わなければならない。

②　都道府県は，市町村の行うこの法律に基づく児童の福祉に関する業務が適正かつ円滑に行われるよう，市町村に対する必要な助言及び適切な援助を行うとともに，児童が心身ともに健やかに育成されるよう，専門的な知識及び技術並びに各市町村の区域を超えた広域的な対応が必要な業務として，第11条第1項各号に掲げる業務の実施，小児慢性特定疾病医療費の支給，障害児入所給付費の支給，第27条第1項第3号の規定による委託又は入所の措置その他この法律に基づく児童の福祉に関する業務を適切に行わなければならない。

③　国は，市町村及び都道府県の行うこの法律に基づく児童の福祉に関する業務が適正かつ円滑に行われるよう，児童が適切に養育される体制の確保に関する施策，市町村及び都道府県に対する助言及び情報の提供その他の必要な各般の措置を講じなければならない。

　第3条の2と第3条の3においては，国及び地方公共団体の責務が示されています。家庭は，子どもの成長・発達にとって最も自然な環境であり，子どもが家庭において心身ともに健やかに養育されるよう第3条の2では，国及び地方公共団体の責務として，子どもの心身ともに健やかな養育のために，保護者

を支援することが明記されています。

　一方，虐待などにより家庭で適切な養育を受けられない場合には，養子縁組や里親・ファミリーホームなど「家庭と同様の養育環境」において継続的に養育されることが原則とされ，それが適当でない場合は，できる限り良好な「家庭的環境」で養育されるような措置を講じることとされています。さらに，第3条の3では，子どもの心身ともに健やかな育成のために，子どもの福祉に係わる地方公共団体の適切な業務や措置などが明記されています。

3）児童福祉の対象

　「児童福祉法」では，児童福祉の対象として，児童および障害児，妊産婦，保護者が定義されています。「児童」を，満18歳に満たない者と規定し（第4条），それらを下記のように乳児，幼児および少年に分けています。

　　乳児 ･･･ 満1歳に満たない者

　　幼児 ･･･ 満1歳から，小学校就学の始期に達するまでの者

　　少年 ･･･ 小学校就学の始期から，満18歳に達するまでの者

　「障害児」とは，身体に障害のある児童，知的障害のある児童，精神に障害のある児童（発達障害を含む）又は治療方法が確立していない疾病や特殊な疾病がある児童とされています。

　「妊産婦」とは，「児童福祉法」では，妊娠中または出産後1年以内の女子と規定されています。妊娠中というのは，現に妊娠していることで，出産1年以内とは，正常分娩のみではなく，流産・早産・死産の場合も含み，その後1年以内という意味です。

　「保護者」とは，「児童福祉法」では，親権を行う者，未成年後見人その他の者で，児童を現に監護する者と規定しています。法律上の血縁の親（親権者）のみを指すのではなく，実際に子どもと生活を共にし，愛情をもって養育する者も保護者として含まれます。

4）児童福祉の機関等

　児童福祉に関する事項を調査審議する機関として児童福祉審議会が規定され，児童福祉の実務を遂行する機関・職種として，市町村および都道府県の業務，

児童相談所，一時保護施設および保健所，児童福祉司，児童委員，保育士について規定されています。

5）福祉の保障

身体に障害のある児童の保護として療育の指導など，骨関節結核その他の結核にかかっている児童に対する療育の給付，小児慢性特定疾病医療費の支給，居宅生活の支援などの障害福祉サービスや子育て支援事業など，障害児施設給付費などの支給，要保護児童の保護措置，被措置児童等虐待の防止など，児童の福祉を阻害する行為の禁止など，各種の福祉の保障について規定しています。

6）事業，養育里親及び養子縁組里親並びに施設

児童自立生活援助事業^{▷1}などの開始や運営，児童福祉施設の設置・目的・設備および運営，養育里親及び養子縁組里親の欠格事由，児童福祉施設の長の義務などについて規定しています。

7）費　　用

「児童福祉法」に定める各種の児童福祉行政の遂行に必要な費用について，その支弁（支払い）義務者を定めるとともに国，都道府県，市町村などの負担割合について規定しています。

施設入所などの福祉の措置及び保障に必要な費用については，原則として本人またはその扶養義務者から負担能力に応じて徴収することとなっていますが，費用の全部または一部を負担することができない場合には，国，都道府県または市町村が代わって負担することとされています。また，私立児童福祉施設に対する補助等について規定されています。

8）児童福祉法の改正

児童福祉法は，1947年の制定以来幾度となく改正されてきました。それらの改正の主なものを，図表3－1（61-62頁）にまとめます。

① 2019年の改正

2019年6月に子ども虐待防止対策の強化を目的として，児童福祉法の一部を

▷1　児童自立生活援助事業
　　児童自立生活援助事業の内容については，第6章（128頁）参照。

図表 3-1　児童福祉法の主な改正内容

改正年	主な改正内容
1997年	**保育施策と自立支援施策の充実** ・保育所への入所が，措置から利用選択方式へ変更 ・児童福祉施設の機能や名称の見直しと児童自立支援の視点が導入 　「教護院」→「児童自立支援施設」，「養護施設」→「児童養護施設」 ・児童家庭支援センターの創設，など
2000年	**児童福祉施設の施策充実** ・母子生活支援施設や助産施設を措置制度から選択利用制度へ変更 ・児童居宅介護等事業，児童デイサービス事業，児童短期入所事業に対する支援支給制度の導入
2001年	**保育需要の増加や認可外保育施設内の事故の増加への対応** ・認可外保育施設に対する監督強化 ・主任児童委員の法定化 ・保育士資格が名称独占資格に改められ，守秘義務，登録，試験について法定化 ・認可保育所整備のための公設民営方式の推進等，など
2003年	**「次世代育成支援対策推進法」の成立にともなう地域の子育て支援事業の強化** ・市町村における子育て支援事業の実施 ・都道府県および市町村における保育に関する計画の作成 ・乳児院，児童養護施設，母子生活支援施設などで児童の養育に関する相談・助言の実施，など
2004年	**次世代育成支援対策の推進のため，子ども虐待等への対応にむけた児童相談体制の充実，児童福祉施設の在り方の見直し** ・市町村における児童相談の実施責務，地方自治体における要保護児童対策協議会の設置 ・乳児院及び児童養護施設の入所児童に関する年齢要件の見直し，児童自立支援生活援助事業における就業支援 ・里親の定義規定の新設と権限の明確化 ・要保護児童に係る家庭裁判所の関与の見直し ・慢性疾患児童の健全育成を図るための措置，など
2008年	**子育て支援事業の法律上の義務付けと，質の確保や事業の促進にむけた基準等の設置** ・「子育て支援事業」を乳児家庭全戸訪問事業，養育支援訪問事業，地域子育て支援拠点事業，一時預かり事業，家庭的保育事業とする ・里親制度の改正（養育里親制度化） ・小規模住居型児童養育事業の創設（ファミリーホーム） ・義務教育終了児等の自立支援策の見直し ・施設内虐待の防止，など
2010年	**障害児の地域生活支援体制の見直し** ・障害児の施設やサービス利用を児童福祉法に一本化 ・障害児の定義見直し（精神障害児・発達障害児も含む） ・通所支援は市町村，入所支援は都道府県が実施主体 ・児童発達支援，医療型児童発達支援，放課後デイサービス，保育所等訪問支援 ・障害児施設の再編（障害児入所施設・児童発達支援センター） ・障害児相談支援事業創設，など

2012年	「子ども・子育て支援法」の実施に向けた，保育事業の規定と制度の改正
	・保育所の利用要件が「保育に欠ける」から，「保育の必要性」に改正
	・認定こども園，家庭的保育事業，小規模保育事業など多様な施設・事業での保育の提供
	・民間企業等に対する認可基準など保育所の認可制度の改正
	・小規模保育等の認可について，市町村が認可仕組みを規定
	・放課後児童健全育成事業の改正：対象年齢の見直し（10歳未満→小学生），運営基準の法定化
2016年	子ども虐待の発生から自立までの支援強化
	・児童福祉法の理念の明確化：児童が権利の主体，児童の最善の利益が優先
	・母子健康包括支援センター，市町村子ども家庭総合支援拠点設置
	・被虐待児への自立支援（2016年度，2017年度に施行）
	・「情緒障害児短期治療施設」→「児童心理治療施設」と改称，など
	障害児支援のニーズに対応する支援の拡充と，サービスの質の確保・向上を図る環境整備等
	・「居宅訪問型児童発達支援」の新設
	・「保育所等訪問支援」の支援対象の拡大（乳児院，児童養護施設に入所する障害児）
	・医療的ケアを要する障害児に対する支援（保健・医療・福祉党の連携促進）
	・「障害児福祉計画」の策定義務
	・補装具費の支給範囲の拡大（貸与の追加）
	・施設・事業者の障害福祉サービスの情報公開制度の創設と自治体の事務の効率化，など
2017年	被虐待児等の保護を図るため，司法関与を強化
	・虐待を受けている子ども等の保護者に対する指導の司法関与
	・児童相談所の一時保護について，家庭裁判所による審査の導入
	・子ども虐待の早期発見責務を有する者として歯科医師，保健師，助産師，看護師を追加，など
2019年	子ども虐待防止対策の強化に向けた改正（2020年4月1日から施行。一部は2022年，2023年施行）
	・子どもの権利擁護（児童福祉施設長などによるしつけに際して体罰の禁止）
	・児童相談所へ弁護士・医師・保健師を配置
	・児童福祉司及びスーパーバイザーの任用要件の見直し，児童心理司の配置基準の法定化
	・児童相談所の業務の質の評価と質の向上，設置促進
	・関連機関との連携強化，など
	民法改正（養子になる者の年齢引き上げ）による特別養子縁組の利用推進（2020年4月1日から施行）
	・特別養子縁組に関する児童相談所長の関与の拡大
	・児童相談所長が特別養子縁組適格確認審判と手続きに参加する制度の新設
2021年	子育て世帯に対する包括的な支援のための体制強化に向けた改正（2024年4月1日から施行）
	・「こども家庭センター」の設置（努力義務）
	・「児童発達支援センター」（医療型・福祉型）の一元化と役割・機能の強化
	・児童相談所の「一時保護」開始時の判断に関する「司法審査」の導入
	・子どもの意見聴取等の仕組みの整備
	・子ども家庭福祉の実務者の専門性の向上
	・自立支援の強化（児童自立生活援助事業対象者，障害児入所施設入所児の年齢制限の弾力化）
	・子どもをわいせつ行為から守るための環境整備，など

改正するための改正法が可決され，2020年4月1日から施行されました。「子どもの権利擁護」として「児童相談所長による体罰の禁止」，「施設長・ファミリーホームの養育者・里親による体罰の禁止」が盛り込まれました。また，市町村および児童相談所の体制強化，児童相談所の設置促進などが明記されています。なかでも，児童相談所の設置促進については，改正後5年を目途に支援や措置の設置状況や児童虐待の状況を検討し，その結果に基づいて新たに措置を講じるとしています。

　民法等の一部を改正する法律は，児童虐待の防止等を図り，児童の権利利益を擁護する観点から，民法，児童福祉法その他の法律の改正が行われました。社会的養護対象の子どもたちに家庭的な養育環境を提供するため，特別養子縁組の成立要件を緩和すること等により，制度の利用を促進するためのものです。見直しの主なポイントは，①特別養子制度の対象年齢が原則6歳から15歳に拡大，②家庭裁判所の手続きを合理化して養親候補の負担軽減です。

　②　2022年の改正

　子ども虐待の相談対応件数の増加など，子育てに困難を抱える世帯がこれまで以上に顕在化してきています。このような状況等を踏まえ，増加する子ども虐待に対し，子どもを保護する取り組みや子育て家庭への支援策を強化することを目的として，児童福祉法，母子保健法改正の一部改正が成立しました。「児童福祉法」の主な改正のポイントは以下の通りです。

　　①　子育て世帯に対する包括的な相談・支援の体制強化を図るために，市区町村に対し「こども家庭センター」を設置するよう努力義務が課されました。

　　②　未就学の障害児への発達支援として，「児童発達支援センター」が中核的役割を担い，機能の強化が図られます。また，福祉型・医療型に類型されている児童発達支援センターの一元化を行い，障害種別にかかわらず発達支援が受けられるようになります。

　　③　児童相談所の「一時保護」の際に，親の同意がない場合には裁判所が必要性を判断する「司法審査」が導入されます。これは，裁判所が必要

性を判断することで速やかな保護につなげるとともに，親の理解をより得やすくするためのものです。

④　児童相談所等は入所措置や一時保護等の際に子どもの最善の利益を考慮しながら，子どもの意見聴取等を行い，都道府県は子どもの意見・意向表明や権利擁護に向けた必要な環境整備など，子どもの意見聴取等の仕組みが整備されます。

⑤　虐待などに対応する児童福祉司は専門的な対応を必要とするため，自治体が任用する際の要件として，子ども虐待に関する十分な知識や技術が求められます。

⑥　児童養護施設などで暮らす子どもや若者への自立支援について，施設の退所後も継続的な支援を行うため，児童自立生活援助事業の対象者の年齢制限が必要に応じ緩和されます（現・原則18歳，最長22歳まで）。また，障害児入所施設の入所年齢が22歳まで延長されます。

⑦　わいせつ行為から子どもを守る環境整備として，子どもへのわいせつ行為などを理由に登録を取り消された保育士の再登録を厳格化されます。

これらの内容は，2024年4月1日施行となります。

（2）児童扶養手当法

この法律は，1961年に制定されたもので，「父又は母と生計を同じくしていない児童が育成される家庭の生活の安定と自立の促進に寄与するため，当該児童について手当を支給し，児童の福祉の増進を図る」ことを目的としています（図表3-2）。具体的な支給対象児童は，次の通りです。

①　父母が婚姻を解消した児童

②　父（母）が死亡した児童

③　父（母）が政令で定める程度の障害の状態にある児童

④　父（母）の生死が明らかでない児童

⑤　父（母）が引き続き1年以上遺棄している児童

⑥　父（母）が裁判所からのDV保護命令を受けた児童

図表3-2　児童扶養手当制度の概要

1　目的
　離婚によるひとり親世帯等，父または母と生計を同じくしていない児童が育成される家庭の生活の安定と自立の促進に寄与するため，当該児童について手当を支給し，児童の福祉の増進を図る（2010年8月より父子家庭も対象）。

2　支給対象者
　18歳に達する日以後の最初の3月31日までの間にある児童（障害児の場合は20歳未満）を監護する母，監護し，かつ生計を同じくする父または養育する者（祖父母等）。

3　支給要件
　父母が婚姻を解消した児童，父または母が死亡した児童，父または母が一定程度の障害の状態にある児童，父または母の生死が明らかでない児童などを監護等していること。

4　手当月額（2022年4月〜）
　・児童1人の場合　　　　　　　　　全部支給：43,070円　一部支給：43,060円から10,160円まで
　・児童2人以上の加算額［2人目］　全部支給：10,170円　一部支給：10,160円から 5,090円まで
　　　　　　　　［3人目以降1人につき］　全部支給： 6,100円　一部支給： 6,090円から 3,050円まで

5　所得制限限度額（収入ベース）
　・全部支給（2人世帯）160万円，一部支給（2人世帯）365万円

6　受給状況
　・2021年3月末現在の受給者数 877,702人（母：829,949人，父：43,799人，養育者：3,954人）

7　予算額（国庫負担分）[2022年度予算案] 1,617.7億円

8　手当の支給主体および費用負担
　・支給主体：都道府県，市，福祉事務所設置町村
　・費用負担：国1/3　都道府県，市，福祉事務所設置町村2/3

資料：厚生労働省「全国児童福祉主管課長会議」（2022年3月）一部改変。
出所：厚生労働統計協会『国民の福祉と介護の動向2022/2023』2022年，143頁。

⑦　父（母）が法令により引き続き1年以上拘禁されている児童

⑧　母が婚姻によらないで懐胎した児童

⑨　棄児などで父母がいるかいないかが明らかでない児童

⑩　母が懐胎した当時の事情が不明の児童

　これらの児童を監護または養育する母または監護し，かつ生活を同じくする父または養育する者（祖父母等）に対して手当てが支給されます。

　2008年度からは，手当ての受給期間が5年を超える場合には，手当額の一部を支給しないとする見直しがされ，2008年4月から実施されています。具体的には，児童扶養手当の受給開始から5年を経過した場合等，母親や子どもの障害・疾病等により就業が困難な場合などを除き，就業意欲が見られない場合について支給額の1/2を支給停止とし，それ以外の場合は一部停止処分は適用されません。

また，2010年8月からは，児童扶養手当が支給されていない父子家庭にも，児童扶養手当の支給が拡大されました。

　従来は，公的年金給付を受けることができる場合は，手当は支給されませんでしたが，公的年金給付等の額が手当の額より低い場合，その差額を支給する法改正が行われ，2014年より実施されています。

　2018年の「児童扶養手当法」の一部改正により，支払い回数が年3回から6回に見直しされ2019年11月分手当から実施されます。

　2020年の「児童扶養手当法」の改正では，児童扶養手当と障害年金の併給調整の方法が見直されました。障害年金を受給しているひとり親家庭は，障害年金額が児童扶養手当額を上回る場合には，児童扶養手当が受給できませんでしたが，2021年3月から児童扶養手当の額と障害年金の子どもの加算部分の額との差額を児童扶養手当として受給することができるようになりました。

（3）特別児童扶養手当等の支給に関する法律

　この法律は，1964年に制定されたもので，「精神又は身体に障害を有する児童について特別児童扶養手当を支給し，精神又は身体に重度の障害を有する児童に障害児福祉手当を支給するとともに，精神又は身体に著しく重度の障害を有する者に特別障害者手当を支給することにより，これらの者の福祉の増進を図ること」を目的として制定されました。

　特別児童扶養手当は，「障害児」（20歳未満の障害児であって一定の障害の状態にある者）の父もしくは母がその障害児を監護するとき，またはその障害児の父母以外の者が養育するときに，その父もしくは母またはその養育者に対し支給されます。ただし，当該障害を支給事由とする公的年金を既に受給している場合，児童または受給者のいずれかが日本国内に住所を有しない場合，父母等が所得制限限度額以上の所得がある場合は支給されません。

　障害児福祉手当は，重度障害児（障害児のうち，一定の程度の重度の障害の状態にあるため，日常生活において常時の介護を必要とする者）に対して支給されます。ただし，障害を支給の事由とする給付で政令で定めるものを受け取ることがで

きるとき，対象となる児童が肢体不自由児施設などの施設に入所している場合などには支給されません。また，所得制限があります。

　特別障害者手当は，20歳以上であって，著しく重度の障害の状態にあるため，日常生活において常時特別の介護を必要とする者に対して支給されます。ただし，対象となる障害者が身体障害者療護施設などの施設に入所している場合には支給されません。また，所得制限があります。

（4）母子及び父子並びに寡婦福祉法

　この法律は，1964年に，母子家庭の生活の安定と向上を総合的に推進するために「母子福祉法」として制定されましたが，1981年に「母子及び寡婦福祉法」と改正されました。これは，母子家庭の子が成人した後の寡婦も福祉の対象とするとともに，「母子家庭等」および「寡婦」に対し，その生活の安定と向上のために必要な措置を講じることにより，母子家庭等および寡婦の福祉を図るものでした。しかし，父子世帯については，母子世帯に比べて世帯数が少なかったことや，母子家庭と比較しても平均年収が高かったことなどから，父子世帯に対しては，母子世帯のような支援は行われていませんでした。近年は離婚率の増加により，母子世帯，父子世帯などのひとり親世帯が増加しています。父子家庭においても，母子家庭と同様に子育てと就業の両立が困難であることなどを踏まえて，母子世帯のみならず父子世帯も含めたひとり親世帯の支援を図るために，2014年10月に「母子及び父子並びに寡婦福祉法」に改称されました。

　この法律で実施されている福祉サービスの内容は，母子福祉資金，父子福祉資金，寡婦福祉資金の貸付（生活資金，事業開始資金，修業資金，住宅資金など），日常生活支援（ひとり親家庭の親が疾病その他の理由で日常生活に支障を生じた場合），公共施設における売店などの設置の優先許可，たばこ小売業の優先許可，公営住宅入居の優先扱い，母子・父子福祉施設（母子・父子福祉センター，母子・父子休養ホーム）の提供などです。

　2014年の改正で，父子世帯を対象とした福祉資金貸付制度が創設されました。

さらに，母子自立支援員，母子福祉団体等や基本方針，自立促進計画の規定にも父子家庭が追加され，母子自立支援員が「母子・父子自立支援員」に，母子福祉団体が「母子・父子福祉団体」等に改称されるなど，父子家庭への支援の拡大が図られました。

（5）母子保健法

　日本の母子保健施策は，児童福祉のなかで行われてきましたが，母子の健康に関する一貫した支援体制と，母性と乳幼児の保健を対象とする法制度の整備の必要性から，「母子保健法」が1965年に制定されました。これは，「母性並びに乳児及び幼児の健康の保持及び増進を図るため，母子保健に関する原理を明らかにするとともに，母性並びに乳児及び幼児に対する保健指導，健康診査，医療その他の措置を講じ，もつて国民保健の向上に寄与すること」を目的としています。

　「母子保健法」の対象は，母性ならびに乳幼児とし，新生児は出産後28日を経過しない乳児，未熟児は身体の発達が未熟のまま出生した乳児で，正常児が出生時に有する諸機能を得るに至るまでのものと定義しています。

　「母子保健法」では，妊娠の届出，母子健康手帳の交付，1歳6か月児・3歳児健康診査，保健指導や新生児の訪問指導，未熟児の訪問指導，栄養の摂取に関する援助，母子保健センターなどについて規定されています。

　1994年の改正では，1歳6か月児健康診査が法定化され，出産から育児まで一貫したサービスの提供を図るため，妊産婦，乳幼児の保健指導，3歳児健康診査などの事業が1997年から市町村において実施されることとなりました。

　2016年の改正では，「乳児及び幼児に対する虐待の予防及び早期発見に資するものであることに留意する」（母子保健法第5条）と明記され，母子保健施策を通じた虐待予防等が実施されることになります。また，妊娠期から子育て期までの切れ目ない支援を提供するために，これまでの母子保健センターが「母子健康包括支援センター」（第22条）となり，その名称を「子育て世代包括支援センター」として法定化されました。2020年度末までに全国での設置を目指し

ています。

（6）児童手当法

　この法律は，1971年に制定され，「児童を養育している者に児童手当を支給することにより，家庭等における生活の安定に寄与するとともに，次代の社会を担う児童の健やかな成長に資すること」を目的としています。「児童手当法」が施行された当初は，義務教育終了前の第3子以降の児童を支給対象としていましたが，その後の改正によって支給対象児童および手当額が見直されてきました。

　現在，支給対象となるのは，0歳から中学校修了（15歳に達する日以後の最初の3月31日）までの子どもを養育する者です。支給額は，0歳から3歳未満は月額1万5,000円，3歳～中学校修了前までは月額1万円，3歳～小学校修了前の第3子以降は，子ども1人につき月額1万5,000円となっています。また，所得制限が導入され，2021年の一部改正で，所得の額が一定の額以上の場合は支給対象外となります（2022年10月支給から適用）。

　児童手当制度は，子ども・子育て支援法で，「子どものための現金給付」と位置づけられたため，同法を所管する内閣府に2015年移管されました。

3　その他の児童福祉に関する法律

（1）児童買春，児童ポルノに係る行為等の規制及び処罰並びに児童の保護等に関する法律（児童ポルノ禁止法）

　子ども買春や子どもポルノ等，子どもに対する性的搾取や性的虐待は，子どもの人権と利益を侵害するものとして，18歳未満の児童を，性的搾取・性的虐待から保護する目的で，「児童買春，児童ポルノに係る行為等の処罰及び児童の保護等に関する法律」（通称：「児童ポルノ禁止法」）が1999年5月に制定され，同年11月から施行されました。

　しかし，インターネットの発達により児童ポルノに係る行為の被害にあう児

童が増加していることや，自己の性的好奇心を満たすための児童ポルノ所持罪について国内・国際社会の強い要請があることなどから，同法の改正が行われ2014年7月15日から施行されました。この改正によって，「児童買春・児童ポルノに係る行為等の規制」が加わり「児童買春，児童ポルノに係る行為等の規制及び処罰並びに児童の保護等に関する法律」と改題されました。

同法は，児童買春，児童ポルノに係る行為等を規制し，これらの行為等に対する処罰とともに，これらの行為によって心身に有害な影響を受けた子どもの保護のための措置等を定め，子どもの権利を擁護することを目的としています。内容には，児童買春・児童ポルノの定義や，それらに係る行為の禁止，処罰等が定められています。また，国外犯も含めた処罰の対象となる行為や量刑等についても規定されています。

（2）児童虐待の防止等に関する法律（児童虐待防止法）

「児童虐待の防止等に関する法律」（通称：「児童虐待防止法」）は，2000年に成立し，同年11月から施行されました。この法律は，児童虐待の防止と対応を促進することを目的とした法律で，国および地方公共団体の責務，子ども虐待の早期発見と通告，立ち入り調査，警察官の援助，保護者が指導を受ける義務，施設入所児童への面会または通信の制限などが規定されています。

「児童虐待防止法」が施行され，子ども虐待防止に向けた取り組みは着実に進められてきました。しかし，全国の児童相談所に寄せられる子ども虐待相談件数は年々増加し，虐待による死亡事例も発生しています。このように子ども虐待は社会全体で取り組むべき課題となっています。

深刻化する子ども虐待への対応を強化するため，同法や関連法の改正が行われ，様々な努力が行われてきました。しかし，それにもかかわらず悲惨な事例が後を絶たない状況です。

子どもに対する「しつけ」と称した体罰が増加していることを受けて，2019年6月に児童虐待防止法および児童福祉法が改正され，2020年4月に施行されました。児童虐待防止法第14条では，親権者が子どもをしつける際に，「体罰

を加えること」「民法第820条の規定による，監護及び教育に必要な範囲を超える行為」の禁止が定められました。子ども虐待の詳細については，第8章第1節を参照して下さい。

（3）配偶者からの暴力の防止及び被害者の保護等に関する法律（DV防止法）

「配偶者からの暴力の防止及び被害者の保護等に関する法律」（通称：「DV防止法」）は，配偶者からの暴力に対応するために，2001年4月に制定されました。

同法は，配偶者からの暴力に関わる通報，相談，保護，自立支援等の体制を整備し，配偶者からの暴力の防止及び被害者の保護を図ることを目的としています。また，「この法律において『配偶者からの暴力』とは，配偶者からの身体に対する暴力（身体に対する不法な攻撃であって生命又は身体に危害を及ぼすものをいう。以下同じ。）又はこれに準ずる心身に有害な影響を及ぼす言動」と定義されています。

ここで言う，「配偶者」には，婚姻の届け出を出していないが事実上婚姻関係と同様の事情（事実婚）にある者，離婚後の元配偶者を含み，その「配偶者」からの暴力および被害者が適用対象となります。さらに，同居する交際相手からの暴力及びその被害者も適応対象に含まれます。

ドメスティック・バイオレンス（DV）の詳細については，第8章第2節を参照して下さい。

（4）次世代育成支援対策推進法

この法律は2003年に成立し，次代の社会を担う子どもが健やかに生まれ，かつ育成される環境の整備を図るため，次世代育成支援の基本的理念や，国，自治体，事業主による行動計画の策定などが規定されています。これにより，国やすべての自治体および従業員301人以上（2008年の改正で，2011年より101人以上）の企業に対し10年間の集中的行動計画策定を義務づけ，2005年から10年間の時限立法として実施されました。さらに，すべての都道府県と市町村で行動

計画が策定され，子育て支援事業の拡充が進められています。子ども・子育て関連３法の施行に伴い，2012年に改正が行われました。この改正により有効期限は2025年３月31日まで延長されました。次世代育成支援対策推進法の詳細については，第９章を参照して下さい。

（５）障害者総合支援法

　2006年４月に施行された「障害者自立支援法」は，2012年６月の改正で「障害者の日常生活及び社会生活を総合的に支援するための法律（障害者総合支援法）」と題名変更されました。この法律は，「自立」の代わりに，新たに「基本的人権を共有する個人としての尊厳」が明記されています。さらに障害福祉サービスに係る給付や地域生活支援事業による支援を総合的に行うことを目的としています。具体的には，難病患者等で，身体障害者手帳の取得はできないが一定の障害のある人々にも障害福祉サービスを提供するなど，障害者の範囲の見直しが行われました。また，これまでの障害の程度（重さ）で区分するのではなく，標準的な支援の必要の度合いを示す区分への変更など，障害支援区分への名称・定義の改正が行われ，さらに重度訪問介護の対象者の拡大，ケアホームのグループホームへの一元化などが行われました。

　2016年に「障害者総合支援法」と「児童福祉法」の一部改正が行われました。障害児支援のニーズの多様化にきめ細かく対応するための支援の拡充とサービスの質の確保・向上を図るための環境整備等が規定され，2018年４月から施行されました（一部2016年から施行）。

　「障害者総合支援法」では，障害児のサービス提供体制を計画的に確保するため，自治体において障害児福祉計画を策定することが義務づけられるなど，ニーズの多様化に対応するための支援が図られます。サービスの質・向上に向けて，これまで補装具の購入に対して支給されていた補装具費の支給範囲が拡大され，成長に伴い短期間で取り換える必要のある障害児の場合には貸与も支給対象となりました。さらに，障害児の福祉サービスに関する情報公開制度が創設され，利用者のニーズに応じたサービスを選択できる仕組みになります。

図表 3 - 3　子ども・子育て関連 3 法（2012年 8 月成立）の趣旨と主なポイント

◆ 3 法の趣旨
　自公民 3 党合意を踏まえ，保護者が子育てについての第一義的責任を有するという基本的認識の下に，幼児期の学校教育・保育，地域の子ども・子育て支援を総合的に推進

◆主なポイント
○認定こども園，幼稚園，保育所を通じた共通の給付（「施設型給付」）及び小規模保育等への給付（「地域型保育給付」）の創設
　＊地域型保育給付は，都市部における待機児童解消とともに，子どもの数が減少傾向にある地域における保育機能の確保に対応
○認定こども園制度の改善（幼保連携型認定こども園の改善等）
　・幼保連携型認定こども園について，認可・指導監督の一本化，学校及び児童福祉施設としての法的位置づけ
　・既存の幼稚園及び保育所からの移行は義務づけず，政策的に促進
　・幼保連携型認定こども園の設置主体は，国，自治体，学校法人，社会福祉法人のみ（株式会社等の参入は不可）
　・認定こども園の財政措置を「施設型給付」に一本化
○地域の実情に応じた子ども・子育て支援（利用者支援，地域子育て支援拠点，放課後児童クラブなどの「地域子ども・子育て支援事業」）の充実

出所：内閣府・文部科学省・厚生労働省「子ども・子育て関連 3 法について」2013年 4 月。

（ 6 ）子ども・子育て関連 3 法

　新たな子育て支援の構築のために，2010年には，「子ども・子育て新システム検討会議」が発足し，新たな子育て支援の制度について検討が進められました。それをもとに2012年には，「子ども・子育て支援法」，「就学前の子どもに関する教育，保育等の総合的な提供の推進に関する法律の一部を改正する法律」，「子ども・子育て支援法及び就学前の子どもに関する教育，保育等の総合的な提供の推進に関する法律の一部を改正する法律の施行に伴う関係法律の整備等に関する法律」の子ども・子育て関連 3 法が成立し，幼児期の学校教育・保育，地域の子ども・子育て支援を総合的に推進する枠組みが作られました。

　子ども・子育て関連 3 法は，保護者が子育ての第一義的責任を有するという基本をふまえ，幼児期の学校教育・保育，地域の子ども・子育て支援を総合的に推進するという趣旨で策定されています（図表 3 - 3 ）。

　2016年に「子ども・子育て支援法」の改正が行われ，同年 4 月に施行されました。その内容は，子ども・子育て支援の提供体制の充実を図るため，事業所内保育業務を目的とする施設等の設置者に対する助成及び援助を行う事業「仕

事・子育て両立支援事業」[▷2]等が創設されるとともに，一般事業主から徴収する拠出金の率の上限を引き上げる等の改正が行われました。

　2019年10月から，幼児教育と保育を無償化するための「改正子ども・子育て支援法」が施行されました。無償化の対象は，3〜5歳の幼稚園，保育所，認定こども園に加え，地域型保育（小規模保育，家庭的保育，居宅訪問型保育，事業所内保育），企業主導型保育事業（標準的な利用料）も同様に無償化の対象とされます。0〜2歳に対しては，住民税非課税世帯の保育を必要とする子どもについて，無償化されました。また，「児童福祉法」一部改正によって3〜5歳の児童発達支援等の利用も無償化となります。

（7）医療的ケア児及びその家族に対する支援に関する法律（医療的ケア児支援法）

　2021年6月に「医療的ケア児支援法」が成立しました。2016年の「障害者総合支援法」と「児童福祉法」改正によって，法律に医療的ケア児への支援体制の整備が盛り込まれました。しかし，それは各自治体の努力義務であり十分なサービスの提供には至らない状況でした。在宅生活を送る医療的ケア児の家族の介護負担は大きく，就労をあきらめざるを得ない状況があります。さらに保育所，教育施設などの整備が不十分なため，医療的ケア児を受け入れる施設がない，あるいは，通わせるために家族が重い負担を強いられる状況もあります。

　このような状況を改善するために，2021年6月に「医療的ケア児及びその家族に対する支援に関する法律（医療的ケア児支援法）」が成立し，同年9月に施行されました。

　医療的ケア児とは，日常生活及び社会生活を営むために恒常的に医療的ケア（人工呼吸器による呼吸管理，喀痰吸引その他の医療行為）を受けることが不可欠である子ども（18歳以上の高校生等を含む）です。

　医療的ケア児支援法は，医療的ケア児の健やかな成長を図ると共に，その家

▷2　「仕事・子育て両立支援事業」
　　　第7章第5節参照。

族の離職の防止を図り，安心して子どもを生み，育てることができる社会の実現に寄与することを目的としています。そのために①国，②地方公共団体，③保育所の設置者等，④学校の設置者，⑤政府の各責務等を定めています。同法の主なポイントは以下の内容となります。

① 　居住地域にかかわらず等しく適切な支援を受けられるようにする。

② 　国や自治体は，医療的ケア児と家族に支援施策を実施する責任を負う。

③ 　医療的ケア児が，保護者の付き添いがなくても適切な支援が受けられるよう，学校や保育所に看護師らの配置を求める。

④ 　各都道府県に，家族らの相談に応じる「医療的ケア児支援センター」の設置を求める。

などです。

（8）少 年 法

　少年法は，満20歳未満の少年を対象とし「非行のある少年に対して性格の矯正および環境の調整に関する保護処分を行うとともに，少年の刑事事件について特別の措置を講ずること」（第1条）を目的とし，少年の健全な育成を図るため，非行少年に対する処分やその手続きなどについて定める法律です。1948年7月15日に公布され，所管官庁は法務省です。

　少年法による手続・処分として，①少年事件については，検察官が処分を決めるのではなく，すべての事件が家庭裁判所に送られ，家庭裁判所が処分を決定すること，②家庭裁判所は，原則として刑罰（懲役，罰金など）ではなく，保護処分（少年院送致など）を課すなどの処分を決定すること，が挙げられます。

　少年法第6条1項は「非行少年発見者の通告義務」として，「家庭裁判所の審判に付すべき少年を発見した者は，これを家庭裁判所に通告しなければならない」とされています。家庭裁判所で審判される非行少年は，以下3つに区別されます。

　　犯罪少年：14歳以上で罪を犯した少年。

　　触法少年：14歳未満で罪を犯した少年。

ぐ犯少年：性格または環境に照らして，将来的に罪を犯す，または刑罰法
　　　　　　令に触れる行為をするおそれがあると認められる少年。

　これまで，少年法では対象年齢や処分内容などが改正されており，2021年の
改正（2022年4月より施行）では，「民法」改正による成人年齢の引き下げに合
わせ（20歳→18歳），少年法では18〜19歳の少年を「特定少年」と定義し一部厳
罰化となりました。18〜19歳の少年が重大な犯罪に及んだ場合には，17歳以下
の少年よりも広く刑事責任を負うべきと考えられたことにより，原則逆送対象
事件（保護処分ではなく，事件を検察官に送る逆送された事件）を拡大し，実名等の
報道を一部解禁するなど，17歳以下の少年とは異なる特例が定められました。

（9）成育過程にある者及びその保護者並びに妊産婦に対し必要な成育医療等を切れ目なく提供するための施策の総合的な推進に関する法律（成育基本法）

　次世代を担う子どもたちの心身の健康，健やかな成育を確保するためには，
安心して女性が妊娠・出産し，安心して養育者が子育てを行い，子どもが地
域・社会の中で健やかに成長し，次の世代を生み出す健康な成人に育つための
社会的支援が必要となります。それらを実現するために2018年12月に「成育基
本法」が成立し2019年12月1日に施行されました。

　この法律において「成育過程」とは，出生に始まり，新生児期，乳幼児期，
学童期及び思春期の各段階を経て，おとなになるまでの一連の成長の過程を指
しています。妊娠期から子育て期まで切れ目のない医療・福祉等の提供，支援
を行うために，医療，公衆衛生，教育，福祉など幅広い分野において子どもの
成育に関わる施策を連携させ，成育過程にある者に対して横断的な視点で総合
的な取り組みを推進することを目指しています。

　具体的な施策として，①成長過程にある者及び妊産婦に対する医療（周産期
医療の体制の確保，小児医療体制の充実など），②成長過程にある者等に対する保
健（相談支援体制の整備，医療的ケア児の支援体制など），③教育及び普及活動（妊
娠・出産等に関する障害学習，啓発など）などが定められています。

図表3-4　こども基本法の概要

目　的

　日本国憲法及び児童の権利に関する条約の精神にのっとり，次代の社会を担う全てのこどもが，生涯にわたる人格形成の基礎を築き，自立した個人としてひとしく健やかに成長することができ，こどもの心身の状況，置かれている環境等にかかわらず，その権利の擁護が図られ，将来にわたって幸福な生活を送ることができる社会の実現を目指して，こども政策を総合的に推進する。

基本理念

① 　全てのこどもについて，個人として尊重されること・基本的人権が保障されること・差別的取扱いを受けることがないようにすること
② 　全てのこどもについて，適切に養育されること・生活を保障されること・愛され保護されること等の福祉に係る権利が等しく保障されるとともに，教育基本法の精神にのっとり教育を受ける機会が等しく与えられること
③ 　全てのこどもについて，年齢及び発達の程度に応じ，自己に直接関係する全ての事項に関して意見を表明する機会・多様な社会的活動に参画する機会が確保されること
④ 　全てのこどもについて，年齢及び発達の程度に応じ，意見の尊重，最善の利益が優先して考慮されること
⑤ 　こどもの養育は家庭を基本として行われ，父母その他の保護者が第一義的責任を有するとの認識の下，十分な養育の支援・家庭での養育が困難なこどもの養育環境の確保
⑥ 　家庭や子育てに夢を持ち，子育てに伴う喜びを実感できる社会環境の整備

責務等

○国・地方公共団体の責務
○事業主・国民の努力

白書・大綱

○年次報告（法定白書），こども大綱の策定
（※少子化社会対策/子ども・若者育成支援/子どもの貧困対策の既存の3法律の白書・大綱と一体的に作成）

こども政策推進会議

○こども家庭庁に，内閣総理大臣を会長とする，こども政策推進会議を設置
① 　大綱の案を作成
② 　こども施策の重要事項の審議・こども施策の実施を推進
③ 　関係行政機関相互の調整　等
○会議は，大綱の案の作成に当たり，こども・子育て当事者・民間団体等の意見反映のために必要な措置を講ずる

基本的施策

○施策に対するこども・子育て当事者等の意見の反映
○支援の総合的・一体的提供の体制整備
○関係者相互の有機的な連携の確保
○この法律・児童の権利に関する条約の周知
○こども大綱による施策の充実及び財政上の措置等

附　則

施行期日：2023年4月1日
検討：国は，施行後5年を目途として，基本理念にのっとったこども施策の一層の推進のために必要な方策を検討

出所：内閣府「こども基本法説明資料」。

（10）こども基本法

　2016年の児童福祉法改正で，その理念に「児童の権利に関する条約の精神にのっとり」と書かれ，「児童の年齢及び発達の程度に応じて，その意見が尊重

され，その最善の利益が優先して考慮される」と明記されました。そのほかにも「子どもの貧困対策推進法」や「成育基本法」などの一部の法律で，子どもの権利条約について触れられています。しかし，子どもを権利の主体として位置づけ，総合的に保障するためには，児童福祉法の福祉分野に加え，教育，医療，保健等多様に渡る施策が実施される必要があります。そのために，それぞれの分野における「子どもの権利」を包括的に保障する国内法である「こども基本法案」が2022年6月に成立し，2023年4月1日から施行されます。

「こども基本法」は，日本国憲法および子どもの権利条約の精神にのっとり基本理念を次のように定めています（図表3-4）。

　　・全てのこどもが個人として尊重され，基本的人権が保障され，差別的扱いを受けない。
　　・福祉に関わる権利が等しく保障されるとともに，教育を受ける機会が等しく与えられる。
　　・こどもの年齢・発達に応じ，意見を表明する機会・多様な社会活動に参加する機会が確保され，意見の尊重，最善の利益が優先して考慮される。
　　・こどもの養育は家庭を基本として行われるが，十分な養育の支援・家庭での養育が困難なこどもの養育環境の確保。
　　・子育てに伴う喜びを実感できる社会環境の整備。

また，「児童福祉法」や「子どもの権利条約」では対象を18歳未満としていましたが，「こども基本法」では，対象が18歳で区切られていません。「心身の発達の過程にある者」と，若者の権利も大切にする法律になっています。

参考文献

井村圭壮・相沢譲治『児童家庭福祉分析論』学文社，2012年。
柏女霊峰『子ども家庭福祉論 第2版』誠信書房，2011年。
厚生労働統計協会『国民の福祉と介護の動向 2022/2023』厚生労働統計協会，2022年。
社会福祉の動向編集委員会編『社会福祉の動向2021』中央法規出版，2021年。
社会保障審議会児童部会「新たな子ども家庭福祉のあり方に関する専門委員会　報告

　（提言）」2016年。

中央法規出版編集部編『改正児童福祉法・児童虐待防止法のポイント』中央法規出版，
　　2016年。

東京都社会福祉協議会『障害者自立支援法とは』2012年。

内閣府『少子化社会対策白書　令和4年版』日経印刷，2022年。

松井敬三・小倉毅『児童家庭福祉』大学教育出版，2010年。

松本峰雄・野島正剛『子どもの福祉──児童家庭福祉のしくみと実践』建帛社，2017年。

ミネルヴァ書房編集部編『保育小六法2017　平成29年版』ミネルヴァ書房，2017年。

山縣文治編『よくわかる子ども家庭福祉　第9版』ミネルヴァ書房，2014年。

第**4**章　子ども家庭福祉の機関と専門職

子ども家庭福祉の実施主体として，公的なものや民間団体，さらに様々な専門職があります。本章では，子ども家庭福祉の行政機関と実施機関，子ども家庭福祉に関わる財政・費用，また子ども家庭福祉に携わる専門職について学習します。

1　行政および審議機関

児童福祉法にも示されているように，国および地方公共団体（都道府県・市町村）は，保護者と共に子どもの健全育成に対する責務があります。このため，国・地方公共団体は，子どもが心身共に健やかに育成するための環境整備の視点から，予防的施策や子どもを健全に育成するにあたって何らかの問題や障害をもつ保護者に対する支援・補完・代替に関する様々な施策を図っています。

（1）国の役割

国において，福祉行政機関は厚生労働省であり，子ども家庭福祉に関する福祉行政全般についての企画調整，監査指導，事業に要する費用の予算措置など，中枢的機能を担っています。子ども家庭福祉に関する行政を所管しているのは「子ども家庭局」，「雇用環境・均等局」で「子ども家庭局」は，総務課，保育課，家庭福祉課，子育て支援課，母子保健課が設置され，保育・子育て人材や児童相談所等の子育て支援基盤の一体的整備や切れ目のない子育て仕事両立支援の推進など，子ども・子育て支援に特化した施策を担当します。

また，「雇用環境・均等局」は，総務課，雇用機会均等化，有期・短時間労働課，職業生活両立課，在宅労働課，勤労者生活課が設置され，非正規労働者

の処遇改善，女性活躍や均等処遇，ワーク・ライフ・バランスの実現等働き方改革の推進を担当します。

（2）こども家庭庁の創設

　これまで，子ども家庭福祉に関する政策が個別に運営されてきましたが，子ども政策の指令塔機能を一本化する「こども家庭庁」が2023年に創設されます。その範囲には青少年の健全育成，子どもの貧困対策，子ども・子育て支援，少子化対策，児童虐待，医療的ケア児等が含まれ，内閣府でこども施策を担当してきた部局と厚生労働省の子ども家庭局および障害児担当部門が統合されます。教育については引き続き文部科学省の所管になります（図表4-1）。

　体制としては①成育部門，②支援部門，③企画立案・総合調整部門の3部門が設けられ，特に③は今までになかった子ども行政の企画立案・総合調整を行う役割が期待されます。こども家庭庁に移管される法律は20に及び，児童福祉法，母子保健法，子ども・若者育成支援推進法，少子化社会対策基本法等が含まれています。こども家庭庁の2023年度の創設に向けた取り組みが予定されています。

（3）地方公共団体

　地方公共団体は，都道府県（指定都市，中核市）と特別区（東京23区）および市町村に分けられます。都道府県は，子ども家庭福祉事業の企画，予算措置，児童福祉施設の認可と指導監督，児童福祉施設（保育所を除く）への入所決定，児童相談所や福祉事務所・保健所等の設置運営，市町村に対する必要な援助，児童家庭相談のうち専門性の高いものへの対応などを行っています。指定都市に関しては，都道府県とほぼ同じ権限をもち，子ども家庭福祉に関する事務を行います。

　市町村は，地域住民に密着した行政事務を行っており，児童福祉に関しては保育所などの児童福祉施設の設置および保育の提供，障害児通所支援等の事業，子育て支援事業の整備，1歳6か月児健康診査，3歳児健康診査，子どもおよ

図表 4-1　こども家庭庁の組織・事務・権限について（イメージ）

○内閣府の外局として設置
○令和 5 年度のできる限り早期に設置
○内部組織は，司令塔部門，成育部門，支援部門の 3 部門体制
　（移管する定員を大幅に上回る体制を目指す）

内閣総理大臣

こども政策担当大臣

こども家庭庁

司令塔機能

○各府省庁に分かれているこども政策に関する総合調整権限を一本化
　・青少年の健全な育成及び子どもの貧困対策【内閣府政策統括官（政策調整）】
　・少子化対策及び子ども・子育て支援【内閣府子ども・子育て本部】
　・犯罪から子どもを守る取組【内閣官房】
　・児童虐待防止対策【厚生労働省】
　・児童の性的搾取対策【国家公安委員会・警察庁】
○今まで司令塔不在だった就学前のこどもの育ちや放課後のこどもの居場所についても主導
○こどもや子育て当事者，現場（地方自治体，支援を行う民間団体等）の意見を政策立案に反映する仕組みの導入（これらを踏まえた各府省所管事務への関与）

各府省から移管される事務

＜内閣府＞
○政策統括官（政策調整担当）が所掌する子ども・若者育成支援及び子どもの貧困対策に関する事務
○子ども・子育て本部が所掌する事務
＜文部科学省＞
○総合教育政策局が所掌する災害共済給付に関する事務
＜厚生労働省＞
○子ども家庭局が所掌する事務（婦人保護事業を除く。）
○障害保健福祉部が所掌する障害児支援に関する事務

新たに行う・強化する事務

性的被害の防止，CDRの検討，プッシュ型支援を届けるデジタル基盤整備　等

※CDR：こどもの死亡の原因に関する情報の収集・分析・活用などの予防のためのこどもの死亡検証

総合調整権限に基づく勧告

幼稚園教育要領・保育所保育指針を相互に協議の上共同で策定

いじめ重大事態に係る情報共有と対策の一体的検討

医療関係各法に基づく基本方針等の策定における関与

こども政策に関わる各府省大臣

文部科学省

○教育の振興
○学校教育の振興（制度，教育課程，免許，財政支援など）

○幼児教育の振興

○学校におけるいじめ防止，不登校対策

厚生労働省

○医療の普及及び向上
○労働者の働く環境の整備

その他の府省

出所：内閣府「こども政策の新たな推進体制に関する基本方針（概要）」。

び妊産婦の福祉に関する事業の把握・情報提供，相談事業などを行っています。また，要保護児童等に対応するために，要保護児童対策地域協議会を設置することができます。

（4）審議機関

厚生労働省におかれる社会保障審議会は，子ども・妊産婦等の福祉や，母子及び父子並びに寡婦の福祉，母子保健等に関する事項，人口問題に関する事項の調査・審議を行い，それぞれが属する行政機関の諮問に対して答えるとともに，これらに対して意見を述べることができます。

都道府県・指定都市の子ども家庭福祉行政に関する審議機関は，児童福祉審議会を設置することができます（市町村は任意）。これらの審議会は，それぞれ都道府県知事，指定都市の長，市町村長の管理に属し，子ども，妊産婦，知的障害者の福祉に関し，それぞれ都道府県知事，指定都市の長，市町村長の諮問に答えること，関係機関に意見を求めこと，具体的行政事務について意見を述べることなどの権限を有します。

2　実施機関

（1）児童相談所

「児童相談所運営指針」によると，児童相談所は，「市町村と適切な役割分担・連携を図りつつ，子どもに関する家庭その他からの相談に応じ，子どもが有する問題又は子どもの真のニーズ，子どもの置かれた環境の状況等を的確に捉え，個々の子どもや家庭に最も効果的な援助を行い，もって子どもの福祉を図るとともに，その権利を擁護すること」を目的としています。

児童相談所は，「児童福祉法」に基づく行政機関として各都道府県，指定都市に設置が義務づけられています。2021年4月1日現在，全国に225か所の（支所を含まず）の児童相談所が設置されています。児童相談所の運営については，「児童福祉法」，「児童福祉法施行令」，「児童福祉法施行規則」，「児童相談

所運営指針」などによって行われています。

　児童相談所の職員として，所長をはじめソーシャルワーカー（児童福祉司，相談員），児童心理司，心理療法担当職員，医師（精神科医・小児科医），弁護士，児童指導員，保育士などの専門職員が配置されています。主な業務は，相談，調査・診断・判定，援助（指導・措置），一時保護や児童福祉施設入所等の措置などです。

　1）相　　談

　子どもの福祉に関する各種の問題について，来所や電話などで家庭その他から相談を受け付けたり，地域住民や関係機関からの通告，福祉事務所や家庭裁判所からの子どもの送致を受け，援助活動を行っています。相談内容は，養護相談（児童虐待保護者の病気・家出・離婚などによる養育困難，養子縁組等に関する相談など），非行関係相談（反社会的な問題行動など），障害相談（知的障害，肢体不自由，発達障害など），育成相談（しつけ，不登校，適性など），保健相談（未熟児，虚弱児，疾患など）などです。療育手帳の交付事務に伴い，障害相談が多くみられますが，子ども虐待等の問題により，養護相談が急激に増加しています（図表4-2）。

　2）調査・診断・判定

　相談受付後，児童福祉司，相談員の面接，主に児童福祉司・相談員などによる生活環境の調査に基づく社会診断，児童心理司による心理診断，医師（精神科医，小児科医など）による医学診断，一時保護部門の児童指導員・保育士などによる行動診断，理学療法士などによるその他の診断などに基づき，関係者によって判定（総合的な診断）を行い，個々の子どもの処遇方針を決定します。

　3）援助（指導・措置）

　①　在宅指導

　処遇方針の決定に基づいて行われる在宅指導では，専門的な助言指導，心理治療・カウンセリングなどによる継続指導や他の機関への斡旋といった措置によらない指導と，児童福祉司指導，児童委員指導，児童家庭支援センター指導，などといった措置による指導があります。

図表4-2　児童相談所における相談内容別受付件数の年度別推移

(件)

	総　　数	養護相談	非行相談	障害相談	育成相談	その他の相談
1980年度	249,168	27,291	29,486	120,395	61,788	10,208
1990年度	275,378	24,919	20,800	148,565	62,512	18,582
2000年度	362,655	53,867	17,211	189,843	68,324	33,410
2004年度	352,614	75,669	18,362	157,326	65,681	35,576
2008年度	363,051	84,691	17,593	181,096	55,109	24,562
2010年度	373,528	101,323	17,345	181,108	50,993	22,759
2012年度	381,723	116,725	16,640	175,285	52,182	20,891
2014年度	417,811	145,370	16,740	183,506	50,839	21,356
2016年度	455,665	184,314	14,398	185,186	45,830	25,937
2018年度	503,212	228,719	13,333	188,702	43,594	28,864
2019年度	543,263	267,955	12,410	189,714	42,441	30,743
2020年度	526,003	280,985	10,615	162,351	38,908	33,144

出所：厚生労働省「福祉行政報告例」。

② 児童福祉施設入所等への措置など

子どもを養育する者がいない場合や，在宅指導では子どもと保護者などを充分に保護・援助できないと判断される場合には，子どもを保護者から離して里親に委託するか，児童福祉施設入所措置や障害児入所施設給付の決定などの施設入所援助が行われます。施設入所措置は，本来は都道府県の長の権限ですが，児童相談所長に委任されているため，実際は児童相談所長によって行われています。

③ その他

非行や虐待で，親権者や未成年後見人の意に反して施設入所させる必要がある場合は，家庭裁判所に送致するか，施設入所措置の承認の申し立てをすることができます。また，親権喪失宣告や未成年後見人の選任および解任を家庭裁判所に請求することができます。

4）一時保護

子ども虐待，放任などの理由により，子どもを一時的に保護する必要がある場合，援助決定のための行動観察や生活指導等が必要な場合，短期間のカウン

セリング，心理療法が必要な場合など，児童相談所付設の一時保護所において一時保護が行われます。または，他の機関・施設に一時的に保護を委託することもできます。一時保護の期間は2か月以内が原則となっています。一時保護は原則として児童，保護者の同意を得て行われますが，放置することが子どもの福祉を阻害すると認められる場合など，保護者の同意を得ずに一時保護を行うことができます。

5）その他の事業

さらに，上記に述べた主な業務以外に，巡回相談，親権者の親権喪失の宣告請求，養子縁組の斡旋，里親委託の推進，1歳6か月・3歳児精神発達精密健康診査および事後指導，特別児童扶養手当・療育手帳に関わる判定事務，ひきこもり等児童福祉対策事業，などの事業も行っています。

（2）福祉事務所

福祉事務所は「社会福祉法」第14条に基づき設置され，社会福祉の六法に関係する業務を行う総合的な社会福祉の機関です。都道府県および市（特別区含む。）に設置が義務づけられ，町村は任意設置です。

福祉事務所における児童福祉関連の業務には，子どもおよび妊婦の福祉に関する実情把握と相談・調査・指導の実施，また児童福祉施設入所，里親委託などの措置やその他の判定が必要な場合には児童相談所への送致などがあります。また，助産施設，母子生活支援施設への入所など，助産・母子保護の実施も行われます。さらに，福祉事務所では，児童相談所が担当するような高度の専門性を必要としない軽易な児童福祉に関する各種相談等の窓口機関の役割をもっています。

福祉事務所の職員は，所長をはじめ事務を行う職員のほか，社会福祉主事，身体障害者福祉司，知的障害者福祉司，老人福祉指導主事などが配置されています。また，多くの福祉事務所には母子自立支援員が配置されています。

福祉事務所には，子ども家庭福祉に関する相談機能を充実するため，家庭児童相談室が設置されています。専門職員として，社会福祉主事と家庭相談員が

配置され，家庭児童福祉に関する相談指導を行っています。

（3）保健所・市町村保健センター

　保健所は「地域保健法」第6条に基づき，都道府県・指定都市，中核市，特別区などに設置される地域の保健衛生活動の中心機関です。生活における保健衛生に関する相談，各種営業施設（医療・食品関係機関）などの監視・指導および心や体の健康の維持・増進のための活動を行っています。

　子ども家庭福祉に関しては，①子どもおよび妊産婦の保健に関する衛生知識の普及，②子どもおよび妊産婦の健康相談・健康診査，保健指導，③身体に障害がある子ども，長期療養が必要な子どもへの療育指導，④児童福祉施設に対し栄養の改善その他衛生に関し必要な助言を行うことなどです。

　「地域保健法」および「母子保健法」の改正に伴い，1997年から，母子保健サービスの提供主体は原則として市町村に一元化されました。そのため，市町村は市町村保健センターを設置し，健康相談や保健指導，健康診査などを行うことができるようになりました。また，2004年の「児童福祉法」一部改正によって，児童相談所が相談に応じた子どもとその保護者または妊産婦について，児童相談所長は保健所に対し，保健指導その他の必要な協力を求めることができるようになりました。

（4）要保護児童対策地域協議会

　要保護児童対策地域協議会（以下，地域協議会）は，保健，医療，福祉，教育，警察，司法など地域の子どもに関連する機関が情報を交換・共有し，虐待を受けた子どもをはじめとする要保護児童の早期発見や適切な保護・支援を図るための機関です。2004年の児童福祉法改正で，地方公共団体に設置努力義務が法的に位置づけられました。同法では，地域協議会を設置した地方公共団体の長は，地域協議会を構成する関係機関等のうちから，要保護児童対策調整機関を指定し，地域協議会の運営の中核となり，要保護児童等に対する支援の実施状況の把握や関係機関等との連絡調整を行うこととされています。

地域協議会では，児童虐待等への対応を行うために情報交換や状況把握，援助の具体的な検討を行います。必要な場合は，関係機関に対して資料または情報提供，意見，その他必要な協力を求めることができます。支援対象には，要保護児童の保護者，要支援児童の保護者も含まれます。

（5）子育て世代包括支援センター

　重篤な子ども虐待の事案の増加などから，地域のつながりの希薄化等によって，妊産婦・母親の孤立感や負担感の高まりが見えてきます。妊娠期から子育て期までの切れ目ない支援を実施するために，2016年の「母子保健法」の改正により，「母子健康センター」が「母子健康包括支援センター」と改名され，2017年4月から子育て世代包括支援センター（法律による名称は「母子健康包括支援センター」）が法定化され，市区町村に設置することが努力義務となりました。

　子育て世代包括支援センターは，母子保健や子育て支援施策等において，それぞれが分断されることなく包括的な支援を通じて，妊産婦及び乳幼児並びに保護者の生活の質の改善・向上や，胎児・乳幼児にとって良好な生育環境の実現・維持を図ることを目的としています。妊産婦・乳幼児等へは，母子保健分野と子育て分野の両面から支援が実施されており，「母子保健法」に基づく母子保健事業，「子ども・子育て支援法」に基づく利用者支援事業，「児童福祉法」に基づく子育て支援事業などが実施されています。

　業務内容は，妊娠初期から子育て期にわたり，妊娠・出産・子育てに関する相談に応じ，必要に応じて支援プランを作成し，保健・医療・福祉・教育等の地域の関係機関による切れ目ない支援を行います。職員として，保健師1名以上の配置，また助産師，看護師，精神保健福祉士，ソーシャルワーカー，利用者支援専門員，地域子育て拠点事業所の専任職員が配置されることが望ましいとされています（厚生労働省雇用均等・児童家庭局母子保健課「子育て世代包括支援センターの設置運営について（通知）」）。

（6）その他（家庭裁判所・民間児童福祉関係団体）

1）家庭裁判所

　家庭裁判所は，「裁判所法」に基づき設置されており，職務によって少年審判部と家事審判部に分かれています。家事裁判部では，家庭内の問題を解決することを目的として援助する業務を行っています。家庭環境が子どもの成長にとって望ましくない場合など，家庭裁判所の承認を得て，要保護児童を児童福祉施設に入所させるなどの処理を行います。子どもに関する事項としては，親権などの喪失の宣告，後見人などの選任・辞任許可・解任，子どもの監護者の指定，親権者の指定・変更などが審判の対象となっています。

　少年審判部は，警察や検察庁，あるいは都道府県知事または児童相談所長により家庭裁判所に送致された事件について専門的な立場から調査を行います。その調査に基づいて審判がなされ，適切な処分が決定し処置が行われます。また，少年審判部は，少年法に基づき14歳以上の非行少年に関わる保護事件の審判を担当しており，非行事件処理の中心的役割を担っています。他に，非行行為のあった少年に対し，福祉的，教育的配慮を伴う処遇を決定します。つまり，非行のあった少年が非行を乗り越え，更正・自立できるような保護・教育・援助を行います。

2）民間児童福祉関係団体

　児童福祉に関する各種の民間団体では，行政からの委託事業や施設間の連絡調整，独自の補助，福祉関係従事者への研修を行うなど，それぞれの団体の目的にあった幅広い活動を行っています。たとえば，こども未来財団，全国社会福祉協議会，児童育成協会，日本保育協会，全国私立保育園連盟，全国児童会，児童健全育成推進財団，など多く存在しています。

　運営主体には，こども未来財団（財団法人），社会福祉協議会（社会福祉法人），母子保健推進会議（社団法人）といった法人格を有するものと，法人格を有しないものがあります。

3　子ども家庭福祉の財源

　子ども家庭福祉に関する諸施策を実施するためには必要な費用を確保しなければなりません。その財源は，公費およびこれに準ずる公的資金と民間資金に大別されます。公費とは，法律によって公の責任とされている児童福祉事業および国や地方公共団体が児童の福祉推進の目的で自主的に行う事業のために用いられるものです。公的資金としては，公的機関による補助金や共同募金などがあり，民間資金として，特定企業・助成団体の寄付金などがあります。

　「児童福祉法」では，「児童福祉法」に定められた児童福祉行政を遂行するために必要な費用について，国，都道府県，市町村，指定都市などの負担割合について規定しています。

　子ども家庭福祉に関する国費の支出は，地方交付税交付金と国庫補助金等に分けられます。地方交付税交付金は，地方自治の展開のために一定の積算基準のもと，国が自治体に対して地方交付税等として負担します。児童相談所等の運営費などにあてられます。

　2015年から実施された子ども・子育て支援新制度において，年金特別会計「子ども・子育て支援勘定」が創設されました。「児童手当」の支給に関する財源と，地域子ども子育て支援事業を実施する市町村に交付金を交付する「子ども・子育て支援交付金」，保育や教育が必要な子どもたちが，保育所や幼稚園，認定こども園などの施設を利用した場合に給付される「子どものための教育・保育給付負担金」などがあります。

　国庫補助金等は，主に補助金，負担金に分けられ，それぞれ目的としている補助事業を効果的に行うために使用されます。子ども家庭福祉施策に関わる国庫補助金等のうち，最も主要なものは，児童入所施設措置費等負担金です。児童福祉法によって子どもが児童福祉施設への入所や里親委託などの措置をとった場合に，子どもの養育等に関する必要な費用を支払うものです。

　なお，都道府県および市町村が支出する財源としては，都道府県や市町村が

徴収する税金「地方税」と，都道府県や市町村の借金「地方債」があります。

4　子ども家庭福祉に関わる専門職

（1）児童福祉司

　児童福祉司は，「児童福祉法」第13条に基づき，都道府県と政令指定都市に設置された児童相談所に配置されている，児童相談専門のケースワーカーです。子どもの福祉に関する相談や指導を行うことが中心で，相談に来た親や子どもの面接，家庭訪問，関係機関との連絡・調整，相談援助などを行います。具体的には，①受理した相談について，調査・診断・判定を行い，それに基づき処遇指針を決定する，②処遇指針に基づいた指導や，児童福祉施設，里親等への措置，他の機関への送致など，③処遇結果の確認などが行われています。

　児童福祉司は，人口４万人に１人配置することを基本とし，全国平均より虐待相談対応の発生件数が多い場合は上乗せして配置され，担当区域の問題解決に当たっています。

　公務員に採用された上で児童相談所の児童福祉司に任用されます（任用資格）が，「児童福祉法」第13条に資格要件が規定されています。

（2）児童福祉施設における専門職員

　児童福祉施設では，「児童福祉施設の設備及び運営に関する基準」（2012年より児童福祉施設最低基準から改題）によって，職員配置が規定されています。一般職員として，施設長，事務局長，作業員などの施設の管理や事務を行う職員と，専門職員として，各施設特有の基本的機能を果たすための専門職種の職員が配置されています。

　専門職種の職員では，子どもや保護者の相談や指導にあたる職員として，児童指導員，母子支援員，児童自立支援専門員，児童の遊びを指導する者などと呼ばれています。また，子どもの日常的ケアを行う職員として，保育士が代表的です（児童自立支援施設では，児童生活指導員と呼ばれています）。さらに，専門

的な技術や職能をもち，子どもや保護者のケアを行う職員として，家庭支援専門相談員，心理療法担当職員，個別対応職員，里親支援専門相談員が配置されています。

1）児童指導員

児童指導員は，児童養護施設，児童心理治療施設，障害児入所施設，児童発達支援センターなどの児童福祉施設に配置されています。子どもの生活指導，学習指導など，日常生活ケアの中心的な役割を果たします。また，学校，児童相談所，家族，地域との関係の調整などソーシャルワーカー的な業務も担当しています。子どもの自主性を尊重し，基本的生活習慣を確立し，豊かな人間性および社会性を養い，子どもの自立を支援すること目的としており，幅広い職務を担っています。

児童指導員の資格要件は，「児童福祉施設の設備及び運営に関する基準」第43条に規定されています。

2）母子支援員

母子支援員は，母子生活支援施設に配置され，個々の母子の生活状況に応じて，就労，家庭生活及び子どもの養育に関する相談及び助言など，母子の生活支援を行います。

母子支援員の資格要件は，「児童福祉施設の設備及び運営に関する基準」第28条に定められています。

3）児童自立支援専門員

児童自立支援専門員は，児童自立支援施設において，生活指導，学習指導，及び職業指導を行い，子どもの自立支援を行います。1997年の「児童福祉法」の一部改正によって，「教護」という職名が，児童自立支援施設において，子どもの自立支援を行う「児童自立支援専門員」と名称変更になりました。

児童自立支援専門員の資格要件は，「児童福祉施設の設備及び運営に関する基準」第82条に定められています。

4）児童の遊びを指導する者

児童の遊びを指導する者は，児童厚生施設（児童館，児童遊園）に配置され，

音楽，劇，絵画，紙芝居など，子どもの情操教育を高める活動等の遊びを指導する業務を行います。従来は「児童厚生員」が専門職員として規定されていましたが，1998年から施行された改正基準によって「児童の遊びを指導する者」に変更されました。

児童の遊びを指導する者の資格要件は，「児童福祉施設の設備及び運営に関する基準」第38条に定められています。

5）保 育 士

保育士は，保育所，乳児院，児童養護施設，児童心理治療施設，障害児入所施設，児童発達支援センターなどの児童福祉施設に配置されています。専門的知識および技術を有し，乳幼児の保育，保護者に対する保育の指導，障害児の療育，要保護児童の養護などの日常生活ケア，生活・学習指導，さらに育児相談，他機関との連絡調整なども行っています。

2001年の「児童福祉法」の一部改正によって，保育士資格が従来の任用資格から，保育士以外は保育士の名称を使用してはならないという名称独占資格に変更され，国家資格となりました。あわせて，守秘義務，登録・試験に関する規定が整備されました。

保育士資格は「児童福祉法」第18条の6に定められています。

6）児童生活支援員

児童生活支援員は，児童自立支援施設で児童自立支援専門員と共に，生活指導，学科指導，職業指導等によって入所児童の生活指導や自立支援を行います。1997年の「児童福祉法」の改正によって，「教護」「教母」から「児童生活支援員」と変更されました。児童生活支援員は，児童指導員相当の資格を必要とし，「児童福祉施設の設備及び運営に関する基準」第83条に定められています。

7）家庭支援専門相談員（ファミリーソーシャルワーカー）

1997年の「児童福祉法」の改正によって，児童福祉施設に「自立支援」の概念が組み込まれ，「児童福祉施設最低基準（現・児童福祉施設の設備及び運営に関する基準）」に「自立支援計画の策定」が義務づけられました。児童養護施設においては被虐待児の入所が増加し，従来子どもの日常生活ケアが中心であった

施設業務から，家族への支援や親権者との関係調整などが施設の専門業務として認識されるようになりました。その役割を担うために，乳児院，児童養護施設，児童心理治療施設および児童自立支援施設に家庭支援専門相談員（ファミリーソーシャルワーカー）が配置されました。家庭支援専門相談員の役割として，子どもの入所から退所までのマネジメント，子どもの入所への立ち会いやケース記録といった管理的役割，施設内の他職種との連携や児童相談所・福祉事務所といった他機関との連携，地域における子育て支援，里親支援，家族関係の調整などが行われています。

8）心理療法担当職員

乳児院，母子生活支援施設，児童養護施設，児童自立支援施設において，心理療法が必要と認められる子どもや母親10人以上に対して心理療法が行われる場合，それぞれの施設に心理療法担当職員が配置されています。虐待等による心的外傷等のため心理療法を必要とする子どもや，夫からの暴力による心的外傷等のため心理療法を必要とする母子に，遊戯療法，カウンセリング等の心理療法を行っています。

9）個別対応職員

個別対応職員は，児童養護施設，乳児院，児童心理治療施設，児童自立支援施設，母子生活支援施設に配置されています。虐待を受けた子ども等の施設入所の増加に対応するため，被虐待児等の個別の対応が必要な子どもへの個別面接や生活場面での個別対応，また保護者への援助等を行っています。

10）里親支援専門相談員（里親支援ソーシャルワーカー）

2012年から，児童養護施設，乳児院に里親支援専門相談員（里親ソーシャルワーカー）を配置し，里親支援の充実を図ることになりました。里親支援専門相談員は，里親委託の推進や里親支援の充実を図るために，児童相談所の里親担当職員，里親委託推進員，里親会等と連携して，入所児童の里親委託の推進，退所児童のアフターケアとしての里親支援，退所児童以外を含めた地域支援としての里親支援等を行っています。

（3）児童委員

児童委員は児童福祉法に基づき，地域住民のなかから選ばれた児童家庭福祉のための民間の奉仕者（厚生労働大臣の委嘱による）として活動しています。児童委員は民生委員も兼ねており，2020年度末現在で約23万690人です。

市町村の一定区域を担当し，担当区域内の子ども・妊産婦について，その家庭の実情の把握，保健その他の福祉に関する情報の提供やその他の援助・指導を行うとともに，児童相談所の児童福祉司や福祉事務所の社会福祉主事の職務に協力することなどが職務となっています。

また，1994年から，多様化する児童福祉の問題に対して専門的に対応する主任児童委員が市町村に配置されました。主任児童委員は，区域を担当せず，児童福祉関係機関および区域担当の児童委員との連絡調整を行い，児童委員に対する援助・協力などを行います。2004年の「児童福祉法」の一部改正によって，主任児童委員の委嘱は，委員のなかから厚生労働大臣が直接指名することとなり，児童委員としての職務を行うことなどが明確化されました。

（4）家庭相談員

家庭相談員は，福祉事務所に設置されている家庭児童相談室に配置されています。業務内容は，児童相談所，保健所，学校，警察，主任児童委員，その他関連施設及び団体と連携し，家庭における子どもの養育に関する専門的な相談・指導を行っています。家庭相談員は，各家庭児童相談室に 1 ～ 2 名配置されています。

（5）保 健 師

保健師は，「保健師助産師看護師法」により，厚生労働大臣の免許を受けて保健の指導業務に携わる者をいいます。保健センターの保健師は，乳幼児健康診査，乳幼児相談，親子教室，母親学級，新生児訪問指導，さらに乳幼児の予防接種や精神保健など，地域住民に密着した健康診査，保健指導などの保健サービスを行っています。その他にも，保育所，学校，医療機関等での健康管

理・教育等の業務に就いています。

参考文献

網野武博編『児童福祉の新展開』同文書院，2005年。

柏女霊峰『子ども家庭福祉論 第7版』誠信書房，2022年。

厚生労働統計協会『国民の福祉と介護の動向 2022/2023』厚生労働統計協会，2022年。

厚生労働省「福祉行政報告例」(https://www.mhlw.go.jp/toukei/list/38-1a.html, 2022年6月30日アクセス)。

社会福祉士養成講座編集委員会編『児童や家庭に対する支援と児童・家庭福祉制度 第7版』中央法規出版，2019年。

鈴木幸雄編『児童福祉概論』同文書院，2007年。

伊達悦子ほか編『改訂 保育士をめざす人の児童家庭福祉』みらい，2018年。

内閣府『少子化社会対策白書 令和4年版』日経印刷，2022年。

福祉士養成講座編集委員編『児童福祉論』(社会福祉士養成講座) 中央法規出版，2001年。

松本峰雄『保育者のための子ども家庭福祉』萌文書林，2007年。

ミネルヴァ書房編集部編『社会福祉小六法2017 平成29年版』ミネルヴァ書房，2017年。

山縣文治編『よくわかる子ども家庭福祉 第9版』ミネルヴァ書房，2014年。

第 5 章　児童福祉施設

> 家庭や地域の養育機能の低下を背景として，子ども虐待や親子関係の問題，心身の発達の問題など，多様な子どもの問題が発生しています。児童福祉施設は，これらの問題の発生予防や解決，また子どもの健全育成を支援するための役割を担っています。本章では，「児童福祉法」で規定されている児童福祉施設の種類，対象となる子ども，施設の目的などについて整理します。

1　児童福祉施設とは

　わが国の児童福祉の実践として大きな役割を担っている児童福祉施設は，戦後の「日本国憲法」「児童福祉法」制定に伴い，児童福祉の法体系に加え，実践体系として確立されました。児童福祉施設は，当初，助産施設，乳児院，母子寮（母子生活支援施設），保育所，児童厚生施設，養護施設（児童養護施設），精神薄弱児施設（旧・知的障害児施設），療育施設，教護院（児童自立支援施設）の 9 種類でした。療育施設は，後に盲・ろうあ児施設，虚弱児施設，肢体不自由児施設に独立・分離しました。さらに，精神薄弱児通園施設（1957年）（旧・知的障害児通園施設），情緒障害児短期治療施設（1961年）（現・児童心理治療施設），重症心身障害児施設（1967年）が設置され，また，1997年の「児童福祉法」の一部改正によって，虚弱児施設が児童養護施設に統合され，児童家庭支援センターが設けられました。

　さらに2010年の「児童福祉法」の改正によって，障害児関係施設は，障害児入所施設と児童発達支援センターに再編されました。また，2012年の改正によって，幼保連携型認定こども園が追加されました。2016年の改正では，情緒障害児短期治療施設が児童心理治療施設に名称変更されています。

児童福祉施設は，「児童福祉法」第7条に定められている施設であり，児童などに適切な環境を提供し，保護・治療，指導，援助および自立支援などを中心として児童の福祉を図ることを目的としています。現在では，助産施設，乳児院，母子生活支援施設，保育所，幼保連携型認定こども園，児童厚生施設，児童養護施設，障害児入所施設，児童発達支援センター，児童心理治療施設，児童自立支援施設，児童家庭支援センターが定められています。

　利用形態では，乳児院，児童養護施設などといった児童相談所などの行政機関の入所措置決定を必要とするものと，児童や保護者の自由な意思により利用できるものなどがあります。自由に契約できる施設として助産施設，母子生活支援施設（2001年度より市町村が行う措置により入所が決定する措置施設から利用者が選択し入所できる利用契約による施設となりました），保育所，児童厚生施設，児童家庭支援センターがありますが，2006年の「障害者自立支援法（現・障害者総合支援法）」の施行により障害児施設（障害児入所施設，児童発達支援センター）においても，措置制度から障害児の保護者が施設と直接契約する契約方式にかわりました。また，2010年の「障害者自立支援法（現・障害者総合支援法）」「児童福祉法」の改正によって，障害児入所施設は，児童相談所の判定により，契約利用の決定が行われます。障害児通所施設の利用については，市町村の判定となります。これらに係る費用には，障害児施設給付と利用者負担が充てられます。利用者負担については，扶養義務者の負担能力に応じた応能負担となり，食費，光熱費，医療費などは実費負担となります（軽減措置あり）。

　さらに，乳児院，児童養護施設のように児童が家庭から離れて施設内で生活する家庭の養育機能の代替を果たす入所型施設，保育所や児童発達支援センターのように家庭養育の補完的機能を果たす通所型施設，また，児童家庭支援センターや児童館のように保護者の養育の支援を行う利用型施設に分けることもできます。

2　児童福祉施設の運営

（1）児童福祉施設の設置

　国が設置義務を負う児童福祉施設は，児童自立支援施設（国立武蔵野学院，国立きぬ川学院）と福祉型障害児入所施設（国立秩父学園）です。これら国が設置する施設は，子どもの自立支援，指導，保護，治療，援助を行うほか，職員の養成施設が設置されています

　都道府県が設置しなければならない施設は，児童自立支援施設で，その他の施設は，都道府県・指定都市・中核市の条例により設置されています。

　市町村は，あらかじめ必要な事項を都道府県知事に届け出て児童福祉施設を設置することができます。また，国，都道府県，市町村以外の者（社会福祉法人などの民間）が施設を設置する場合は，都道府県知事の認可が必要となります。

（2）児童福祉施設の設備及び運営に関する基準

　児童福祉施設の運営は，入所している子どもの命と健康を守り，成長発達，権利を保障し，適切な保護，自立支援，指導などが行えることが必要です。このため，「設備運営基準」が定められています。

　その第1条第2項では，目的として「設備運営基準は，都道府県知事の監督に属する児童福祉施設に入所している者が，明るくて，衛生的な環境において，素養があり，かつ，適切な訓練を受けた職員（児童福祉施設の長を含む。以下同じ。）の指導により，心身ともに健やかにして，社会に適応するように育成されることを保障するものとする」としています。具体的には，児童福祉施設における居室等の設備基準，職員の資格および配置基準などが規定されています。また，都道府県が条例で定める基準（最低基準）の向上や，最低基準を超えた設備・運営が行われている場合もその水準を低下させてはならないことなどが規定されています。

近年の児童福祉施設では，被虐待児など複雑で困難なニーズをもつ子どもの入所が増加し，心理的ケアなど多様なニーズへの対応が求められています。さらに，年長児童の増加や，障害児系施設における子どもの重度化と高年齢化など，子どもへの個別的な関わりや援助，質の高い職員の配置などが不可欠です。そこで2011年6月には職員配置が見直され，家庭支援専門相談員，個別対応職員，心理療法担当職員の配置が一部の児童福祉施設に義務づけられました。設備基準に関しても改正され，居室面積の引き上げや相談室の設置の義務化などが行われました。また，社会的養護のための児童福祉施設に対して，第三者評価を受けることを義務づけることなどを内容とする改正も行われました。

　地域主権改革一括法（「地域の自主性及び自立性を高めるための改革の推進を図るための関係法律の整備に関する法律」）の成立によって，保育所の最低基準が地方条例で定められることとなりました。それにより「児童福祉施設最低基準」は，「児童福祉施設の設備及び運営に関する基準」に改称され，2012年4月から施行されています。これまで「児童福祉施設最低基準」に規定されていた各基準は，「最低基準」から「設備運営基準」となり，今後「従うべき基準」と「参考（準用）とすべき基準」に区分されました。また，都道府県等が条例で定める基準が「最低基準」ということになりました。待機児童が多いなどの特別な理由がある地域の居室面積基準については，特例的に緩和することが容認されています。面積基準を緩和して児童の受け入れを実施するかの判断は各自治体の裁量となります。

（3）児童福祉施設の費用

　児童福祉施設の運営に要する費用については，児童福祉法で「基準を維持するために要する費用」として，国および地方公共団体が支弁（支払う）することとされています。

　児童福祉施設の費用は，大別して設備に関する費用（設備費）と児童の保護に要する費用（運営費）がありますが，これについては保護者，国，都道府県，市町村が一定の割合で負担または補助する仕組みとなっています。

　施設入所やその他の福祉措置に関する費用については，原則としてサービス利用者またはその家族（扶養義務者）から負担金を徴収し，不足分を国や地方公共団体が負担します。「児童入所施設措置費等負担金」は国庫負担金で，施設入所または里親委託等によって提供された子どもへの養護等のサービスにかかる費用を負担するものです。

　「教育・保育給付費負担金」とは，「子ども・子育て支援法」に基づく負担金で，子どもが教育・保育を受ける場合に費用を補助するものです。対象は子ども・子育て支援法の規定に定められた，保育所，認定こども園，幼稚園，地域型保育事業（小規模保育事業，家庭的保育事業，事業所内型保育事業等）です。

　また，これらの利用費については，一部を保護者（扶養義務者）が負担することになります。児童福祉入所施設，教育・保育施設など，どの施設を利用するかによって負担方式が異なり，扶養義務者の負担金額については，扶養義務者の負担能力を調査し決定されます。また，サービス内容に対して，一定金額を負担する場合もあります。

1）児童入所施設措置費等負担金

　子どもが児童養護施設等に入所したり里親へ委託などの措置を採った場合に支払われる費用として，児童入所施設措置費等があります。措置費の費目は大きく「事務費」と「事業費」に分けられます。「事務費」は施設を運営するために必要な職員の人件費やその他事務の執行に伴う諸経費であり，「事業費」は事務費以外の経費であって，児童の養育に直接必要な諸経費です。措置費についても，本人又は扶養義務者（保護者）から費用（の全部又は一部）を徴収し，不足分を国および都道府県または指定都市が施設に支払うこととなります。

　障害児においては，児童福祉法による措置費ほかに，契約によって障害児施設等の利用やサービスの利用を行った場合の障害児施設給付費の支給があります。また，障害者総合支援法において，介護給付等の自立支援給付が支給されます。これらの給付は，原則として9割を国，都道府県が負担し，残りは保護者から費用徴収（応能負担）となります。

2）教育・保育給付費負担金

　児童福祉法に基づき設置された保育所は，国や自治体などから補助金が給付されており，それと保育料を合わせて施設の経営を行っています。保育所には，運営するのに必要な費用として事業費・人件費・管理費などを合わせた保育所運営費が保育園別に補助金として給付されており，公立の保育所は，運営費のほとんどが補助金でまかなわれています。保育園を管轄する各自治体は，保護者の財政状況や子どもの年齢等に応じて定められた費用の一部を徴収した額と補助金を合わせて各保育園に支給しています。それらを合わせて施設の経営を行っています。

　子ども・子育て支援法の成立により，保育園，幼稚園，認定こども園の財政措置を共通の給付を受けられる「施設型給付費」や「地域型給付費」が創設されました。これは，保護者に対して市町村から支給されるものですが，実際には各施設が保護者に代わって市町村に対して請求することとなります（法定代理受領）。なお，私立保育所は，従来通り児童福祉法に基づき，市町村から施設に委託費が支払われ，利用者負担の徴収も市町村が行う仕組みとなります。

3）利用者負担（費用徴収）

　主に利用者の負担能力に応じて徴収される「応能負担」と事業・サービスを受けた対価として徴収される「応益負担」（定率負担）とに分けられます。児童養護施設等のほとんどの児童養護施設・事業は応能負担です。

　障害児入所施設に契約し利用する場合は施設給付制度方式となり，行政が保護者に施設支援として給付し，保護者はその一部を負担することになります（応能負担）。また，障害児通所支援を利用した場合，原則としてサービスの提供に要した費用の1割の負担となります（応益負担）。

　保育の利用については，2019年10月から，認定こども園，幼稚園，保育所などは，「子育てのための施設等利用給付」の創設によって利用者負担が無償となりました。障害児の発達支援においても負担の上限はありますが，利用者負担は無償となります。対象は，市町村の認定を受けた3歳から小学校就学前までの子どもと，0歳から2歳までの住民税非課税世帯（所得が一定額より低い世

図表5-1　児童福祉施設の目的・対象者等の一覧

施設の種類	種　別	入(通)所・利用別	設　置　主　体	施 設 の 目 的 と 対 象 者
助産施設(児福法36条)	第2種	入所	都 道 府 県 市　町　村　届出 社会福祉法人｜ その他の者｜認可	保護上必要があるにもかかわらず、経済的理由により、入院助産を受けることができない妊産婦を入所させて、助産を受けさせる
乳児院 (児福法37条)	第1種	入所	同　　　上	乳児（保健上、安定した生活環境の確保その他の理由により特に必要のある場合には、幼児を含む）を入院させて、これを養育し、あわせて退院した者について相談その他の援助を行う
母子生活支援施設 (児福法38条)	第1種	入所	同　　　上	配偶者のない女子又はこれに準ずる事情にある女子及びその者の監護すべき児童を入所させて、これらの者を保護するとともに、これらの者の自立の促進のためにその生活を支援し、あわせて退所した者について相談その他の援助を行う
保育所 (児福法39条)	第2種	通所	同　　　上	保育を必要とする乳児・幼児を日々保護者の下から通わせて保育を行う
幼保連携型認定こども園（児福法39条の2）	第2種	通所	同　　　上	義務教育及びその後の教育の基礎を培うものとしての満3歳以上の幼児に対する教育及び保育を必要とする乳児・幼児に対する保育を一体的に行い、これらの乳児又は幼児の健やかな成長が図られるよう適当な環境を与えて、その心身の発達を助長する
児童館 (児福法40条)	第2種	利用	同　　　上	屋内に集会室、遊戯室、図書館等必要な設備を設け、児童に健全な遊びを与え、その健康を増進し、又は情操をゆたかにする
児童遊園 (児福法40条)	第2種	利用	同　　　上	屋外に広場、ブランコ等必要な設備を設け、児童に健全な遊びを与えて、その健康を増進し、又は情操を豊かにする
児童養護施設 (児福法41条)	第1種	入所	同　　　上	保護者のない児童（乳児を除く。ただし、安定した生活環境の確保その他の理由により特に必要のある場合には、乳児を含む）、虐待されている児童その他環境上養護を要する児童を入所させて、これを養護し、あわせて退所した者に対する相談その他の自立のための援助を行う
障害児入所施設 (児福法42条) (福祉型)(医療型)	第1種	入所	国・都道府県 市　町　村　届出 社会福祉法人｜ その他の者｜認可	障害児を入所させて、保護、日常生活の指導、独立自活に必要な知識技能の付与及び治療を行う

児童発達支援センター (児福法43条) (福祉型)(医療型)	第2種	通所	都　道　府　県 市　町　村 社会福祉法人｝届出 そ の 他 の 者｝認可	障害児を日々保護者の下から通わせて，日常生活における基本的動作の指導，独立自活に必要な知識技能の付与又は集団生活への適応のための訓練及び治療を提供する
児童心理治療施設 (児福法43条の2)	第1種	入所 通所	同　　　　　　　上	家庭環境，学校における交友関係その他の環境上の理由により社会生活への適応が困難となった児童を，短期間，入所させ又は保護者の下から通わせて，社会生活に適応するために必要な心理に関する治療及び生活指導を主として行い，あわせて退所した者について相談その他の援助を行う
児童自立支援施設 (児福法44条)	第1種	入所 通所	国・都道府県 市　町　村 社会福祉法人｝届出 そ の 他 の 者｝認可	不良行為をなし，又はなすおそれのある児童及び家庭環境その他の環境上の理由により生活指導等を要する児童を入所させ，又は保護者の下から通わせて，個々の児童の状況に応じて必要な指導を行い，その自立を支援し，あわせて退所した者について相談その他の援助を行う
児童家庭支援センター (児福法44条の2)	第2種	利用	都　道　府　県 市　町　村 社会福祉法人｝届出 そ の 他 の 者｝認可	地域の児童の福祉に関する各般の問題につき，児童，母子家庭，地域住民などからの相談に応じ，必要な助言を行うとともに，保護を要する児童又はその保護者に対する指導及び児童相談所等との連携・連絡調整等を総合的に行う

出所：厚生労働統計協会『国民の福祉と介護の動向　2021/2022』厚生労働統計協会，2021年，322頁をもとに作成。

帯）で保育が必要な子どものいる家庭です。このように，保育園や認定こども園などの利用は一部無料ですが，その他は「応能負担」と，園から得られる支援内容に基づいて算出される「応益負担」を組み合わせて費用を負担します。

3　児童福祉施設の種類

　ここでは児童福祉施設の目的と対象者および職員の配置などについて整理します。図表5-1に目的・対象者等の一覧を示しますので，参照してください。

（1）助産施設
　助産施設は，「保健上必要があるにもかかわらず，経済的理由により，入院助産を受けることができない妊産婦を入所させて，助産を受けさせることを目

的とする施設」（「児童福祉法」第36条）です。

　助産施設は，第1種助産施設（「医療法」に基づく産婦人科のある病院で，医師が管理する定員20名以上の施設）と，第2種助産施設（「医療法」に基づく助産所で，助産師が運営する定員9名以下の施設）があります。

　主な職員として，第2種助産施設の場合，助産師，産婦人科の診療に相当する経験を有する嘱託医が配置されています。

（2）乳 児 院

　乳児院は，「乳児（保健上，安定した生活環境の確保その他の理由により特に必要のある場合には，幼児を含む。）を入院させて，これを養育し，あわせて退院した者について相談その他の援助を行うことを目的とする施設」（「児童福祉法」第37条）です。

　2004年の「児童福祉法」の一部改正により，年齢制限の見直しが行われ，安定した生活環境に確保等の理由により，特に必要がある場合には，幼児を入所させることができるようになりました。

　このほかの利用として，保護者の病気や看護など緊急な事.情，保護者の出張等勤務上の都合などにより乳幼児を養育することができない場合など，一時的に短期入所することが認められている短期入所生活援助（ショートステイ）事業，夜間養護等（トワイライト）事業，また育児相談事業などがあります。

　近年では，虐待による入所児が増加しており，虐待を受けるなど心に深い傷

▷1　短期入所生活援助（ショートステイ）事業
　　　子育て短期支援事業の一つ。保護者が病気，出産，出張，育児疲れなどの理由で，子どもを養育することが困難なとき，乳児院や児童養護施設などに子どもを預けることができる。短期間（7日以内）であるが，宿泊が可能である。
▷2　夜間養護等（トワイライト）事業
　　　子育て短期支援事業一つ。残業等で保護者の帰宅が恒常的に遅い場合や休日に不在の場合等で，子どもを養育することが困難なとき，乳児院や児童養護施設などで，おおむね午後10時まで子どもを預かり，夕食，入浴の提供など生活の援助を行う。
▷3　育児相談事業
　　　地域の子育て支援の拠点として，地域の住民に対して，育児負担，育児ストレス，育児一般など子どもの養育に関する相談に応じ，助言を行う。

をもつ子どものうち，特別なケアを必要とする子どもに対して，小規模なグループによるケアを行う小規模グループケアが実施されています。

主な職員として，医師または嘱託医，看護師，個別対応職員，家庭支援専門相談員（ファミリーソーシャルワーカー），栄養士，調理員などを置くこととされています。

（3）母子生活支援施設

母子生活支援施設は，「配偶者のない女子又はこれに準ずる事情にある女子及びその者の監護すべき児童を入所させて，これらの者を保護するとともに，これらの者の自立の促進のためにその生活を支援し，あわせて退所した者について相談その他の援助を行うことを目的とする施設」（「児童福祉法」第38条）です。

母子生活支援施設は，従来の母子を保護するという施設から，子どもの養育とともに母親の精神的なケアや自立支援を視野に入れた積極的な支援活動が行われています。具体的には，就労支援，生活支援，子育て支援などを行い，施設内保育サービス，学童保育，緊急一時保護，ショートステイ事業，また地域に対する子育て支援（母子家庭等子育て支援室）なども行っています。

母子生活支援施設は，2001年度から，市町村が行う措置による措置施設から，利用者が選択し利用できる利用契約による施設になりました。

主な職員として，母子支援員，嘱託医，少年を指導する職員，調理員が配置されています。また，心理療法が必要と認められる母または子ども10人以上に心理療法を行う場合は，心理療法担当職員が配置されています。

（4）保 育 所

保育所は，「保育を必要とする乳児・幼児を日々保護者の下から通わせて保育を行うことを目的とする施設」とし，さらに「前項の規定にかかわらず，特に必要があるときは，保育を必要とするその他の児童を日々保護者の下から通わせて保育することができる」（「児童福祉法」第39条）とされています。

　保育所は，親の就労や病気などの理由で家庭での養育が困難な場合に，保護者に代わって一日のうちの一定時間だけ預かる，家庭の養育機能の補完的機能と考えられていましたが，今日，核家族化，少子高齢化，女性の社会参加などが急速に進むなか，保育所は子育て支援活動として不可欠な施設となっています。

　1997年の「児童福祉法」の改正に伴い，措置制度から保護者が保育所を自由に選択できる制度に改められ，利用者が主体的に保育所を選択できるようになりました。

　働く女性のために，延長保育，夜間保育，一時保育などが展開されてきましたが，さらに障害児保育や小学校の児童の保育（学童保育），子育て支援の活動拠点として，子育てに悩む親の相談を受けるなど地域の子育て支援も積極的に進められています。

　主な職員として，保育士，嘱託医，調理員（調理業務の全部を依託しているところは不要）が配置されています。

（5）幼保連携型認定こども園

　幼保連携型認定こども園は，「義務教育及びその後の教育の基礎を培うものとしての満3歳以上の幼児に対する教育…（中略）…及び保育を必要とする乳児・幼児に対する保育を一体的に行い，これらの乳児又は幼児の健やかな成長が図られるよう適当な環境を与えて，その心身の発達を助長することを目的とする施設」（「児童福祉法」第39条の2）です。さらに，幼保連携型認定こども園に関しては，この法律に定めるもののほか，認定こども園法の定めるところによるとされています。

　子ども・子育て関連3法の施行に伴い，2012年の改正児童福祉法が施行され，児童福祉施設として新たに「幼保連携型認定こども園」が加わりました。幼保連携型認定こども園は，児童福祉法上の児童福祉施設であり，教育基本法上の学校という位置づけになります。

　幼保連携型認定こども園では，保護者が働いている，いないにかかわらず就

学前の子どもを受け入れ，教育・保育を一体的に行うことになります。さらに，すべての子育て家庭を対象に，子育て不安に対応した相談活動や，親子の集いの場の提供などを行うことになります。教育・保育を行う職員として，「幼稚園教諭免許状」と「保育士資格」の両方を有している「保育教諭」を配置する必要があります。

主な職員として，保育教諭，養護教諭，栄養教諭，事務職員，調理員（調理業務の全部を委託しているところは不要）などが配置されています。

（6）児童厚生施設

児童厚生施設は，「児童遊園，児童館等児童に健全な遊びを与えて，その健康を増進し，又は情操をゆたかにすることを目的とする施設」（「児童福祉法」第40条）です。児童厚生施設には児童の遊びを指導する者（児童厚生員）が配置されています。また児童館活動に関する基本事項を定めた児童館ガイドラインにそって活動・運営が行われています。

児童厚生施設の種類と内容について，次のように分類されます。

1）児童館

児童館は，地域における健全育成の総合的な役割を担っています。子どもに安全で創造的な遊びを提供し，子どもの健康を増進し，母親クラブ，子ども会などの地域組織活動の育成・指導も行います。

児童館には，児童の遊びを指導する者が配置され，規模と機能によって次のように分類されています。

① 小型児童館

小地域を対象として，子どもに健全な遊びを提供し，健康の増進や情操を豊かにするとともに，母親クラブ，子ども会などの地域組織活動の育成・指導を図るなど，子どもの健全育成に関する総合的機能をもちます。

② 児童センター

小型児童館の機能に加え，遊びを通して体力増進を図る指導機能をもつ児童館です。また，大型児童センターでは，年長児童（中学生・高校生等）に対する

育成機能ももちます。

　③　大型児童館

　大型児童館は，原則として都道府県内や広域の子どもたちを対象とした活動を行い，3つに区分されます。

　　A型児童館　　児童センターの機能に加え，都道府県内の小型児童館，児童センター，その他の児童館の指導や連絡調整などを行う中枢的機能をもちます。

　　B型児童館　　自然環境に恵まれた一定の地域（こども自然王国）内に設置され，子どもが宿泊しながら自然を生かした遊びを通じた健全育成を行うため，宿泊設備があります。

　　C型児童館　　広域を対象として，子どもに健全な遊びを提供し，健康を増進し，情操を豊かにする機能に加え，芸術，体育，科学など総合的な活動を行うことができる児童館のことです。子どもの多様なニーズに対応できるように，劇場，ギャラリー，屋内プール，コンピュータープレイルーム，歴史・科学資料展示室，宿泊研修所，児童遊園が適宜付設されます。

　2）児童遊園

　児童遊園は，屋外型の児童厚生施設で，主に幼児，小学校低学年児童を対象としています。さらに，都市公園法に基づく街区公園と相互に補完的役割も担っています。児童遊園には，広場，ブランコなどの遊具設備と，便所，水飲場などを設置することが規定されています。

（7）児童養護施設

　児童養護施設は，「保護者のない児童（乳児を除く。ただし，安定した生活環境の確保その他の理由により特に必要のある場合には，乳児を含む。以下この条において同じ。），虐待されている児童その他環境上養護を要する児童を入所させて，これを養護し，あわせて退所した者に対する相談その他の自立のための援助を行うことを目的とする施設」（「児童福祉法」第41条）です。

　1997年の「児童福祉法」の改正によって，それまでの「養護施設」は，「児

童養護施設」と改名され，施設の目的規定に「自立支援・自立促進」が位置づけられました。児童養護施設は，子どもたちの日常生活の場の提供と学習指導・生活指導や，職業に就くための自立支援などが行われています。

　対象となるのは満1歳から18歳に達するまで（必要がある場合は満20歳に達するまで延長，在所可能）の子どものうち，両親の死亡や離婚などで保護者からの養護を受けることができない子ども，父母からの放任・虐待などで家庭での生活が困難な子どもです。2004年の「児童福祉法」の改正で，特に必要な場合には，乳児も入所させることができるようになりました。

　主な職員として，児童指導員，嘱託医，保育士，個別対応職員，家庭支援専門相談員（ファミリーソーシャルワーカー），心理療法担当職員（対象者10人以上に心理療法を行う場合），栄養士（入所児童41人以上），調理員，職業指導員などが配置されています。

（8）障害児入所施設

　2010年の「児童福祉法」の一部改正によって，障害児施設が一元化され，これまでの入所型施設は障害児入所施設に，通所型施設は児童発達支援センターにまとめられました。

　障害児入所施設は，「区分に応じ，障害児を入所させて，当該各号に定める支援を行うことを目的とする施設」（「児童福祉法」第42条）と規定されています。具体的には，障害児入所施設は，「福祉型障害児入所施設」と「医療型障害児入所施設」に区分され，「福祉型障害児入所施設」で行われる支援は，「保護，日常生活の指導及び独立自活に必要な知識技能の付与」を行う施設と定められ，従来の知的障害児施設，盲・ろうあ児施設，肢体不自由児療護施設などが対象となります。

　「医療型障害児入所施設」で行われる支援は，「保護，日常生活の指導，独立自活に必要な知識技能の付与及び治療」を行う施設と定められ，従来の肢体不自由児施設，重症心身障害児施設などが対象となります。

（9）児童発達支援センター

　児童発達支援センターとは，「区分に応じ，障害児を日々保護者の下から通わせて，当該各号に定める支援を提供することを目的とする施設」（「児童福祉法」第43条）と規定されています。

　具体的には，「福祉型児童発達支援センター」と「医療型児童発達支援センター」に区分され，「福祉型児童発達支援センター」で行われる支援は，「日常生活における基本的動作の指導，独立自活に必要な知識技能の付与又は集団生活への適応のための訓練」と定められ，機能訓練，日常生活介護，職業指導などが行われます。従来の知的障害児通園施設，難聴幼児通園施設などが対象となります。「医療型児童発達支援センター」で提供される支援は，「日常生活における基本的動作の指導，独立自活に必要な知識技能の付与又は集団生活への適応のための訓練及び治療」と定められ，診療から機能訓練，日常生活介護，職業指導など医学的ケアを含めた総合的なケアが行われます。対象となるのは，従来の肢体不自由児通園施設などです。

（10）児童心理治療施設

　児童心理治療施設は，「家庭環境，学校における交友関係その他の環境上の理由により社会生活への適応が困難となつた児童を，短期間，入所させ，又は保護者の下から通わせて，社会生活に適応するために必要な心理に関する治療及び生活指導を主として行い，あわせて退所した者について相談その他の援助を行うことを目的とする施設」（「児童福祉法」第43条の２）です。その対象は，保護者等による虐待，家庭や学校での人間関係等が原因となって心理的に不安定な状態に陥ることにより，社会生活が困難になっている子どもです。従来は12歳未満の子どもが対象でしたが，1997年の「児童福祉法」の改正で，年齢要件が撤廃され，18歳未満まで対象が拡大され，必要がある場合には20歳までの在所が可能になりました。

　近年では，子ども虐待の増加に伴って，被虐待児の占める割合が増加しており，また摂食障害，家庭内暴力などの問題をもつ思春期の子どもへの対応も必

要となっています。

　おおむね 6 か月以内の期間で，医学的・心理学的療法による治療とともに，施設での生活全般を通じて社会的適応能力を高め，家族との調整等を図りながら，施設退所後の健全な社会生活のための支援が行われています。

　主な職員として，医師，児童指導員，保育士，心理療法担当職員，個別対応職員，家庭支援専門相談員（ファミリーソーシャルワーカー），看護師，栄養士，調理員などが配置されています。

(11) 児童自立支援施設

　児童自立支援施設は，「不良行為をなし，又はなすおそれのある児童及び家庭環境その他の環境上の理由により生活指導等を要する児童を入所させ，又は保護者の下から通わせて，個々の児童の状況に応じて必要な指導を行い，その自立を支援し，あわせて退所した者について相談その他の援助を行うことを目的とする施設」（「児童福祉法」第44条）です。

　児童自立支援施設は，設立当初，非行問題児を入院させて教護するための教護院という施設でしたが，1997年の「児童福祉法」の改正で，「児童自立支援施設」と名称が改められ，子どもの自立支援に対する方向性が位置づけられ，児童養護施設と同様に，施設の目的に「自立を支援」（「児童福祉法」第44条）することが明記されました。これにより，対象が家庭環境その他の環境上の理由により指導を要する児童まで拡大され，入所だけでなく通所による指導も行うことになりました。さらに子どもの自立支援に対する方向性が位置づけられ，対象児童の自立を支援することになりました。

　児童自立支援施設には，児童相談所が学校や警察署からの通報や保護者からの相談を受け，施設での支援が必要であるとの判断から入所措置がとられた子どものほか，罪を犯した少年，将来罪を犯すおそれがある少年，または刑罰法令にふれるおそれがある少年についても家庭裁判所の保護処分の決定に従って入所措置がとられた子どもも入所しています。

　主な職員として，児童自立支援専門員，児童生活支援員，嘱託医，精神科の

診療の経験を有する医師または嘱託医，栄養士，調理員，家庭支援専門相談員（ファミリーソーシャルワーカー），個別対応職員，心理療法担当職員（対象者10人以上に心理療法を行う場合）などが配置されています。

(12)　児童家庭支援センター

　児童家庭支援センターは，「児童に関する家庭その他からの相談のうち，専門的な知識及び技術を必要とするものに応じ，必要な助言を行うとともに，市町村の求めに応じ，技術的助言その他必要な援助を行うほか，第26条第1項第2号及び第27条第1項第2号の規定による指導を行い，あわせて児童相談所，児童福祉施設等との連絡調整その他厚生労働省令の定める援助を総合的に行うことを目的とする施設」（「児童福祉法」第44条の2）です。

　児童家庭センターは，1997年の「児童福祉法」の改正により創設された児童福祉施設で，乳児院，母子生活支援施設，児童養護施設，児童心理治療施設，児童自立支援施設など児童福祉施設に附置されることになりましたが，2008年の「児童福祉法」の改正により，児童福祉施設への附置要件が廃止されました。

　主な職員としては，相談・支援職員（相談員），心理療法担当職員（心理士）などが配置されています。

　児童家庭支援センターの業務として，次のような事業が行われています（「児童家庭支援センター設置運営要綱」）。

　①　地域・家庭からの事業に応じる事業

　地域の子どもに関する様々な問題について，専門的な知識や技術を必要とする内容に応じて，必要な助言を行っています。また，里親及びファミリーホームからの相談にも応じ，必要な支援を行います。

　②　市町村の求めに応じる事業

　市町村からの依頼に応じて，乳児健診，家庭訪問事業，発達障害児への支援教室への職員の派遣，教員研修への講師派遣などを行っています。

　③　都道府県又は児童相談所からの受託による指導

　児童相談所において，施設入所までは要しないが，保護の必要がある子ども，

また施設を退所後間もない子どもなど，継続的な指導措置が必要な場合に児童相談所から委託され相談援助を行っています。

④　関係機関等との連携・連絡事項

　子どもや家庭をめぐる問題は，複雑・多様化しており，問題が深刻化する前に，早期発見・早期対応など迅速かつ的確な支援が必要となります。そのため，児童相談所，福祉事務所，児童福祉施設，要保護児童対策地域協議会，民生委員など関係機関との連携を図るために，情報交換や連絡調整を行っています。

参考文献

厚生労働統計協会『国民の福祉と介護の動向 2021/2022』厚生労働統計協会，2021年。

柏女霊峰『子ども家庭福祉論 第7版』誠信書房，2022年。

財団法人資生堂社会福祉事業財団監修『ファミリーソーシャルワークと児童福祉の未来』中央法規出版，2008年。

児童福祉法規研究会監修『児童福祉六法 平成24年版』中央法規出版，2012年。

社会福祉士養成講座編集委員会編『児童や家庭に対する支援と児童・家庭福祉制度』中央法規出版，2019年。

松本峰雄『保育者のための子ども家庭福祉』萌文書林，2007年。

水田和江・中野菜穂子編『子どもの養護――その理念と実践』みらい，2006年。

ミネルヴァ書房編集部編『社会福祉小六法2017 平成29年版』ミネルヴァ書房，2017年。

山縣文治編『よくわかる子ども家庭福祉 第9版』ミネルヴァ書房，2014年。

第6章　子ども家庭福祉サービス

　子どもが心身共に健やかに成長していくための，子ども家庭福祉サービス
は，多様な分野において展開されています。本章では，養護を必要とする子
ども，ひとり親家庭，障害のある子ども，母子保健，健全育成において，そ
れぞれの現状，現在提供されているサービス，今後の課題などについて学習
します。

1　社会的養護を必要とする子どもへの施策

（1）社会的養護とは

　社会的養護とは，保護者のない児童や，保護者に監護させることが適当でな
い児童を，公的責任で社会的に養護し，保護するとともに，養育に大きな困難
を抱える家庭への支援を行うこととしています。また，社会的養護の理念とし
て，「子どもの最善の利益のために」と「社会全体で子どもを育む」ことが掲
げられています（厚生労働省ホームページ）。

　社会的養護は「施設養護」と「家庭的養護」に分けられ，「施設養護」とは
児童福祉施設での施設養護が中心となります。「家庭的養護」とは，家庭の機
能を代替する里親養育やファミリーホームなどがあります。また，施設におい
て家庭的な養育環境をめざす小規模化を図る小規模グループケアや小規模児童
養護施設（グループホーム）を「家庭的養護」といいます。厚生労働省は，児童
福祉法第3条の2で明文化された「家庭養育優先原則」に基づき，家庭での養
育が困難又は適当でない場合は，養育者の家庭で養育を行う里親やファミリー
ホーム「家庭養護」を優先し，児童養護施設，乳児院などの施設についても，
できる限り小規模かつ地域分散化された家庭的な養育環境「家庭的養護」に移

行することが示されています。

（2）社会的養護をめぐる動き

　社会的養護に関わる法整備として1997年の「児童福祉法」の改正では，子どもの発達保障の概念として「自立支援・自立促進」が示され，要保護児童を施設に入所させて保護・養育するだけでなく，子ども一人ひとりが個性豊かにたくましく，自立した社会人として生きていくことができるよう支援していくことを基本理念として，児童福祉施設の名称や機能が見直され，施設の目的に「自立を支援すること」が明記されました。

　2004年の「児童福祉法」改正では，社会的養護に関わる内容として，乳児院，児童養護施設の入所児の年齢要件の見直しが行われました。特に必要がある場合は，乳児院に幼児を入所させることができ，児童養護施設に乳児を入所させることができるようになりました。さらに，児童福祉施設の目的として，施設を退所した者に対する相談やその他の自立援助を行うことが加えられました。また，里親に関して児童福祉施設の長と同様に，監護，教育，懲戒に関する権限が明確化されるとともに，里親に対する定義規定が設けられました。さらに，要保護児童対策地域協議会の設置促進および機能強化が図られました。

　2008年の「児童福祉法」の一部改正では，困難な状況にある子どもや家庭に対する支援の強化として，①里親制度の改正，②小規模住居型児童養育事業の創設，③義務教育終了児童等の自立支援策の見直し，④施設内虐待（被措置児童等虐待）の防止などが規定されました。

　2010年に策定された「子ども・子育てビジョン」では，社会全体で子育てを支えることが基本的考えとされ，すべての子どもに良質な生育環境を保護し，子どもを大切にする社会の実現が求められています。特に保護者からの適切な養育を受けられない子どもを社会の公的責任で保護養育し，子どもが心身ともに健康に育つ基本的な権利を保障するために，社会的養護を必要とする子どもの増加や多様化に対応するため，家庭的養護の充実を図ることがあげられました。

　要保護児童や被虐待児の増加，さらに，子どもが抱える問題の複雑・多様化などに対応するために，2011年に「児童福祉施設最低基準（現・児童福祉施設の設備及び運営に関する基準）」等の改正が行われました。具体的には，家庭支援専門相談員や個別対応職員などの配置が義務づけられ，乳児院における看護師等の配置数なども明記されるようになりました。設備に関しては，居室面積の下限が引き上げられ，居室定員の上限が引き下げられ，相談室の設置が義務づけられました。

　さらに，児童養護施設等の社会的養護の子どもの健やかな育ちと，一般家庭の子どもと平等に社会のスタートラインに立つことができるよう，社会的養護の充実が求められ，2011年7月に「社会的養護の課題と将来像」が取りまとめられました。これに沿って，家庭的養護の推進，里親支援の推進，施設運営の質の向上，親子関係の再構築の支援，自立支援の充実，子どもの権利擁護などが進められました。

（3）新しい社会的養育ビジョン

　このように，社会の変化に応じて法整備が行われてきましたが，根本的な改善には至らず限界が生じていました。そのため「社会的養護の課題と将来像」の見直しの必要性と，2016年の改正児童福祉法に「子どもの権利」「子どもの最善の利益」が明記されたことを受け，2017年8月に新たな社会的養育のあり方に関する検討会で「新しい社会的養育ビジョン」が示され了承されました。

　この「新しい社会的養育ビジョン」は，「社会的養育」とあるように，社会的養護（代替的養護）のみでなく，子どもを養育する家庭への養育支援も含めたすべての子ども家庭を支援するあり方を整備していくためのものです。家庭養育を優先とし，親子分離が必要な場合は，「子どもの最善の利益」の観点から一時保護も含めた代替養育のすべての段階において，子どものニーズに合った養育の保障と，代替養育においては，「できる限り良好な家庭的な養育環境」を提供し，短期の入所が原則とされました。家庭に近い環境での養育を推進するため，養子縁組や里親・ファミリーホームへの委託を一層進めることが重要

になってきます。そのため，児童相談所が行う里親制度に関わる業務の質の向上や強化，民間団体も担えるようフォスタリング機関事業の創設，代替養育に関しては永続的解決（パーマネンシー保障）を見据えたソーシャルワークの実施などが掲げられています。

（4）養護を必要とする子どもの現状と児童福祉施設

　厚生労働省のホームページによると，社会的養護が必要な子どもの施設として，乳児院，児童養護施設，児童心理治療施設，児童自立支援施設，母子生活支援施設，自立援助ホームがあります。また，児童養護施設等においてきめ細やかなケアを提供していくために少人数のグループを対象とした，小規模グループケアと地域小規模児童養護施設があります。さらに，家庭的な環境で子どもを養育する，里親制度と小規模住居型児童養育事業（ファミリーホーム）があります。社会的養護の現状は図表6‒1の通りです。

　図表6‒2は，2018年2月1日現在，厚生労働省が行った調査「児童養護施設入所児童等調査の概要（2018年）」で，里親もしくはファミリーホームに委託されている子ども，児童福祉施設等に入所している子どもの数と平均年齢をまとめたものです。里親，ファミリーホームの「家庭養護」は2割に満たず，多くが施設での生活を送っています。また，委託・入所している子どもの平均年齢も10代前半の子どもが多く，特に母子生活支援施設では，10歳未満と低年齢になっています。

　要保護児童の多くが虐待の経験があり，保護に至った理由として，虐待が理由のケースが多く見られます（図表6‒3・4）。さらに，心身の状況についても障害や身体虚弱などを持つ子どもが多く，特に児童心理治療施設では8割以上，児童自立支援施設では約6割と高くなっています（図表6‒5）。

　▷1　永続的解決（パーマネンシー保障）
　　　実家庭で養育ができない子どもや，家庭復帰に努力をしても実家庭に戻ることが困難な代替養育を受けている子どもの場合，児童福祉法第3条の2における家庭養育原則に基づき，特別養子縁組は永続的解決として選択肢として考えられる。

図表 6-1　社会的養護の現状（里親数，施設数，児童数等）

○保護者のない児童，被虐待児など家庭環境上養護を必要とする児童などに対し，公的な責任として，社会的に養護を行う。対象児童は，約4万2,000人。

里親	家庭における養育を里親に委託		登録里親数	委託里親数	委託児童数	ファミリーホーム	養育者の住居において家庭養護を行う（定員5～6名）	
			14,401世帯	4,759世帯	6,019人			
	区　分（里親は重複登録有り）	養育里親	11,853世帯	3,774世帯	4,621人		ホーム数	427か所
		専門里親	715世帯	171世帯	206人			
		養子縁組里親	5,619世帯	353世帯	384人		委託児童数	1,688人
		親族里親	610世帯	565世帯	808人			

施　設	乳児院	児童養護施設	児童心理治療施設	児童自立支援施設	母子生活支援施設	自立援助ホーム
対象児童	乳児（特に必要な場合は，幼児を含む）	保護者のない児童，虐待されている児童その他環境上養護を要する児童（特に必要な場合は，乳児を含む）	家庭環境，学校における交友関係その他の環境上の理由により社会生活への適応が困難となった児童	不良行為をなし，又はなすおそれのある児童及び家庭環境その他の環境上の理由により生活指導等を要する児童	配偶者のない女子又はこれに準ずる事情にある女子及びその者の監護すべき児童	義務教育を終了した児童であって，児童養護施設等を退所した児童等
施設数	145か所	612か所	53か所	58か所	217か所	217か所
定　員	3,853人	30,782人	2,018人	3,445人	4,533世帯	1,409人
現　員	2,472人	23,631人	1,321人	1,145人	3,266世帯児童5,440人	718人
職員総数	5,453人	20,001人	1,560人	1,818人	2,102人	885人

小規模グループケア	2,073か所
地域小規模児童養護施設	494か所

※里親数，FHホーム数，委託児童数は福祉行政報告例（2021年3月末現在）
※施設数，ホーム数（FH除く），定員，現員，小規模グループケア，地域小規模児童養護施設のか所数は家庭福祉課調べ（2020年10月1日現在）
※職員数（自立援助ホームを除く）は，社会福祉施設等調査報告（2020年10月1日現在）
※自立援助ホームの職員数は家庭福祉課調べ（2020年3月1日現在）
※児童自立支援施設は，国立2施設を含む

出所：厚生労働省「社会的養育の推進に向けて（令和4年3月）」2022年。

1）乳児院

「児童養護施設入所児童等調査（2018年）」から，乳児院における養護問題発生理由をみると「母の精神疾患等」（23.2％），「母の放任・怠だ」（15.7％）が上位を占めています。さらに，一般的に「虐待」とされる「放任・怠だ」，「虐

図表 6-2　委託・入所児童数と平均年齢

	里　親	児童養護施設	児童心理治療施設	児童自立支援施設	乳児院	母子生活支援施設	ファミリーホーム	自立援助ホーム
総数(人) 割合(%)	5,382 (11.8)	27,026 (59.2)	1,367 (3.0)	1,448 (3.2)	3,023 (6.6)	5,308 (11.6)	1,513 (3.3)	616 (1.3)
平均年齢	10.2歳	11.5歳	12.9歳	14.0歳	1.4歳	7.3歳	11.6歳	17.7歳

注：総数には，性別不詳，年齢不詳を含む。平均は，不詳を除く。
出所：厚生労働省「児童養護施設入所児童等調査の概要（2018年2月1日現在）」を基に筆者作成。

図表 6-3　養護問題発生理由児童の割合（主な理由）

施設の種類	主な理由の内訳	虐待が理由の割合（「放任・怠だ」「虐待・酷使」「棄児」「養育拒否」）
里親委託	①「養育拒否」15.3%，②「母の精神疾患等」12.5%，③「母の放任・怠だ」11.9%	39.3%
児童養護施設	①「母の放任・怠だ」15.0%，②「母の精神疾患等」14.8%，③「母の虐待・酷使」13.1%	45.2%
児童心理治療施設	①「児童の問題による監護困難」38.6%，②「母の虐待・酷使」16.7%，③「父の虐待・酷使」10.8%	39.6%
児童自立支援施設	①「児童の問題による監護困難」68.2%，②「父の虐待・酷使」5.9%，③「母の放任・怠だ」5.0%	19.4%
乳児院	①「母の精神疾患等」23.2%，②「母の放任・怠だ」15.7%，③「破産等の経済的理由」6.6%	32.6%
ファミリーホーム	①「母の精神疾患等」13.9%，②「養育拒否」13.5%，③「母の放任・怠だ」12.2%	43.4%
自立援助ホーム	①「児童の問題による監護困難」22.1%，②「父の虐待・酷使」14.4%，③「母の虐待・酷使」12.3%	45.5%

出所：図表 6-2 と同じ。

図表6-4　被虐待児経験の有無及び虐待の種類

施設の種類	虐待経験あり	虐待の種類（複数回答）
里親委託	38.4%	①ネグレクト　65.8%，②身体的虐待　30.4%
児童養護施設	65.6%	①ネグレクト　63.0%，②身体的虐待　41.1%
児童心理治療施設	78.1%	①身体的虐待　66.9%，②ネグレクト　48.3%
児童自立支援施設	64.5%	①身体的虐待　64.7%，②ネグレクト　49.8%
乳児院	40.9%	①ネグレクト　66.1%，②身体的虐待　28.9%
母子生活支援施設	57.7%	①心理的虐待　80.9%，②身体的虐待　30.6%
ファミリーホーム	53.0%	①ネグレクト　62.3%，②身体的虐待　45.5%
自立援助ホーム	71.6%	①心理的虐待　55.1%，②ネグレクト　54.6%

出所：図表6-2と同じ。

図表6-5　児童の心身の状況

施設の種類	該当あり	心身の状況（複数回答）
里親委託	24.9%	①「知的障害」8.6%，②「広汎性発達障害」6.7%，③「注意欠陥多動性障害」5.5%
児童養護施設	36.7%	①「知的障害」13.6%，②「広汎性発達障害」8.8%，③「注意欠陥多動性障害」8.5%
児童心理治療施設	84.2%	①「広汎性発達障害」47.5%，②「注意欠陥多動性障害」37.0%，③「反応性愛着障害」29.2%
児童自立支援施設	61.8%	①「注意欠陥多動性障害」30.0%，②「広汎性発達障害」24.7%，③「知的障害」12.4%
乳児院	30.2%	①「身体虚弱」14.4%，②「知的障害」4.7%，③「言語障害」3.2%
母子生活支援施設	54.1%	①「知的障害」4.0%，「広汎性発達障害」4.0%，②「注意欠陥多動性障害」2.7%
ファミリーホーム	46.5%	①「知的障害」15.8%，②「広汎性発達障害」13.0%，③「注意欠陥多動性障害」12.0%
自立援助ホーム	46.3%	①「広汎性発達障害」13.6%，②「注意欠陥多動性障害」13.1%，③「知的障害」11.7%

出所：図表6-2と同じ。

図表6-6　児童の今後の見通し別児童の割合（乳児院）

施設の種類	内　　訳	その他
乳児院	①「現在の乳児院で養育」35.5% ②「保護者のもとへ復帰」25.2%	「児童養護施設へ」18.7% 「里親・ファミリーホームへ委託」9.0% 「養子縁組」3.0%

出所：図表6-2と同じ。

待・酷使」,「棄児」,「養育拒否」を合計すると32.6%（2013年調査，27.1%）になり，虐待を理由に入所しているケースも多いといえます。入所児の虐待経験について，乳児院では40.9%（2013年調査，35.5%）の子どもが虐待を受けています。そのなかでも特にネグレクトが最も多く66.1%を占めています。また，入所児の心身の状況については，障害等がある子どもは全体の30.2%，そのうち身体虚弱14.4%，知的障害4.7%となっています。

　入所児の今後の見通しについて，現在の乳児院での養育が35.5%，児童養護施設への入所が18.7%で約半数以上の子どもが施設での生活を余儀なくされています。保護者のもとに復帰できる見通しは25.2%にしかすぎません（図表6-6）。

　乳児院では，1999年に家庭支援専門相談員（ファミリーソーシャルワーカー）を配置し，入所児の保護者への支援を図り，できる限り早期に子どもの家庭復帰をめざした支援とともに，2012年4月より，里親支援専門相談員（里親支援ソーシャルワーカー）が配置され，里親支援の充実が図られています。

　乳児院での養育においては，集団での養育や職員の交替制勤務といった養育体制の問題と，被虐待児の増加や治療的養育の必要な子どもの増加による精神保健に関わる問題が重要な課題となっています。さらに，ソーシャルワーカーによる支援が行われていますが，保護者のもとへの復帰の見通しは困難な状況が見られます。家庭支援専門相談員による家庭の再統合と子どもの家庭復帰を目指した取り組みも今後の課題となるでしょう。

2）児童養護施設

　同調査では，養護問題発生の理由として，虐待とされる「放任・怠だ」,「虐

図表 6-7　委託（入所）時の保護者の状況別児童数

施設の種類	両親又は一人親	両親ともいない	両親も不明	不　　詳
里親委託	78.4%	17.1%	4.1%	0.4%
児童養護施設	93.3%	5.1%	1.3%	0.2%
児童心理治療施設	92.8%	5.8%	1.2%	0.3%
児童自立支援施設	93.1%	5.4%	1.2%	0.3%
乳児院	97.9%	1.8%	0.3%	0.1%
ファミリーホーム	83.8%	9.9%	5.0%	1.3%
自立援助ホーム	91.7%	6.3%	1.6%	0.3%

出所：図表 6-2 と同じ。

待・酷使」，「棄児」，「養育拒否」が45.2％（2013年調査，38.0％）を占めていま
す。さらに，児童養護施設入所時の保護者の状況では，「両親又は一人親」の
割合が93.3％となっており，保護者がいるにもかかわらず，父母の放任や虐待
などにより家庭での養育が困難となり入所する子どもが増加しています（図表
6-7）。また，「虐待経験あり」の割合は65.6％（2013年調査，59.5％）と，半数
以上の子どもが虐待を受けた経験があります。また，入所児の心身の状況では，
障害等がある子どもは全体の36.7％で，そのうち知的障害13.6％，広汎性発達
障害8.8％となっています。

　このように，虐待が理由で児童養護施設に入所する子どもが増加したため，
これらの子どもに対する適切な体制を整えるために，2006年度から，心理療法
を行うための心理療法担当職員が常勤配置されるようになりました。また，
2011年度から，心理療法担当職員と，個別に対応が必要な子ども・保護者への
援助等を行う個別対応職員の配置が義務づけられました。

　児童養護施設は，従来「大舎制」で運営され，集団養護が中心でした。しか
し，近年では一人ひとりの子どもの人権を擁護しながら，個々の子どもに応じ
た発達の保障と自立に向けた支援，さらに家族の再統合を目指した支援体制と
役割が求められるようになり，施設の養護形態の見直しが行われてきました。

　施設形態も，子ども一人ひとりの状況に応じた丁寧な養育を実現するという
視点からも，一般の家庭に近い環境で生活することは子どもの生活の場として

適切であるという考えが主流となりできる限り良好な家庭的な養育環境を提供することが進められています。施設における子どもの生活単位の小規模化・地域化に向けた取り組みは進められ，児童養護施設では，地域小規模児童養護施設や小規模グループケアの取り組みが始められました。

　児童養護施設では，虐待による入所児の増加により，心理的ケアなど被虐待児の対応に向けた取り組みや支援が行われています。また，家庭的養護の推進のため，施設の小規模化によって少人数の職員で勤務せざるを得ない勤務体制の問題や一人ひとりの子どもに合った養育と自立支援を行うためには，それに対応する職員の増員も必要となります。年齢の高い子どものケアと自立支援，進学に関する問題もみられます。環境整備，職員の増員，心理的ケアの充実，子どもの権利擁護などの課題があります。

3）母子生活支援施設

　離婚件数の増加に伴い，母子家庭・父子家庭などの「ひとり親世帯」が増加しています。ひとり親世帯の抱える主な問題は，子育てと生計を立てる役割の両立だといえます。特に母子家庭の場合は，就労をめぐる問題は重大です。専業主婦だった場合，離婚後の子どもを抱えての再就職は大変厳しく，たとえ就業しても非正規雇用など不安定な雇用条件となる場合が多く，収入も低いため経済的にも困難な場合が多くみられます。離婚による母子家庭や，様々な理由によって未婚で子どもを出産する人生を選択する女性もいますが，子どもの健やかな成長と発達を保障するためには，母子家庭になった理由や環境にかかわらず，母親と子どもの保護と支援は重要であり，そのニーズは高まっています。

▷2　地域小規模児童養護施設
　　児童養護施設に入所している子どもが，家庭復帰が見込めない場合，本体施設とは別の住宅を利用して，家庭的な環境のなかで養護を実施し，入所している子どもの社会的自立を促進するもの。家庭復帰困難児童等を対象に6名定員として，児童指導員または保育士が配置されている。

▷3　小規模グループケア
　　児童虐待を受けた子どもに対して，家庭的な環境のなかで，個別的な関係を重視したきめこまかなケアを提供する目的で，小規模なグループによるケア。児童養護施設，乳児院，児童心理治療施設及び児童自立支援施設において，実施されている。定員は原則として，児童養護施設では6人以上8人以下，乳児院では4人以上6人以下，児童心理治療施設及び児童自立支援施設では5人以上7人以下。

図表6-8　入所理由別母子生活支援施設入所世帯数

総　　　数	母親の心身の不安定による	職業上の理由による	住宅事情による	経済的理由による	配偶者からの暴力	不適切な家庭内環境	その他	不　　　詳
3,216世帯 100.0%	121 3.8%	2 0.1%	529 16.4%	413 12.8%	1,631 50.7%	286 8.9%	165 5.1%	69 2.1%

出所：図表6-2と同じ。

　近年の入所理由で多いのは，従来の離婚または死別による母子家庭や，未婚の母などの理由に加え，ドメスティック・バイオレンス（DV）の被害にあった母子の入所が増加しています。「児童養護施設入所児童等調査（2018年）」では，母子生活支援施設入所理由として，配偶者からの暴力が50.7％（2013年調査，45.7％）で最も多く，住宅事情16.4％，経済的理由12.8％と続いています（図表6-8）。また，入所児の心身の状況については，54.1％と半数以上に障害等があり，児童心理治療施設（84.2％），児童自立支援施設（61.8％）に次いで高くなっています。心理的虐待の経験が80.9％と多いことからも，DVによる影響が大きいと考えられます。

　そのため母子生活支援施設では，母子の生活支援，母親の就労支援，施設内保育サービス・学童保育など子育て支援，心理治療や生活指導など子どもへの支援，DVによる入所への対応，家庭環境調整，地域との関係づくりなど多様な援助が行われています。

4）児童自立支援施設

　児童自立支援施設への入所理由は様々ですが，窃盗，家出や徘徊，学校内や家庭内の暴力などがあげられます。近年は家庭裁判所の保護処分によって入所してくる子どもが増加しています。

　これらの子どもたちは，親の離別や不安定な生活環境，親からの虐待や養育拒否などによって，心に深い傷を負う状況のなか，反社会的・非社会的行為を日常化させてしまった子どもたちです。入所児の多くは家庭環境やその影響が大きく，家庭から分離することで援助や支援の効果が高いものが対象となっています。

「児童養護施設入所児童等調査（2018年）」では，児童自立支援施設における養護問題発生理由は，「児童の問題による監護困難」68.2％が最も多くなっています。また，心身の状況も障害等がある子どもは6割と高くなっています。さらに，「虐待経験あり」の子どもは，64.5％と高い割合を占めています。このように虐待を受けた経験や発達障害等を有する子どもの入所が多くなっています。

　児童自立支援施設では，児童自立支援専門員や児童生活支援員などの職員と日常生活を共にしながら，生活指導，学習指導，作業指導等の援助や自立支援が行われています。生活指導では，日常生活を通して，規則正しい生活習慣と，子どもの人間性や社会性を養うことを目的としています。学習指導においては，中学校の段階までは施設内で学校教育を受けることになります。学力にばらつきのある子どもやこれまでの生活の影響で基礎学力が身についていない子どもも多く見られるため，個々の状態にあった学習内容に配慮し教育が行われています。また，職業指導として，子どもの適性や能力に応じて自立できるように支援が行われています。しかし，中卒での就職の困難な状況や，就職しても学力不足や人間関係の形成等の問題によって離職する子どもの問題も見られます。さらに，家族との関係や家庭環境を改善する必要がある場合には，その調整を行い家庭復帰に向けた支援を行っていきます。

　近年の家庭や地域における養育機能の低下や，環境の変化に伴う子どもの問題の深刻化に対応するための，児童自立支援施設の役割として，2006年，厚生労働省から『児童自立支援施設のあり方に関する研究会報告書』が出されました。児童自立支援施設の今後のあり方に関する具体的内容として，①自立支援

▷4　リービングケア
　　退所準備ケア。子どもが入所している施設からの自立に向けた準備の取り組みのこと。施設退所後の生活に円滑に移行し，自立した社会生活を送るために，社会生活で必要な生活技術を身につけるトレーニングや実際に自立した生活体験を積むこと。
▷5　アフターケア
　　2004年の「児童福祉法」改正で，新たに施設目的に加えられた。入所施設退所後の子どもの自立生活を見通し，支援の内容・方法が計画されなければならない。地域の関係機関との連携や，退所後に施設職員などが行う通信（メール，電話，手紙），家庭訪問や職場訪問，など子どもが地域社会で一定程度自立するまで継続的な支援を行うこと。

機能の充実・強化，②リービングケア▷14およびアフターケア▷15の充実，③学校教育
の取り組みの強化，④非行と向き合う修正的プログラム，⑤施設機能の強化，
⑥関係機関との連携，⑦各児童自立支援施設の地域におけるセンター化やブロ
ック化などが取り上げられています。

5）児童心理治療施設

　児童心理治療施設（旧・情緒障害児短期治療施設）の設立当初は，年少の非行
少年を早期発見し適切な処遇をとることが目的でしたが，1980年代後半では不
登校の子どもが占める割合が高くなっていました。そして今日では被虐待児の
割合が急増しています。

　この施設には，子ども虐待によるPTSDなどの情緒不安定，不登校，ひき
こもりなど非社会的な状況にある子どもや，反社会的な問題行動をもつ子ども
など，家族と分離し治療的ケアが必要な子どもが入所しています。しかし，近
年は虐待を受けた子どもの治療的ケアが中心になっています。「児童養護施設
入所児童等調査（2018年）」では，児童心理治療施設入所児童の養護問題発生理
由のうち39.6％（2013年調査，50.0％）が虐待で最も多く，次に「児童の問題に
よる監護困難」が38.6％となります。障害等を持つ子どもは全体の84.2％で，
広汎性発達障害が47.5％と最も多くなっています。また「虐待経験あり」の子
どもは78.1％（2013年調査，71.2％）で他の施設と比較しても，最も高い割合と
なっています。虐待によって心身に傷を負う子どもや発達障害等のある子ども
の入所が増加していることがわかります。

　施設の援助内容として，生活指導では，基本的生活習慣を確立し，健全な社
会生活が営めるように，集団のなかで役割を認識して行動するといった社会生
活上必要な行動を身につけることができるよう支援が行われます。さらに，心
理的支援として，カウンセリングなどによる心理療法が行われ，子どもの成
長・発達と自立を支援しています。また，教育の保障や家族との関係を調整し
家庭復帰を目指した支援も行われています。

図表 6 - 9　児童の今後の見通し別児童の割合（乳児院を除く）

施設の種類	内　　訳
里親委託	①「自立まで現在のままで養育」68.7%，②「養子縁組」12.2%， ③「保護者のもとへ復帰」10.2%
児童養護施設	①「自立まで現在のままで養育」58.3%，②「保護者のもとへ復帰」27.7%， ③「その他」4.5%
児童心理治療施設	①「保護者のもとへ復帰」37.2%，②「他施設へ移行予定」25.7%， ③「自立まで現在のままで養育」21.5%
児童自立支援施設	①「保護者のもとに復帰」56.9%，②「他施設へ移行予定」22.6%， ③「その他」7.5%
ファミリーホーム	①「自立まで現在のままで養育」68.7%，②「保護者のもとへ復帰」18.4%， ③「その他」5.4%
自立援助ホーム	①「自立まで現在のままで養育」79.4%， ②「現在のままでは養育困難」6.0%，③「保護者のもとへ復帰」4.9%

出所：図表 6 - 2 と同じ。

（5）児童自立生活援助事業（自立援助ホーム）

　「児童自立生活援助事業」とは，義務教育終了後，児童養護施設や児童自立支援施設などを退所し就職する児童等に対して，自立援助ホームでの共同生活をとおして，日常生活上の援助および生活指導並びに就業の支援が必要な子どもに，その支援を行う事業のことをいいます。対象児童は，義務教育を終了した15～18歳未満の子ども，または20歳未満のものなどで，①里親に委託する措置，児童養護施設・児童心理治療施設・児童自立支援施設の入所措置，小規模住居型児童養育事業を行う者に委託する措置を解除されたもの，②都道府県知事または指定都市市長が当該児童の自立のために援助および生活指導が必要と認めたもの，の①②いずれかに該当するものとなっています。加えて，2017年度からは，大学等に就学中の場合には，22歳に達する日の属する年度の末日まで支援の対象となりました。2022年の児童福祉法の改正で，やむを得ない事情により都道府県知事が認めた場合はこの年齢要件が緩和される予定です。

　「児童養護施設入所児等調査（2018）」では，入所児の 8 割が自立まで現在のままで養育となり，他の施設入所児より高くなっています（図表 6 - 9）。そのため，就業等自立した社会生活を支援するための援助が求められています。

　主な援助内容は，就労への援助，職場での対人関係についての援助・指導，健康管理，金銭管理，その他日常生活についての援助・指導，子どもの家庭の状況に応じた家庭環境の調整，児童相談所などの関係機関との連携などです。

（6）里親制度

　里親制度とは，要保護児童を自らの家に引き取り，家族として共に生活をすることで，互いを理解しながら子どもの成長を目指すものです。

　里親とは，児童福祉法第6条の4において次の3種類とされています。

　①　要保護児童を養育することを希望する者（研修を修了し，その他の厚生労働省が定める要件を満たす者）のうち，養育里親名簿に登録されたもの（養育里親）

　②　要保護児童を養育することを希望する者及び養子縁組によって養親となることを希望する者（研修を修了した者）のうち，養子縁組里親に登録されたもの（養子縁組里親）

　③　要保護児童の親族であって，要保護児童を養育することを希望する者のうち，都道府県知事が規定により児童を委託する者として適当を認めるもの（親族里親）

　2016年の児童福祉法の改正によって，養子縁組里親が法定化され，欠格要件を設け，研修が義務づけられました。里親への委託は「里親委託ガイドライン」，運営は「里親制度運営要綱」に基づき行われます。

　「養育里親」は，実親が育てられるようになるまでの期間，あるいは子どもが社会的に自立できるようになるまでの間，実親に代わって子どもを養育するものです。「専門里親」は，養育里親に含まれ，虐待を受けた子ども，非行傾向のある子ども，知的障害のある子どもなどを養育の対象とします。「養子縁組を希望する里親」は，養子縁組を前提とした里親で，養子縁組を目的としない「養育里親」とは区別されます。「親族里親」は，両親が死亡・行方不明等で児童を養育できないときに，子どもの3親等以内の者が代わって養育するものです。里親に委託される子どもの要件として，18歳未満（条件によっては20歳

図表6-10 里親の種類

種類	養育里親	専門里親	養子縁組を希望する里親	親族里親
対象児童	要保護児童（保護者のない児童または保護者に監護させることが不適切であると認められる児童）	次に掲げる要保護児童のうち，都道府県知事がその養育に関し特に支援が必要と認めたもの ①児童虐待等の行為により心身に有害な影響を受けた児童 ②非行のあるまたは非行に結び付くおそれのある行動をする児童 ③身体障害，知的障害または精神障害がある児童	要保護児童（保護者のない児童または保護者に監護させることが不適切であると認められる児童）	次の要件に該当する要保護児童 ①当該扶養義務者およびその配偶者の親族であること ②児童の両親その他当該児童を現に監護する者が死亡，行方不明等の状態となったことにより，これらの者による養育が期待できないこと

出所：社会福祉の動向編集委員会編『社会福祉の動向2017』中央法規出版，2017年，150頁。

まで可能），委託人数は4人までとなっています（図表6-10）。

里親等委託率は上昇傾向にあり，2010年度末の12.0％から2020年度末には22.8％に上昇しています。しかし，施設：里親の比率は8：2となっており，施設養護への依存は高い状況です。さらに，自治体間の格差が大きく，2020年度末では委託率は全国22.8％，最大地域では58.3％，最小地域では10.6％となり5倍以上の差が見られます。

「児童養護施設入所児童等調査（2018年）」によると，里親の養護問題発生理由は，「養育拒否」15.3％，「母の精神疾患等」12.5％となっています。虐待が理由の割合は，全体の39.3％（2013年調査，37.3％）です。虐待の経験のある子どもは38.4％です。さらに，里親委託時の保護者の状況を見ると，「両親又は一人親」（78.4％），「両親ともいない」（17.1％），「両親とも不明」4.1％，「不詳」（0.4％）で，他の施設入所児よりも，両親がいない割合が高くなっています。

里親になることを希望する者は，児童相談所に相談申し込みを行い，申請書を提出します。その後児童相談所による調査や児童福祉審議会の意見聴取を経て，里親として適当と認められれば事前研修を経て都道府県知事による認定・登録を受けます。児童相談所によって里親委託が適当と判断された児童について，①里親と児童に適合性の判断に基づく組み合わせ，②委託の打診と，子どもと里親の面会，③交流によりある程度の関係を構築した後に委託，という流れになります。

　子どもが家庭的環境で健やかに育つ権利は，「児童憲章」や「子どもの権利条約」にも示されています。家庭は，子どもを保護し養育する基本的な場であり，家族による温かい愛情や信頼できる人間関係は，安定した子どもの情緒の発達や自己肯定感を育むために不可欠なものです。施設養育において，できるだけ家庭的環境に近い形での子どもの保護・養育が行われていますが，施設での集団生活や，職員の交代勤務等，家庭とは異なる条件であることは否めません。そのため，里親による養育は，家庭的環境のもとで要保護児童の成長と発達を保障すると同時に，何らかの問題や課題を抱える子どもに対して，愛着関係の形成や基本的生活習慣の形成など，子どもの自立支援を行うという観点からも，子どもの健全な育成を保障する制度といえます。

　里親制度の拡充を図るために，里親手当の引き上げや，里親に対する相談支援を行う「里親支援機関事業」が実施されています。また，2011年には，里親委託優先の原則を明示した「里親委託ガイドライン」を策定し，2012年度より里親支援専門相談員を児童養護施設と乳児院に配置し，里親の孤立防止など里親支援の体制を整備しながら，里親委託を推進しています。

　また，2017年度から里親制度の普及啓発から里親の選定，里親と子どもの調整，子どもの養育に関する計画策定までの里親支援と，養子縁組に関する相談，情報提供，助言などの援助が都道府県（児童相談所）の業務として位置づけられました。さらに養子縁組里親が法定化され，研修が義務化されました。

　国は，里親制度の普及に向けて，2019年度より都道府県が行う里親に関する業務として「里親養育包括支援（フォスタリング）」事業が位置づけられました。これにより，里親制度の広報活動，里親への研修事業，子どもと里親のマッチング，里親養育への支援など総合的な里親養育支援が進められています。

　しかし，里親制度が拡充しない背景には，①里親制度に対する社会的認知度が低く，委託可能な登録里親が少ない，②児童相談所が里親委託業務に充分に関わることができず，個別の里親への支援が行き届いていない，③実親の同意の問題，④子どもの問題の複雑化等の課題があります。里親制度の重要性について社会的理解を広め，里親が子どもを養育するための充分な整備など，諸課

題に取り組む必要があるでしょう。

（7）小規模住居型児童養育事業（ファミリーホーム）

　様々な事情で実の親と暮らせない子どもたちを引き取り，家庭で養育する「里親ファミリーホーム」と呼ばれる取り組みが行われていましたが，2008年の「児童福祉法」改正により新たに国によって事業化され，「小規模住居型児童養育事業」が実施されることになりました。養育者の住居において5〜6人の要保護児童を養育することになります。新たに養育者の要件等事業に関わる規定や，都道府県の監督などに関わる規定が定められました。

　里親が大幅に増えない現実のなかで，社会的養護が必要な子どもたちの多くは施設での生活を送っています。施設の小規模化，子どもの生活の質の向上，虐待等による治療的ケア等を図るために，施設，里親に次ぐ第3の選択肢として期待されています。

（8）特別養子縁組

　新しい社会的養育の取り組みとして，養護のパーマネンシー保障としての特別養子縁組等の推進体制の構築があげられています。「特別養子縁組」とは，子どもの福祉を図るために，養子となる子どもの実親（生みの親）との法的な親子関係を解消し，実の子と同じ親子関係を結ぶ制度です。「特別養子縁組」は，養親になることを望む夫婦の請求に対し，規定の要件を満たす場合に，家庭裁判所の決定を受けることで成立します。

　しかし，「実父母の同意」，「上限年齢」などの要件が理由で，この制度を利用できなかった事例もあります。そのため，児童養護施設に入所中の子どもに家庭的な養育環境を提供するためには，特別養子縁組の成立要件等の緩和が指摘され，法改正が行われました。養子縁組の審判によって特別養子縁組は成立しますが，2019年の「民法」改正では，その申し立てのときに，子どもの年齢が原則「6歳未満」が「15歳未満」に引き上げられました。また，特別養子縁組の成立の手続きの見直し（家事事件手続法及び児童福祉法の改正）も行われまし

た。

　特別養子縁組の制度が整備されることで，養親の手続きにかかる負担も軽減され，制度利用の機会が拡大することが期待されます。しかし，特別養子縁組制度は，里親制度と異なり，子どもがその家庭に入った，という扱いになるため，成立後の公的な支援がありません。「子どもの最善の利益」を保証するためにも継続的な相談支援体制が必要と思われます。

（9）社会的養護に関する課題

1）家庭養護の推進

　現在，日本の社会的養護は，約8割が乳児院や児童養護施設，約2割が里親やファミリーホームとなっています。今後は，里親及びファミリーホーム，グループホーム，本体施設ケア（児童養護施設はすべて小規模ケア）がそれぞれ3分の1になるよう変革が求められています。

　「都道府県社会的養育推進計画の策定要領（2018年）」では，国においては，「概ね7年以内（3歳未満は概ね5年以内）に乳幼児の里親等委託率75％以上」，「概ね10年以内に学童期以降の里親等委託率50％以上」の実現に向けて取り組みを推進する計画ですが，地域格差の問題も含めさらなる取り組みが必要です。

　さらに，里親制度の拡充が進まない背景には，里親制度に対する認知度の低さ，里親登録数が少ない，里親に対する個別指導が不充分など様々な要因が考えられます。里親制度の重要性について社会的理解を広め，保育所や学校，医療保健，子育て支援に至るまで里親家庭への配慮を行うなど里親が子どもを養育するための充分な整備など，諸課題に取り組む必要があります。

　2016年の「児童福祉法」改正では，社会的養護のあり方についても明記され，里親を含む「家庭養護」を原則とし，これが適当でない場合に施設入所とする，その場合も「家庭的環境」での養育を義務とする内容となっています。代替的養育を受ける子どもへの適切なケアは，子どもの権利保障の観点からも重要であり，公的責任において実施されなければなりません。子どもの福祉の視点からも，里親制度の充実強化，施設の小規模化と機能強化は大きな課題です。

2）子どもの自立支援

　1997年の「児童福祉法」の改正によって，子どもの自立支援に対する方向性が位置づけられ，児童養護施設などの施設の目的に「自立を支援すること」ということが明記されました。また，自立援助ホームが「児童自立生活援助事業」として位置づけられました。退所後の子どもが安心して自立していくための支援は必要なことですが，そのための制度的な整備はまだ不充分だといえます。

　施設で生活している子どもの進学率は，一般の家庭の子どもと比較しても低く，社会的養護のもとで暮らす子どもの高校進学率はここ数年上昇傾向にありますが，大学や専修学校等への進学率は児童養護施設児が約33.1％，里親委託児が約58.5％で，全高卒者の約74.2％（2019年5月1日時点）と比べて極めて低くなっています（「社会的養育の推進に向けて」2022年）。さらに中卒・高校中退者の就職難，身元保証人確保の問題，就職しても収入が低く自立生活が困難な子どもも多く見られます。「児童福祉法」では，18歳まで児童福祉施設に在所させる措置が規定されており，必要な場合のみ20歳まで措置延長が可能となっています。そのため進学後の措置延長の問題も見られます。こうした子どもたちを受け入れる施設として，自立援助ホームがありますが20歳まで（大学等就学中の場合は22歳まで認められることもある）で，量的にも充分とはいえません。

　施設で生活している子どもが社会的に自立していく時点で，一般の家庭で育った子どもと差がない状態で巣立つことができるように，その能力に応じた高等教育や職業訓練を受けられるよう保障する必要があるでしょう。さらに，児童養護施設退所後の自立援助ホームの拡大や通所児童等アフターケアの充実，措置延長が弾力的に必要に応じて行われることが求められます。

　また，施設を退所した子どもたちへの自立支援として，就職やアパート等の賃借などの際の身元保証人の確保や退所者支援を行う民間団体，医師，弁護士などの専門家と連携しながら，子どもたちの支援活動も行われています。しかし，発達の課題などを抱える子どもが増えてきており，今後は行政機関，民間団体が連携した地域における福祉支援が，子どもたちの自立を支える上で重要

になります。

2　ひとり親世帯の施策

　ひとり親家庭の福祉施策の基本法は，1964年7月に制定された「母子福祉法」です（1981年に「母子及び寡婦福祉法」に改称）。この法律では，母子家庭を中心として展開されてきましたが，近年は父子家庭の問題も注目されるようになりました。そのため，2014年10月に「母子及び父子並びに寡婦福祉法」と改称されました。この法律においては，「母子家庭等」と「寡婦」を対象としています。「母子家庭等」とは，「母子家庭」および「父子家庭」のことをいい，「父子家庭」は母子福祉施策の一部として実施されるようになりました。

（1）ひとり親世帯の現状

　「2016年度全国ひとり親世帯等調査結果」では，「母子世帯」は123万2,000世帯，「父子世帯」は18万7,000世帯となっています（図表6-11）。前回の調査（2011年）と比較すると母子世帯，父子世帯とも減少しています。ひとり親世帯になった理由では，2016年では離婚によるものが最も多く，母子世帯は全体の79.5％，父子世帯は75.6％になっています。また，死別によるものが，母子世帯8.0％，父子世帯19.0％，未婚によるものでは，母子世帯8.7％，父子世帯0.5％となっています。

　ひとり親家庭の就業状況を見ると，母子世帯の81.8％が就業しています。そのうち正規の職員は44.2％，パート・アルバイト等は43.8％で非正規雇用の割合が高くなっています。一方，父子世帯の場合は85.4％が就業しており，そのうち正規の職員は68.2％，自営業が18.2％，パート・アルバイト等は6.4％で，半数以上が正規雇用となります。平均年間就労収入は母子世帯で200万円，父子世帯で398万円となります。これは，児童のいる世帯の平均所得を100として比較すると，母子世帯49.2，父子世帯81.0にすぎません。「2019年国民生活基礎調査」によると，子どもがいる現役世帯の相対的貧困率では，大人が2人以

図表6-11 母子世帯・父子世帯の現状（2016年）

		母子世帯	父子世帯
1	世帯数（推計値）	123.2万世帯 （123.8万）	18.7万世帯 （22.3万）
2	ひとり親世帯になった理由	離婚79.5%（80.8） 死別 8.0%（ 7.5） 未婚 8.7%（ 7.8）	離婚75.6%（74.3） 死別19.0%（16.8） 未婚 0.5%（ 1.2）
3	就業状況	81.8% （80.6）	85.4% （91.3）
	うち正規の職員・従業員	44.2% （39.4）	68.2% （67.2）
	うち自営業	3.4% （ 2.6）	18.2% （15.6）
	うちパート・アルバイト等	43.8% （47.4）	6.4% （ 8.0）
4	平均年間収入（世帯の収入）	348万円 （291）	573万円 （455）
5	平均年間就労収入 （母又は父の就労収入）	200万円 （181）	398万円 （360）

注：1）（ ）内の値は，前回（2011年度）の調査結果を表している。
　　2）「平均年間収入」及び「平均年間就労収入」は，2019年の1年間の収入。
出所：厚生労働省「全国ひとり親世帯等調査結果の概要（平成28年度）」2017年，一
　　　部改変

　上の世帯は10.7％，大人が1人の世帯は48.1％という高い水準になっています。
これらのことから，ひとり親世帯，特に母子世帯の経済面での問題が大きいと
いえます。
　ひとり親家庭の養育費受取率を見ると，養育費の取り決めをしているのは，
母子世帯で42.9％，父子世帯で20.8％です。受給状況は，母子世帯で24.3％，
父子世帯で3.2％です。子どもは母親に引き取られるケースが多いため，母子
家庭の多くが子どもの養育費を負担していることがわかります。
　子どもの進学に関しては，子どもの最終進学目標を「大学・大学院」とする
親は母子世帯で46.1％，父子世帯で41.1％となっています。しかし，実際の進
学状況は，2016年度全世帯では高校等への進学率は98.9％，大学等（専修学校
等を含む）は73.2％ですが，ひとり親家庭では高等学校等96.3％，大学等（専修
学校等を含む）58.5％となっています（「学校基本調査（平成28年度）」）。全世帯と

比較するとひとり親家庭の子どもの大学等への進学は，未だ大きな差があると
いえます。

（2）ひとり親世帯施策

　ひとり親家庭に対する支援は，「母子及び父子並びに寡婦福祉法」などに基
づき，①子育て・生活支援，②就業支援，③養育費確保支援，④経済的支援，
を柱として総合的な自立支援が行われています。

1）子育て・生活支援

　ひとり親家庭が自立した生活を送るため，安心して子育てと仕事の両立がで
きるように支援する必要があります。

　福祉事務所では，ひとり親家庭および寡婦に対し，生活一般についての相談
指導や母子父子寡婦福祉資金に関する相談・指導を行います。各自治体では，
「ひとり親家庭等日常生活支援事業」が行われています。ひとり親家庭および
寡婦が修学や傷病などによって，一時的に介護・保育等の日常生活を営むのに
支障がある場合に，家庭生活支援員を派遣して家事援助や保育サービスなど日
常生活の世話が行われています。

　また，自治体によって，「ひとり親家庭等生活向上事業」として，母子家庭，
父子家庭，および寡婦の生活における諸問題の解決や育児・健康管理など生活
の安定を図るために，「相談支援事業」や「家計管理・生活支援講習会事業」，
「学習支援事業」，「情報交換事業」など地域の実情に応じて実施しています。

　子ども・子育て支援新制度に基づく保育や地域子ども・子育て支援事業など
のサービスにおいても母子家庭等の仕事と子育ての両立支援が行われています。
「子育て短期支援事業」として，保護者の残業や疾病などの理由で，一時的に
子どもの養育が困難になった場合，子どもを児童養護施設等で一時的に預かる
「短期入所生活援助（ショートステイ）事業」が行われています。また，保護者
が，仕事その他の理由により平日の夜間または休日に不在となった場合，児童
を児童養護施設等において生活指導や，食事の提供などを行う「夜間養護等
（トワイライト）事業」も行われています。

また，保育所への優先入所も配慮されています。保育所の入所に際して，ひとり親家庭が経済的自立のため就労せざるを得ない事情であることを充分留意し，ひとり親家庭等の福祉が増進されるよう特別な配慮が行われています。

　住宅についても，ひとり親家庭が，安心して子育てと就業又は就業のための訓練との両立ができるよう安定した居住を確保し，生活面での支援体制を整備することも重要です。そのため，地方公共団体が公営住宅の供給を行う場合，ひとり親家庭等の福祉が増進されるよう特別の配慮が行われています。自治体によって実施方法が異なりますが，優先的に入居できる母子世帯枠の確保，収入が低い場合の家賃の減免制度などがあります。

　新型コロナウイルスの感染拡大等により困窮するひとり親家庭をはじめとした要支援世帯の子ども等を対象として，2021年度からひとり親家庭等の「子どもの食事等支援事業」が実施されています。子ども食堂，子ども宅食，フードパントリー等を実施する事業者を対象として広域的に運営支援，物資支援等を行う民間団体（「中間支援法人」）を公募し，その取り組みに要する経費を助成することにより，子どもの貧困や孤独・孤立への緊急的な支援を行うものです。

2）就業支援

①　マザーズハローワーク事業

　全国のハローワーク（公共職業安定所）において，母子家庭の母等を含み，就職を希望する子育て女性等に対する就職支援サービスの提供を行っています。支援サービスの内容は，職業相談・職業紹介や，仕事と子育てが両立しやすい求人情報の収集・提供等，さらに保育サービス関連情報の提供等などが実施されています。

②　母子家庭等就業・自立支援センター事業

　2003年度から，都道府県，指定都市・中核市において，母子家庭等就業・自立支援センターを設置し，母子家庭等の母親等に対して，就業相談，就業支援講習会の実施，就職情報の提供など一貫した就業支援サービスや養育費相談など生活支援サービスを提供しています。

③　母子・父子自立支援プログラム策定事業

児童扶養手当受給者の自立支援のため，福祉事務所等に自立支援プログラム策定員を配置し，ハローワーク等関係機関との連携の下，それぞれのケースに応じた母子・父子自立支援プログラムを策定する事業が開始されました。また，児童扶養手当受給者の状況，ニーズ等に応じたきめ細やかな就労支援を行う生活保護受給者等就労自立促進事業も実施されています。

④　自立支援教育訓練給付金

母子家庭の母及び父子家庭の父が教育訓練講座を受講し，修了した場合に，その受講料の一部を支給する自立支援教育訓練給付金事業が実施されています。実施主体は，都道府県，市等の地方公共団体です。受給対象者は，児童扶養手当の支給を受けているか同等の所得水準で，雇用保険の教育訓練給付の受給資格がない，適職に就くため教育訓練が必要とみとめられた母子・父子家庭の母・父です。

⑤　高等職業訓練促進給付金

看護師，保育士，介護福祉士，理学療法士など，母子・父子家庭の母・父が就職に必要な資格取得をするために養成機関において2年以上のカリキュラムを修業する場合，生活費の負担を軽減するために高等職業訓練促進給付金が都道府県等から支給されます。支給対象期間は2年が上限となります。

⑥　自立支援教育訓練給付金事業

雇用保険の教育訓練給付の受給資格がない母子・父子家庭の母・父が，パソコン，ホームヘルパーなどの教育訓練を受けるにあたり，講座の受講に要した費用の一部を教育訓練修了後に助成する制度です。雇用保険法の「教育訓練給付金」と併給できます。母子・父子家庭の母・父などの職業能力を開発し，より良い条件での就職を支援するために2003年度から実施されています。

⑦　高等学校卒業程度認定試験合格支援事業

ひとり親家庭の親が高卒認定試験合格のための講座（通信講座を含む）を受講し，修了した時及び合格した時に受講費用の一部（最大6割，上限15万円）が支給されます。ひとり親の学び直しを支援することで，より良い条件での就職や

転職に向けた可能性を広げ，正規雇用を中心とした就業につなげていくために2015年度に創設されました。

3）養育費確保支援

「養育費」とは，社会的，経済的に自立していない子どもが自立するまでにかかる費用のことですが，離婚しても親は子どもに対して扶養義務があります。しかし，現実には「養育費」を受給している世帯は多くありません。養育費の支払い状況を改善するために，2007年10月から「養育費相談支援センター事業」が開始され，養育費相談支援センターが設置されました。ここでは，相談受付，養育費専門相談員を対象とした研修，ホームページや情報誌の配布等による情報提供が行われます。

また，2011年「民法」改正によって，協議離婚で定めるべき「子の監護について必要な事項」の具体的例として，養育費の分担と親子の面会交流が明示されています。

2019年に改正された「民事執行法」（2020年4月施行）によって元配偶者から養育費が支払われなくなった場合，第三者からの情報取得手続きなどの制度が新設されました。これにより，養育費を回収するために元配偶者の給料や銀行口座の差押えをする手続きが可能になりました。

4）経済的支援

① 遺族基礎年金・遺族厚生年金

死別により母子家庭が受給できる年金は，国民年金制度による「遺族基礎年金」と厚生年金制度による「遺族厚生年金」があります。死別父子家庭は，遺族厚生年金の対象となるのは55歳以上の場合で，受給するには遺族の範囲や納付期間等について，一定の要件があります。

② 児童扶養手当

父と生計を同じくしていない児童に手当てを支給し，その家庭の生活の安定を図ることにより，子どもの福祉の増進に寄与することを目的として「児童扶養手当法」が1961年1月に施行されました。

児童扶養手当は，父母の離婚等による母子世帯あるいは父子世帯などを支給

対象としています。公的年金各法による年金給付を受けることができるときは
支給されません。詳細は，第3章を参照してください。

　③　母子・父子福祉資金，寡婦福祉資金の貸付

　母子・父子家庭の経済的自立を図る制度として，母子・父子福祉資金，寡婦
福祉資金の貸付制度があります。母子福祉資金貸付制度が1952年に創設され，
1969年に寡婦福祉資金の貸付制度が制定されました。また2014年10月からは，
法改正により，制度の対象が父子家庭の父親と子ども本人にも拡大されました。

　母子・父子福祉資金制度の実施主体は，都道府県・指定都市・中核市で，貸
付対象は20歳未満の子どもを扶養している配偶者のいない女子・男子あるいは
子ども本人です。

　寡婦福祉資金制度は，寡婦（配偶者のない女子であって，かつて母子家庭の母で
あったもの）と，40歳以上の配偶者のない女子であって母子家庭の母および寡
婦以外のものを対象としています。貸付の内容等は母子福祉資金制度と同様で
すが，扶養する子どものいない寡婦，40歳以上の配偶者のない女子には，所得
制限（203万6,000円以下）が設けられています。

（3）施設等に関する支援

　母子福祉関係施設として，「児童福祉法」による「母子生活支援施設」と，
「母子及び父子並びに寡婦福祉法」による母子・父子福祉施設として，「母子・
父子福祉センター」，「母子・父子休養ホーム」があります。

　母子生活支援施設は，1997年の「児童福祉法」改正によって，「母子寮」か
ら「母子生活支援施設」に改称されました。母子家庭に住居を提供し，母子を
保護するだけではなく，母子家庭の自立に向けてその生活を支援していく機能
を備えています。

　母子・父子福祉センターは，無料または低額な料金で，母子・父子家庭に対
し各種の相談や，生活指導，就業の指導等を行う施設です。また，母子・父子
休養ホームは，母子・父子家庭に対しレクリエーションその他休養などのため
に利用できます。

（4）ひとり親家庭・多子世帯等自立応援プロジェクト（すくすくサポート・プロジェクト）

　これまで述べたひとり親家庭等に対する支援は，「母子及び父子並びに寡婦福祉法」等に基づき実施されてきました。しかし，経済的に厳しい状況に置かれたひとり親家庭は増加傾向にあります。それらの家庭が自立するためには，①支援が必要な者に行政のサービスを充分に行き届けること，②複数の困難な事情を抱えている者が多いため，一人ひとりに寄り添った支援が必要，③一人で過ごす時間が多い子どもたちに対し，学習支援も含めた温かい支援が必要，④安定した就労による自立の実現など，相互的な支援が必要です。そのため，2015年12月に「ひとり親家庭・多子世帯等自立応援プロジェクト」と「児童虐待防止対策強化プロジェクト」をまとめた「すくすくサポート・プロジェクト」が策定されました。ひとり親家庭・多子世帯等自立応援プロジェクトは，自立に向けた就業支援を基本とし，子育て・生活支援，学習支援などの総合的な支援を充実することとしています。

　具体的には，①支援につながる，②生活を応援，③学びを応援，④仕事を応援，⑤住まいを応援，⑥社会全体で応援という6つの柱にそって次のような施策が推進されています。

　①　自治体の相談窓口のワンストップ化の推進
　②　放課後児童クラブ等の終了後に，ひとり親家庭の子どもの生活習慣の習得・学習支援や食事の提供等を行うことができる居場所づくり
　③　児童扶養手当の機能の充実
　④　教育費の負担軽減など子どもの学習支援の充実
　⑤　就職に有利な資格の取得の促進
　⑥　ひとり親家庭等に対する住居確保支援
　⑦　「子どもの未来応援国民運動」の推進　など

　児童扶養手当の機能の充実については，第2子・第3子以降の加算額が最大で倍増され，2016年8月から施行されています（同年12月から支給）。

（5）課　題

　先に述べたように，経済的に厳しい状況に置かれたひとり親家庭の自立のためには，就業支援に加え，子育て・生活支援，養育費の確保支援，経済的支援を含めた総合的な支援が必要になります。また，貧困の連鎖を防止するための教育費負担の軽減や子どもの学習支援，個々の家庭が抱える課題に対応した寄り添い型支援が求められています。さらに，コロナ禍による影響が長期化する中で，低所得のひとり親世帯への経済面での負担は更に大きくなっています。特に母子世帯の場合，最も大きな打撃を受けたサービス業の非正規雇用を担っていたため，休業や失業などで生活はより厳しいものとなり，休校やテレワークで家事や育児の負担とストレスによる心身の負担など，母子世帯の暮らしの厳しさが露わになりました。

　ひとり親家庭支援について，子育て・生活支援，就業支援など様々な支援施策が実施されていますが，必要な支援がひとり親家庭に知られておらず，支援を充分活用できていない現状があります。さらに，複数の困難を抱えているひとり親家庭に対して，個々の課題に適切に対応し支援につないでいく質の高い相談がなされているとはいえない状況です。そのため，支援を必要とするひとり親が相談窓口につながるように認知度を高めること，また，相談窓口で，子育て・生活に関する内容から就業に関する内容まで，ワンストップで相談に応じることができる体制の整備が求められます。

　子どもの教育に関しても支援が必要となります。子どもの進学率については，ひとり親家庭では全世帯と比較しても低い割合になっています。子どもが生育環境に左右されず，健やかに育成されるような環境整備，教育の機会均等等を図る必要があります。そのためには学習支援，養育相談，子どもの居場所づくりなど総合的・包括的な支援が必要となります。また，子どもの進学に必要な費用の貸付など経済的支援の充実が求められます。

　養育費の確保支援については，さらに取り組みが必要です。養育費を負担するのは父母の共同責任ですが，子どもは母親に引き取られるケースが多く，父親から養育費を受け取っているのはわずか2割にすぎません。2007年から「養

育費相談支援センター事業」が開始されたにもかかわらず，養育費の受給は伸びていません。わが国の離婚の9割は，協議離婚によるものですが，養育費を決めることは求められていません[6]。そのため，離婚前における養育費の取り決めを促すために，地方自治体における弁護士による養育相談の実施を支援し，パンフレットなどで養育費に関する法的な知識を解説するなどの取り組みも検討されています。

3 障害のある子どもへの施策

（1）障害児とは

「児童福祉法」によると，障害児とは，身体に障害のある児童，知的障害のある児童，精神に障害のある児童（発達障害者支援法に規定する発達障害児を含む）又は治療方法が確立していない疾病その他の特殊の疾病がある児童を含みます。「発達障害者支援法」では，自閉症・アスペルガー症候群，LD（学習障害），ADHD（注意欠陥多動性障害）などを「発達障害」と定義しています。つまり，障害児とは，知的な遅れ，身体や脳機能の障害，難病などのために日常生活の困難を生じ，特別な配慮を必要とする子どもといえます。

　身体障害児とは，「身体障害者福祉法」における「視覚障害，聴覚又は平衡機能障害，音声又は言語機能障害，内部障害」のある子どもで，「身体障害者手帳」の対象となります。

　知的障害児の定義はありませんが，厚生労働省によると，知能検査で知能指数がおおむね70以下の「知的機能の障害」と日常生活の支障の程度による「日常生活能力」によって判定され，「療育手帳」の対象となります（「知的障害児（者）基礎調査」2005年）。

　精神障害者とは，「精神保健及び精神障害者福祉に関する法律」において，統合失調症，精神作用物質による急性中毒又はその依存症，知的障害，精神病

▷6　2011年の「民法」改正によって，「面会交流」と「監護費用（養育費）の分担」が協議事項として明記されたが，これは離婚の条件ではない。

質その他の精神疾患を有する者とされています。「精神障害者保健福祉手帳」
が交付されます。

　発達障害は，「発達障害者支援法」では「自閉症，アスペルガー症候群その
他の広汎性発達障害，学習障害，注意欠陥多動性障害その他これに類する脳機
能の障害であってその症状が通常低年齢において発現するもの」さらに「発達
障害及び社会的障壁により日常生活又は社会生活に制限を受けるもの」と定義
されています。

　「生活のしづらさなどに関する調査（全国在宅児・者等実態調査）」によると，
18未満の身体障害者手帳所持者は，2016年12月1日現在で0～9歳が3万
1,000人，10～17歳が3万7,000人と推計されます。障害等級は1級，2級の重
い障害を持つ身体障害児は0～9歳が2万2,000人（71.0%），10～17歳が2万
3,000人（62.2%）で，重度の障害児の占める割合が高くなっています。同調査
で，療育手帳を持つ在宅の身体障害者（児）は96万2,000人です。そのうち18
歳未満の知的障害児は，21万4,000人で全体の22.2%です。障害の程度では
「重度」は全体の18.5%で，その他は24.8%となります。

（2）障害のある子どもへの福祉施策の流れ

　戦後の障害児への施策は，1947年「児童福祉法」成立によって，児童福祉施
設として精神薄弱児（現・知的障害児）施設，肢体不自由児施設，盲ろうあ児施
設が運営されました。戦後の高度経済成長期になると，核家族の増加や家庭機
能の変化によって子どもの扶養や養育に問題が生じてきました。自殺や非行，
また交通事故や公害による障害児の増加に伴い障害児の親子心中など多くの子
どもが犠牲となり，社会問題となりました。

　これにより児童福祉の見直しや障害児対策が進められ，「特別児童扶養手当
等の支給に関する法律」「特別福祉手当」などの法整備が行われました。また，
通園施設やホームヘルパー制度が作られ，障害児施設や養護学校（2007年に特
別支援学校に名称変更）が設置されるなど福祉と教育制度の整備が行われました。
重度障害児や重複障害児についても，療育や教育，リハビリテーションなどの

福祉サービスが展開されました。

　1995年に「障害者プラン──ノーマライゼーション7か年戦略」が策定され，これにより施設福祉から在宅福祉への転換（共生社会）が進められてきました。2003年には，身体障害者，知的障害者におけるサービスが措置制度から利用契約制度が導入され，支援費支給方式に改正されました。それに伴い，障害がある子どもたちの在宅におけるサービスも支援費制度が適用されました。行政がサービス提供を決定する「措置」から事業者との「契約」によるサービスの利用となったことで，サービスや事業者の選択が可能になるなど，サービス利用に関する自己決定や利用者本位という考え方が基本となりました。

　2006年には「障害者自立支援法」（現・障害者総合支援法）が施行され，初めて障害の種類にかかわらず市町村を実施の責任主体として施策が一元化され，これまでのサービス体系が編成されました。これに伴い，児童福祉法に規定された育成医療は，自立支援医療として障害者の医療支援と一体化し，18歳未満の障害児についての居宅サービスと補装具も統合されました。

　さらに，同法の附則に基づいて，障害児支援の見直しが検討され，障害のある子どもについても住み慣れた地域で障害のある子どもがない子どもとともに暮らす社会（インクルーシブ社会）の実現が目標に掲げられるようになりました。

　これを受けて2010年の「児童福祉法」の改正では，障害児支援の強化等が進められました。障害児を対象とした施設や事業は，施設系は「児童福祉法」，居宅・通所事業は「障害者自立支援法」に基づき実施されていましたが，居宅サービスを除くサービスは「児童福祉法」に規定が一本化されました。また，精神に障害がある子ども（発達障害児も含む）も「障害児」に含まれたほか，これまで障害種別に分かれていた障害児施設（通所・入所）は一元化され，「放課後等デイサービス」「保育所等訪問支援」の障害児通所支援と相談支援が創設され，また通所サービス主体を市町村に変更するなどの見直しが行われました。これらによって障害の状態に応じた専門的な支援と，身近な地域で支援が受けられるよう柔軟に対応できる仕組みとなりました。

　2016年の「児童福祉法」改正では，居宅訪問型児童発達支援が創設されたほ

か，保育所等訪問支援の支援対象の拡大，医療的ケア児に対する支援，障害児福祉計画策定義務などが規定されました。障害児支援のニーズの多様化にきめ細かく対応できるための支援の拡充や，サービスの質の確保・向上を図る環境整備などが進められることとなります。

（3）発達障害者支援法

　発達障害のある子どもについては，2014年には「発達障害者支援法」が制定され，これまで障害として含まれなかった自閉症，学習障害（LD），注意欠陥多動性障害（ADHD）などの発達障害児への対策が行われるようになりました。同法では，自閉症，アスペルガー症候群その他の広汎性発達障害，学習障害（LD），注意欠陥多動性障害（ADHD）その他これに類する脳機能に障害のある発達障害者の心理機能の適切な発達および円滑な社会生活を図るために国及び地方公共団体の責務を明らかにしています。また，発達障害の定義と法的な位置づけの確立，乳幼児期から成人期までの地域における一貫した支援の促進，専門家の確保と関係者の緊密な連携の確保，学校教育における発達障害者の支援，発達障害者の就労への支援，発達障害者支援センター[7]などの指定が定められています。

　2016年の改正によって，発達障害者の定義が「発達障害がある者であって，発達障害及び社会的障壁により日常生活又は社会生活に制限を受けるもの」（同法第2条）と「社会的障壁」が加えられました。さらに，教育において国及び地方公共団体は個別の教育支援計画の作成やいじめ防止等のための対策の推進など必要な措置を講じることが新たに盛り込まれました。

　▷7　発達障害者支援センター
　　「発達障害者支援法」第14条において，発達障害者支援センターは，①発達障害の早期発見，早期の発達支援等に資するよう，発達障害者及びその家族その他の関係者に対し，専門的に，その相談に応じ，又は情報の提供若しくは助言を行うこと，②発達障害者に対し，専門的な発達支援及び就労の支援を行うこと，③医療，保健，福祉，教育，労働等に関する業務を行う関係機関及び民間団体並びにこれに従事する者に対し発達障害についての情報の提供及び研修を行うこと，④発達障害に関して，医療，保健，福祉，教育，労働等に関する業務を行う関係機関及び民間団体との連絡調整を行うこと，などが規定されている。

（4）医療的ケア児及びその家族に対する支援に関する法律（医療的ケア児支援法）

　2021年6月に「医療的ケア児及びその家族に対する支援に関する法律（医療的ケア児支援法）」が成立（同年9月施行）しました。これにより各自治体は，保育所，認定こども園，家庭的保育事業等（家庭的保育事業，小規模保育事業，事業所内保育事業）や放課後児童健全育成事業，学校（幼稚園，小学校，中学校，義務教育学校，高等学校，中等教育学校及び特別支援学校）での医療的ケア児の受け入れに向けて支援体制を拡充する責務を負うことになります。

　具体的には，各自治体は，医療的ケア児が家族の付添いなしで希望する施設に通えるように，保健師，助産師，看護師や准看護師，またはたんの吸引等を行うことができる保育士や保育教諭，介護福祉士等の配置や，都道府県ごとに「医療的ケア児支援センター」を設立することが義務づけられており，医療的ケア児とその家族に困りごとがあった際には，ワンストップで対応できるようになることが期待されています。

（5）障害のある子どもへの福祉施策・制度

　具体的な障害児のためのサービスや支援については，母子保健施策における早期発見・予防施策，「障害児福祉施設」における専門的なサービスの提供，在宅での支援として「障害福祉サービス」があげられます。また，「障害者総合支援法」におけるサービス給付や，相談支援，療育支援，自立支援医療費の給付などがあります。障害のある子どもへのサービスや支援については，母子保健施策における早期発見・予防施策があります。障害児の発達支援・居宅支援として「児童福祉法」による障害児福祉施設における専門的なサービスの提供，療育支援，在宅支援などがあります。また「障害者総合支援法」における「障害福祉サービス」として居宅支援の介護給付や，相談支援，自立支援医療（育成医療）の給付などがあります。障害児支援，相談支援に関する障害福祉サービス等については，図表6-12を参照してください。

図表6-12　障害児が利用可能な支援の体系（専門施策）

	サービス名		
訪問系	居宅介護（ホームヘルプ）	自宅で，入浴，排せつ，食事の介護等を行う。	障害者総合支援法
	同行援護	重度の視覚障害のある人が外出する時，必要な情報提供や介護を行う。	
	行動援護	自己判断能力が制限されている人が行動するときに，危険を回避するために必要な支援，外出支援を行う。	
	重度障害者等包括支援	介護の必要性がとても高い人に，居宅介護等複数のサービスを包括的に行う。	
日中活動系	短期入所（ショートステイ）	自宅で介護する人が病気の場合などに，短期間，夜間も含め施設で，入浴，排せつ，食事の介護等を行う。	
障害児通所系	児童発達支援	日常生活における基本的な動作の指導，知識技能の付与，集団生活への適応訓練などの支援を行う。	児童福祉法
	医療型児童発達支援	日常生活における基本的な動作の指導，知識技能の付与，集団生活への適応訓練などの支援及び治療を行う。	
	放課後等デイサービス	授業の終了後又は休校日に，児童発達支援センター等の施設に通わせ，生活能力向上のための必要な訓練，社会との交流促進などの支援を行う。	
障害児訪問系	保育所等訪問支援	保育所等を訪問し，障害児に対して，障害児以外の児童との集団生活への適応のための専門的な支援などを行う。	
	居宅訪問型児童発達支援	重度の障害等により外出が著しく困難な障害児の居宅を訪問して発達支援を行う。	
障害児入所系	福祉型障害児入所施設	施設に入所している障害児に対して，保護，日常生活の指導及び知識技能の付与を行う。	
	医療型障害児入所施設	施設に入所又は指定医療機関に入院している障害児に対して，保護，日常生活の指導及び知識技能の付与並びに治療を行う。	
相談支援系	計画相談支援	【サービス利用支援】 ・サービス申請に係る支給決定前にサービス等利用計画案を作成 ・支給決定後，事業者等と連絡調整等を行い，サービス等利用計画を作成 【継続利用支援】 ・サービス等の利用状況等の検証（モニタリング） ・事業所等と連絡調整，必要に応じて新たな支給決定等に係る申請の勧奨	支援法
	障害児相談支援	【障害児利用援助】 ・障害児通所支援の申請に係る給付決定の前に利用計画案を作成 ・給付決定後，事業者等と連絡調整等を行うとともに利用計画を作成 【継続障害児支援利用援助】	児福法

出所：内閣府「子ども・子育て支援新制度の施行と障害児支援の充実について」2015年資料を一部改変。

1）障害の予防・早期発見・早期療育

身体障害が妊娠中または出産時が原因による場合，母子保健の向上により多くの障害が防止できるとされています。このため，「母子保健法」に基づく母子保健施策の充実強化と障害の予防と療育に関する研究が進められています。また，「母子保健法」に基づいた母子保健施策の一貫として妊産婦および乳幼児健康診査は，疾病や異常の早期発見の機会として重要です。保健所や医療機関・施設による，乳児，1歳6か月，3歳児健康診査等，また，早期新生児を対象として先天性代謝異常検査の実施によりフェニールケトン尿症[8]やクレチン症[9]の早期発見も可能になりました。

早期療育として，「母子保健法」に基づいた療育指導と「障害者総合支援法」に基づいた自立支援医療（育成医療）の給付，児童発達支援センター，保育所における障害児保育などが行われています。

2）施設サービス

障害のある子どもが利用する施設は，「児童福祉法」で規定された児童福祉施設です。2012年の施行された改正「児童福祉法」によって，障害種別ごとに分かれていた児童福祉施設が一元化され，障害の状態に応じた専門的な支援と，身近な地域で支援が受けられるよう柔軟に対応ができる仕組みになりました（図表6-13）。

障害児入所支援では，これまでの知的障害児施設，盲・ろうあ児施設，肢体不自由児施設，重症心身障害児施設などの入所施設で行われる支援になります。利用者は施設サービスの利用を児童相談所に申請し，支給決定後に施設と直接

▷8 フェニールケトン尿症

　アミノ酸の一つであるフェニールアラニンをチロシンというたんぱく質に変える酵素が，先天的に欠損しているために起こる病気。生後3週間くらいで嘔吐や不機嫌が現れ，知能や運動機能の発達の遅れが出てくる。

▷9 クレチン症

　生まれつき甲状腺ホルモンの分泌が少ない，先天性甲状腺機能低下症のこと。黄疸が続く，元気がない，体重が増えない，成長・発育の遅れが見られ，眼瞼が腫れぼったく，鼻は低く，いつも口をあけるなど顔つきに特徴が見られる。また，皮膚の乾燥，便秘などの症状も見られるが，これらの症状は乳幼児期以降に認められることが多い。ほとんどの場合，新生児期にマス・スクリーニング検査で発見される。

図表6-13　障害児施設・事業の一元化

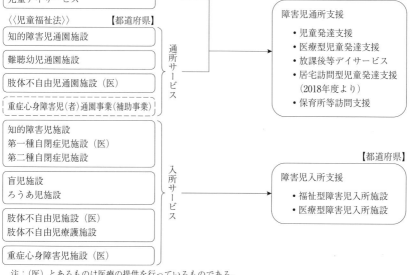

○　障害児支援の強化を図るため，障害種別ごとに分かれた施設体系について，通所・入所の利用形態の別により一元化。

〈〈障害者自立支援法〉〉　【市町村】
児童デイサービス

〈〈児童福祉法〉〉　【都道府県】
知的障害児通園施設
難聴幼児通園施設
肢体不自由児通園施設（医）
重症心身障害児(者)通園事業(補助事業)

通所サービス

知的障害児施設
第一種自閉症児施設（医）
第二種自閉症児施設

盲児施設
ろうあ児施設

肢体不自由児施設（医）
肢体不自由児療護施設

重症心身障害児施設（医）

入所サービス

〈〈児童福祉法〉〉　【市町村】
障害児通所支援
- 児童発達支援
- 医療型児童発達支援
- 放課後等デイサービス
- 居宅訪問型児童発達支援
（2018年度より）
- 保育所等訪問支援

【都道府県】
障害児入所支援
- 福祉型障害児入所施設
- 医療型障害児入所施設

注：(医) とあるものは医療の提供を行っているものである。
出所：厚生労働統計協会『国民の福祉と介護の動向　2021/2022』厚生労働統計協会，2021年，144頁に一部加筆。

契約を行うようになりました。福祉型障害児入所施設の対象児は，知的障害児，自閉症児，盲ろうあ児，肢体不自由児です。障害児の保護，日常生活の指導および自立に必要な知識技能の習得を行います。医療型障害児入所施設の対象児は，自閉症児，肢体不自由児，重症心身障害児で，障害児の保護，日常生活の指導，自立に必要な知識技能の提供および治療が行われます。

　障害児通所支援は，従来の「障害者自立支援法」における児童デイサービスと「児童福祉法」における障害児施設が一体となり，①児童発達支援，②医療型児童発達支援，③放課後等デイサービス，④居宅訪問型児童発達支援，⑤保育所等訪問支援となりました。

① 児童発達支援

　障害児を児童発達支援センター等に通わせ，日常生活における基本的な動作の指導，知識技能の付与，集団生活への適応訓練等を行います。

② 医療型児童発達支援

　上肢，下肢又は体幹の機能の障害がある子どもを，医療型児童発達支援センター，または指定医療機関に通わせ，児童発達支援や治療を行います。

③ 放課後等デイサービス

　学校通学中の障害児に対して，放課後や夏休みなどの長期休暇において，児童発達支援センターやその他児童発達支援事業を行っている施設その他の通所施設において，訓練等を継続的に行うことによって，障害児の自立を促進するとともに，放課後等の居場所づくりを推進します。

④ 居宅訪問型児童発達支援

　2016年の「障害者総合支援法」「児童福祉法」の一部改正によって，新設されました。2018年4月から施行されました。居宅訪問型児童発達支援は，重症心身障害児などの重度の障害児等で，児童発達支援等の障害児通所支援を受けるために外出するのが著しく困難な障害児に対して，居宅を訪問し発達支援を行うサービスです。日常生活における基本的な動作の指導や知識技能の習得などの支援を行います。

⑤ 保育所等訪問支援

　保育所等を利用している障害児，乳児院・児童養護施設に入所している障害児が，保育所等において集団生活に適応するための専門的な支援を必要とする場合に，保育所等を訪問して支援することにより，保育所等の安定した利用を促進します。支援の内容は，障害児本人に対して他の子どもとの集団生活への適応のための専門的な支援を行うとともに，当該施設の職員に対して障害児の特性に応じた支援内容や関わり方についての助言等を行います。

3）相談・支援等

　障害がある子どもに対する在宅サービスとして，相談・支援等があります。「計画相談支援」や「障害児相談支援」等があり，児童相談所，保健所，福祉

事務所，知的障害者更生相談所，発達障害者支援センターなどでも相談・支援が行われています。さらに，補装具の交付，特別児童扶養手当の支給，ホームヘルパーの派遣などがあります。

4）自立支援医療（育成医療）

育成医療の給付については，2005年10月に障害者自立支援法が成立し，2006年4月1日に育成医療は，「児童福祉法」から「障害者自立支援法」の自立支援医療に再編され，併せて制度改正が行われました。現在は「障害者総合支援法」に基づいて実施されています。身体に障害のある障害児の健全な育成を図るために行われる医療で，その障害児の生活の能力を得るために必要な医療を利用します。対象等は育成医療と同様で，診察，治療，入院，通院，訪問看護等に関わるものです。原則として1割の定率負担となっていますが，低所得層や高額治療が継続する場合など一定の負担軽減措置が行われます。

5）居宅サービス

居宅で生活をする障害のある子どもに対する居宅サービスは，主に障害者総合支援法に基づき給付されます。障害者総合支援法における給付には，自立した日常生活を送ることができるようにするために提供される「自立支援給付」（以下，①～⑤）と，地域の実情に応じて柔軟に行われる「地域生活支援事業」（以下，⑥，⑦）があります。下記は障害のある子どもに対する主な居宅サービスです。

① 居宅介護

重度の身体障害や知的障害又は精神障害・発達障害がある子どもに対して，居宅において入浴，排せつまたは食事の介護などのサービスを行います。訪問介護員を派遣し，家事・介護等日常の援助を送る上で必要なサービスを提供します。

② 同行援護

視覚障害により，移動に著しい困難を有する障害者等につき，外出時において，当該障害者等に同行し，移動に必要な情報を提供するとともに，移動の援護，排泄・食事等の介護，その他外出時に必要な移動などを行うサービスを提

供することです。

③　行動援護

　知的障害又は精神障害・発達障害により行動上困難を有し，常時介護を必要とする障害児・者に対して，自傷，異食，徘徊などの危険等を回避するために必要な援護，外出時における移動中の介護サービスを提供するものです。

④　短期入所（ショートステイ）

　保護者の疾病等で，居宅において介護が困難になった場合，一時的に障害児入所施設において，障害児が短期間入所し，その施設において，入浴，排せつ，食事などの介助，そのた必要な支援が利用できるサービスです。

⑤　重度障害者等包括支援

　常時介護を必要とする障害者等で，その必要性が著しく高い者に，ケアマネジメント，24時間対応などのサービスを提供する事業者が「サービス利用計画」に基づいて複数のサービスを包括的に提供するものです。

⑥　移動支援事業

　移動が困難な障害者（児）が充実した日常生活を営むことができるよう，社会参加等に必要な外出時の支援を行います。

⑦　日中一時支援事業

　日中において監護する者がいないため，一時的に見守り等の支援が必要な障害者等の日中における活動の場を確保し，障害者等の家族の就労支援及び障害者等を日常的に介護している家族の一時的な休息を図ります。

6）補装具等を提供するサービス

　身体機能の補完または代替，日常生活に必要な道具や設備等の給付として，補装具と日常生活用具等給付があります。

　補装具とは，車いす，義肢，歩行器など身体的欠損や機能の障害を補い，日常生活の助長を図るものをいいます。身体障害者手帳を交付されている者に対して，補装具の購入，修理をすることとされています。

　日常生活用具等給付とは，障害のある子どもを養育する家庭に対して，補助つえ，便器，点字器など日常生活に必要な道具や設備等の給付あるいは貸与で

す。

7）経済的支援

①　特別児童扶養手当

特別児童扶養手当は，「特別児童扶養手当等の支給に関する法律」に基づき，20歳未満で精神または身体に中程度以上の障害がある子どもを家庭で養育している父母または養育者に対し支給される手当です。支給額は障害児1人につき，1級（重度）が月額5万2,400円，2級（中度）は月額3万4,900円です（2022年4月現在）。父母等が所得制限額以上の所得がある場合は支給されません。

②　障害児福祉手当

障害児福祉手当は，特別児童扶養手当等の支給に関する法律に基づき，20歳未満で精神又は身体に重度の障害があり常時介護を必要とする障害児に対して手当てを支給することにより，福祉の増進を目的としたものです。支給額は，月額1万4,850円です（2022年4月現在）。児童入所施設又は社会福祉施設等に入所している者および障害を支給事由とする給付等（障害基礎年金等）を受けている場合は対象外となります。ただし，所得制限があります。

③　特別障害者手当

特別障害者手当は，20歳以上であって，身体・知的・精神の重度の障害により日常生活において常時特別の介護を要する状態にある人（障害基礎年金1級程度の障害が重複する方及びそれと同等程度以上と認められる人）に対して月2万7,300円が支給されます（2022年4月現在）。ただし，対象となる障害者が身体障害者療護施設などの施設に入所している，および3か月を超えて病院等に入院している場合には支給されません。また，こちらも所得制限があります。

④　心身障害者扶養共済（保険）制度

障害者扶養共済（保険）制度とは，障害児を扶養する保護者の死亡後，残された障害児の生活の安定と福祉の向上を図るため，保護者が掛け金を払い，その死後，障害児に終身年金を支給する制度です。

（6）学校教育における障害児への支援

　教育現場における障害児支援では，2007年4月からの学校教育基本法の一部改正によって，障害をもつ子どもの教育は「特殊教育」から「特別支援教育」へ変更されました。これまでは，障害の程度や種類に応じて，盲・聾・養護学校や特殊学級と分類して教育が行われてきましたが，特別支援教育への変更により，従来の障害種別を越えて，すべての学校において，障害のある児童生徒を受け入れることになりました。また，地域の学校での特別支援教育コーディネーター¹⁰の設置などが明示されました。さらに，新たに「学習障害（LD），注意欠陥多動性障害（ADHD），高機能自閉症等」の生徒もその対象となり個別の教育支援計画や指導計画が作成され，特別な配慮がされた教科書，専門的な知識や経験を持つ教職員，障害に配慮した施設・設備などを活用した指導が行われています。

　障害のある子どもの学校での日常生活支援や適切な教育支援を図るため，「障害のある子供の教育支援の手引き」や「特別支援学校設置基準」の公布によって障害のある子ども教育環境の整備などが行われています。また，教師の専門性の向上や障害のある子どものサポートを行う「特別支援教育支援員¹¹」の配置促進も行われています。発達障害の可能性がある子どもへの支援体制として，関係機関とも連携した支援体制が整備されています。

　子どもたちの学びに関して，障害のある子どもとない子どもの「交流及び共同学習」が行われています。これにより障害がある子どももない子どもも，互いに経験を深め，社会性を養い，豊かな人間性を育むとともに，尊重しあう機会を学ぶ学習機会を提供しています。

▷10　特別支援教育コーディネーター
　　　特別な教育ニーズを有する子どもやその保護者に対して適切な支援を行うため，地域の小・中学校に在籍する障害児に関する教育相談を受けるとともに関連諸機関との連携を調整する役割をもつ。また，教育支援計画の作成や保護者や担任へのカウンセリングなどを行う。

▷11　特別支援教育支援員
　　　障害のある児童生徒に対し，食事，排泄，教室移動の補助等学校における日常生活動作の介助を行ったり，発達障害の児童生徒に対し，学習活動上のサポートを行う。また，管理職や特別支援教育コーディネーター等と連携しながら，学級担任や教科担任等と打ち合わせを十分に行い，その補助をすることが基本的な役割。

（7）保育所等での障害のある子どもの保育（障害児保育）

　保育所等（保育所・認定こども園・幼稚園）では，集団保育が可能な中程度までの障害のある子ども，医療的ケア児，及び難病の子ども（以下，障害児）を受け入れ，障害のない子どもとの集団生活が適切に行われるように，保育士の配置に必要な経費の補助が行われてきました。現在，保育所における障害児の受け入れは広く実施されています。

　障害児保育を行っている保育所数は，厚生労働省によると2019年には約 1 万9,000か所，受け入れ児童数は約 7 万8,000人で，実施か所数・受け入れ児童数ともに年々増加しています（「地域における保育所・保育士の在り方に関する検討会（第 1 回）」）。保育所等を利用する障害児の年齢も障害も様々で多様化しているため，それぞれの発達状態や障害の程度に応じて必要な保育が実施されています。

　保育所等が障害児保育を実施するための制度として，障害児保育のための保育士加算補助金や障害児保育の職員養成が組まれているキャリアアップ研修のほか，保育所等訪問支援や発達障害者支援体制整備事業なども行われています。医療的ケア児を受け入れるための「保育所等での医療的ケア児の支援に関するガイドライン」も作成され，さらに障害児保育に係る研修，医療機関や療育センター，児童発達支援センターなど障害児保育における関係機関との連携など，障害に応じた保育所での適切な支援体制が図られています。

（8）課　　題

　「障害者総合支援法」の成立，「児童福祉法」の改正によって，障害のある子どもを地域生活の中で支援する法整備が行われてきました。「子ども・子育て支援新制度」においては，認定こども園・保育所・幼稚園での障害児の受け入れ，また放課後児童クラブや一時預かりなど「地域・子ども子育て支援事業」においても，障害のある子どもの受け入れが進められ，障害児への支援強化が図られてきました。

　そのため，障害児入所・通所施設における障害児サービスを利用する子ども

の数は年々増加し，厚生労働省によると2019年度の利用者児童数は2014年度の約2.3倍となりました（「障害児通所施設の現状等について」）。施設数も増加し，特に児童発達支援事業所と放課後等デイサービスの事業所数は，2014年度から2019年度にかけて，多くの都道府県で2倍以上の増加となっています。しかし，それぞれの施設数には，都道府県格差，県内市町村格差が見られます。また提供されるサービスにも格差が見られます。例えば，障害児通所支援施設の2割は「個別活動」（子ども1人に対し，職員1人が対応する活動）を行っておらず，児童発達支援事業所では約半数が行っていないという調査結果が出ています。

保育所等訪問支援においても利用者は増加傾向にあり，2018年4月には児童福祉法の一部改正で，乳児院や児童養護施設に入所する障害児にも対象が拡大されました。様々なニーズのある子どもたちの幼児期にふさわしい経験と発達の保障のために，多様な専門職種とともに，子どもへの支援が必要となります。しかし，保育所等訪問支援の実施にも地域格差が見られます。

女性の就業率の上昇とともに，保育所等の利用児童数や放課後児童クラブの利用児童数も増加しており，障害児サービスのニーズも増加すると考えられます。様々なニーズのある子どもたちが適切な支援・サービスが受けられるよう，質の保障と量的な拡充の両輪で取り組む必要があります。

また，医療的ケアが必要な子どもの数は増加傾向にあり，医療的ケア児の在宅療養は家族への大きな負担となっています。医療的ケア児を持つ家族の負担の軽減と同時に，医療的ケア児の発達においても保育や教育の場での経験の保障は重要です。どのような障害があっても，様々な経験を保障することが，子どもの最善の利益であり子どもの権利といえます。障害の有無にかかわらず，すべての子どもが成長・発達する機会を保障されるために，保育・教育分野における医療的ケア児への支援は求められるべき合理的配慮だといえます。2021年6月に成立した「医療的ケア児支援法」により，保護者の負担軽減への支援や，医療的ケア児が安心して保育園や学校へ通えるための施設側の人員配置や設備などの環境整備が図られ，「子どもの最善の利益」が保証されることが求められます。

4　母子保健施策

（1）母子保健とは

　「母子保健法」に基づき，母性および乳幼児の健康の保持・増進を図るために，保健指導，健康診査，医療援護その他のサービスを提供することで，国民保健の向上に寄与することを目的として取り組まれているものです。

　わが国の母子保健は，乳幼児や妊産婦の死亡率の改善や疾病の予防を主な目的として，保健指導や健康診査，医療対策などの母子保健施策を強化し，展開してきました。その結果，わが国の母子保健は世界的にも高水準に達しました。

　しかし，その一方で，核家族化や都市化，少子化，女性の社会進出の増加など，社会環境やライフスタイルは多様化し，新たな母子保健の課題も生じてきました。近年の増加する子ども虐待への対策として，母子保健施策が子ども虐待の発生予防，早期発見に重要な役割を担うと考えられています。子どもが健やかに生まれ，育つための環境づくりを推進するため，社会環境の変化に応じた母子保健施策の充実が求められています。

（2）母子保健に関する法律・施策

　母子保健に関する法律は，「母子保健法」を中心に，「児童福祉法」，「児童虐待防止法」，「予防接種法」，「結核予防法」など種々の法律に基づき展開されています。母子保健は，児童福祉のなかで行われてきましたが，1965年に「母子保健法」が制定されました。

　社会環境の変化に伴い，高まる新たな母子保健のニーズに対応するため，1994年には，住民により身近な母子保健サービスを目指して「母子保健法」が改正されました。さらに1997年には，3歳児健康診査などの基本的な母子保健サービスが市町村により提供されることになりました。

　1994年に策定された「エンゼルプラン」では，「安心して子どもを産み育てることができる　母子保健医療体制の充実」が掲げられ，地域における母子保

健医療体制の整備などが取り組まれました。それに続く，1999年に策定された「新エンゼルプラン」では，「乳幼児健康支援一時預かり事業」，周産期医療ネットワークの整備，不妊専門相談センターの整備等が盛り込まれました。

　さらに，妊産婦死亡や乳幼児の事故死亡など残された課題や，思春期における健康問題，子ども虐待など親子の心の問題など新たな課題，小児医療や地域母子保健活動の水準の低下防止などの課題について整理が行われました。それによって，21世紀の新たな母子保健の取り組みの方向性が示され，2000年に国民運動計画として「健やか親子21」が策定され，2001年からスタートしました。

　2013年11月に「健やか親子21」の最終評価報告書が取りまとめられ，2015年４月からの10年間計画として「健やか親子21（第２次）」が策定されました。現在第２次計画（2015〜2024年度）では新たな指標及び目標を設け取り組みが進められています（図表6-15）。「健やか親子21（第２次）」を進める観点から，母子保健計画策定指針が示され，各自治体に母子保健計画の策定を求めています。さらに，2015年から始まった「子ども・子育て支援新制度」では，母子保健に関して妊婦健康診査が地域子ども・子育て支援事業の一つに位置づけられました。

　子ども虐待の増加を背景に，子ども虐待の発生予防から自立支援までの強化を図るため2016年に児童福祉法等の一部改正が行われました。その改正では，「母子保健法」において，「子育て世代包括支援センター（法律上は母子健康包括支援センター）」の設置が努力義務として規定されました。この「子育て世代包括支援センター」を核として，医療機関等地域の関係機関と連携しながら，妊娠期から子育て期までの切れ目ない支援を提供する仕組みの全国展開が図られることとなりました。

　このように母子保健施策は，福祉，医療，教育，子育て支援など様々な分野と関わりながら進められてきました。しかし，母子保健に関わる課題は，妊娠，

▷12　乳幼児健康支援一時預かり事業
　　乳幼児健康支援一時預かり事業は現在では病児保育事業へと名称が変更されている。病児保育事業については第7章参照。

周産期・新生児期の母子のケア，思春期の心の健康，医療的ケア児の支援，虐待や子どもの貧困問題など未だ山積みです。妊娠期から子育て期まで切れ目のない医療・福祉等の提供・支援を行うため2018年12月に「成育基本法」が成立し，医療，公衆衛生，教育，福祉など幅広い分野において子どもの成育に関わる施策を連携させ，成育過程にある者に対して横断的な視点で総合的な取り組みが行われることになります。「成育基本法」をふまえて，「産後ケア事業」（2021年から母子保健法に位置づけ）と子育て世代包括支援センターの関係機関と連携しながら，妊娠期から子育て期まで切れ目のない医療・福祉等の提供，支援の体制が構築されることになります。「成育基本法」の詳細は，第3章を参照してください。

（3）母子保健施策の現状

　母子保健施策は，思春期から妊娠，出産，育児期，新生児期，乳幼児期，女性の更年期等を通じて，それぞれの時期に最もふさわしいサービスが提供できるよう，図表6-14に見られるように一貫した体系のもとに進められています。実施内容は主に健康診査，保健指導，医療対策等の基盤整備等が施策として展開されています。具体的な母子保健サービスを実施する主な機関は，保健所，市町村保健センター，子育て世代包括支援センター，子ども病院や小児医療センター等の乳幼児の総合的医療施設，さらに一般病院・診療所等があります。

1）健康診査等

①　健康診査

　妊産婦および乳幼児の健康診査は，妊産婦死亡や死産，乳児死亡の減少を図るとともに，リスクの早期発見による疾病などの発生を予防するうえでも重要です。

　妊娠した女性および乳児については，市町村や保健センターで行われる集団健康診査と，一般病院や診療所などで行われる個人健康診査があります。委託された医療機関で健康診査を受けることができ，必要に応じて精密検査が行われます。

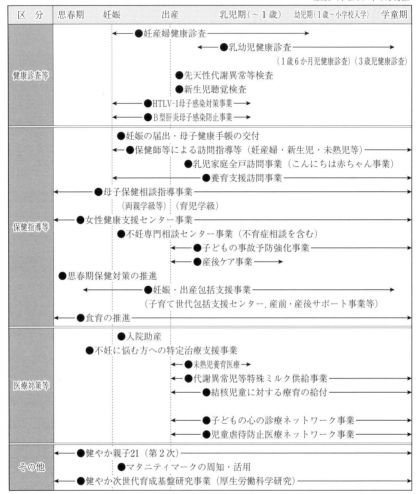

図表 6‑14　母子保健施策の体系

(2021（令和 3 ）年 4 月現在)

区　分	思春期	妊娠	出産	乳児期（〜 1 歳）	幼児期（1 歳〜小学校入学）	学童期

健康診査等
- ●妊産婦健康診査
- ●乳幼児健康診査（1 歳 6 か月児健康診査）（3 歳児健康診査）
- ●先天性代謝異常等検査
- ●新生児聴覚検査
- ●HTLV-1母子感染対策事業
- ●B型肝炎母子感染防止事業

保健指導等
- ●妊娠の届出・母子健康手帳の交付
- ●保健師等による訪問指導等（妊産婦・新生児・未熟児等）
- ●乳児家庭全戸訪問事業（こんにちは赤ちゃん事業）
- ●養育支援訪問事業
- ●母子保健相談指導事業（両親学級等）（育児学級）
- ●女性健康支援センター事業
- ●不妊専門相談センター事業（不育症相談を含む）
- ●子どもの事故予防強化事業
- ●産後ケア事業
- ●思春期保健対策の推進
- ●妊娠・出産包括支援事業（子育て世代包括支援センター, 産前・産後サポート事業等）
- ●食育の推進

医療対策等
- ●入院助産
- ●不妊に悩む方への特定治療支援事業
- ●未熟児養育医療
- ●代謝異常児等特殊ミルク供給事業
- ●結核児童に対する療育の給付
- ●子どもの心の診療ネットワーク事業
- ●児童虐待防止医療ネットワーク事業

その他
- ●健やか親子21（第 2 次）
- ●マタニティマークの周知・活用
- ●健やか次世代育成基盤研究事業（厚生労働科学研究）

出所：厚生労働省『厚生労働白書（資料編）令和 3 年版』2021年, 192頁。

　妊娠した女性の妊産婦健康診査は, 母子の疾病・障害の予防, 早期発見を目的に, 市町村が委託する病院, 診療所など医療機関または助産所において, 必要な検査や保健指導を受けることができます。2008年度第 2 次補正予算で健康

診査を必要な回数（14回程度）受けられるよう支援の拡充が図られました。なお，妊産婦健康診査は，新制度の「地域子ども・子育て支援事業」の一つに位置づけられています。

幼児については，1歳6か月児健康診査が市町村において行われます。ここでは，心身障害の早期発見，むし歯の予防，栄養状態などを中心に健康診査が行われます（「母子保健法施行規則」第2条第1項）。3歳児では，市町村において3歳児健康診査が行われます。ここでは，身体の発育，精神発達面や言語障害，視聴覚障害の早期発見などを目的として健康診査が行われます（「母子保健法施行規則」第2条第2項）。

2005年度からは，乳幼児健康診査において，「発達障害者支援法」の施行によって，子どもの発達障害の早期発見に留意することとされています。

②　先天性代謝異常等検査

フェニールケトン尿症などの先天性代謝異常や先天性甲状腺機能低下症（クレチン症）などの検査が行われています。早期発見，早期治療を行うことで知的障害など心身障害の発生の予防につながるため，すべての新生児を対象として，血液や尿を用いてのマス・スクリーニング検査が行われています。

③　新生児聴覚検査

聴覚障害の早期発見・早期療育を図るために，新生児に対して実施する検査です。新生児聴覚検査には，おおむね生後3日以内に実施する「初回検査」，初回検査においてリファー（要再検）であった児を対象として，おおむね生後1週間以内に実施する「確認検査」があります。検査方法は，音に対する聴神経，脳幹の電気的反応を調べる ABR と，乳児の音に対する反応（びっくりする，泣く，振り向くなど）を利用して聴力検査をする OAE があります。

④　感染対策・防止事業

母子感染防止対策として，B 型肝炎，HTLV-1（ヒト T 細胞白血病ウイルス-1型）の抗体検査，防止対策等が行われています。

2）保健指導等

保健指導として，「母子保健法」第9・10条に基づき，母性または乳児もしく

は幼児の健康の保持および増進のため，妊娠，出産または育児に関して相談に応じ，個別的または集団的に，必要な指導および助言を行うなど，母子保健に関する知識の普及に努めています。また，妊産婦もしくはその配偶者または乳児もしくは幼児の保護者に対して，妊娠，出産または育児に関し，必要な保健指導を行うなど，保護者に対する保健指導や，生涯を通じた女性の健康支援等を行っています。

① 妊娠届および母子健康手帳の交付

妊娠した女性は，妊娠の届出を行い，これに対して母子健康手帳が交付されます（「母子保健法」第16条）。

母子健康手帳は，妊娠，出産，育児に関する一貫した健康記録であり，また，妊娠と乳幼児に関する行政情報や，保健・育児情報を提供するものです。母子健康手帳は，妊婦から乳幼児まで一貫した母子保健対策を実施するために重要なものです。

② 訪問指導

「母子保健法」に基づき，必要に応じて，妊産婦，新生児，未熟児に対し，医師，助産師，保健師またはその他の職員が家庭を訪問して保健指導を行います。妊産婦に関しては，保健所等の医療機関で行われる結果に基づいて行われますが，保健衛生面に関する指導に加え，その家庭環境や生活環境からみて，妊産婦の健康の保持，増進に関する日常生活全般にわたる指導，栄養，疾病予防などの指導が妊産婦とその家族に対して行われます。

さらに，すべての乳児のいる家庭が対象であり，子育て支援に関する情報提供や養育環境等の把握を行い，必要なサービスにつなげる事業として，「乳児家庭全戸訪問事業（こんにちは赤ちゃん事業）」が実施されています。また，乳児家庭全戸訪問事業の実施結果等により，妊娠・出産・育児期に養育支援が特に必要と認められる家庭に対し訪問を行い，養育に関する指導・助言する「養育支援訪問事業」も行われています。

③ 生涯を通じた女性の健康支援事業

「母子保健相談・指導事業」として，個別の相談・指導のほか，新婚学級，

母親学級，両親学級，育児学級，子育て教室等，妊娠・出産・育児の不安の解消や育児仲間づくりを目的に，講義や参加者同士の交流によるグループ指導を行っています。

また，「女性健康支援センター事業」として，思春期から更年期に至る女性に対して，身体的・精神的な悩みに関する相談・指導が行われます。

④　不妊専門相談センター事業

不妊に悩む夫婦に対して，不妊に関する医学的・専門的な相談や不妊による心の悩み等について医師・助産師等の専門家が相談に対応したり，診療機関ごとの不妊治療の実施状況などに関する情報提供を行う「不妊専門相談センター事業」が実施されています。

⑤　妊娠・出産包括支援事業

地域レベルで結婚から妊娠・出産，子育て期に至るまで切れ目ない支援を行うために，母子保健や子育てに関する悩みへの相談対応や支援を実施している関係機関につなぐための「母子保健相談支援事業」，妊産婦の孤立感や育児不安の解消を図る「産前・産後サポート事業」などの事業からなる「妊娠・出産包括支援事業」が実施されています。2015年度には，妊娠期から子育て期までの様々なニーズに対して総合的相談支援を提供するための，ワンストップ拠点（子育て世代包括支援センター）を立ち上げ，地域の特性に応じた妊娠期から子育て期にわたるまでの切れ目ない支援を行う事業を実施しました。「産前・産後サポート事業」は，子育て世代包括支援センターの利用者で，身近に相談できる者がいないなど，支援を受けることが適当と判断された妊産婦等が対象です。

なお，「母子保健相談支援事業」は，2015年度より子ども・子育て支援新制度のもと創設された「地域子ども・子育て支援事業」において，新設された「利用者支援事業（母子保健型）」として実施されています。

⑥　産後ケア事業

2019年の「母子保健法」改正により，これまで予算事業として実施している市町村事業の「産後ケア事業」を母子保健法上に位置づけ，各市町村に実施の努力義務として法定化し，2021年4月から施行されました。家族から十分な支

援を受けることが困難で心身の不調や育児不安を抱える出産後1年以内の女子及び乳児に対して保健指導，療養に伴う世話，育児に関する指導もしくは相談その他の援助を行います。

実施類型としては①短期入所型，②通所型（デイサービス型），③居宅訪問型（アウトリーチ型）があり，病院，診療所，助産所その他厚生労働省令で定める施設で実施します。

⑦　子どもの事故予防強化事業，食育の推進

「子どもの事故予防強化事業」は，子ども（特に乳幼児）の事故（風呂場で溺死する事故，階段等から転落する事故など）の大部分は，予防可能であることから，親に対する意識啓発を行い，子どもの事故の予防強化を図ります。

「食育の推進」では，子どもの健やかな食習慣を培い，豊かな人間性を育むため，食育推進連絡会を設置するなど保健センター，保育所，学校等関係機関の連携による取り組みを支援します。

3）医療対策等

①　入院助産

児童福祉法（第36条）に基づき，保健上必要があるにもかかわらず，経済的理由により施設分娩を受けることができない妊産婦から申し込みがあったときは，助産施設において助産を実施することができます。

②　小児慢性特定疾病医療費

フェニールケトン尿症，小児がんなどの11疾患群の小児慢性特定疾患に罹患している子どもに対して，医療の確立と普及促進を図り，医療費の軽減が図られてきました。

2014年に「児童福祉法の一部を改正する法律」と「難病の患者に対する医療等に関する法律」（難病法）が公布され，小児慢性特定疾病の患者に対する医療費助成が法定給付化されました。それにより，2015年1月から新たな助成制度が開始されました。新たな医療費助成制度において，給付の対象となるのは，14疾患群となりました。

また，都道府県は，小児慢性特定疾病児童等とその家族に，適切な療養の確

保，情報提供などを行い，児童等の健康の保持・自立の促進を図る「小児慢性特定疾病児童等自立支援事業」を実施することとなりました。日常生活を営むのに著しく支障のある在宅の小児慢性特定疾病児童には，日常生活用具を給付する「小児慢性特定疾病児童日常生活用具給付事業」が実施されます。

③　未熟児養育医療

出生時の体重が極めて低い（2,000g以下）場合や，呼吸器系や消化器系などに異常がある場合など身体の発育が未熟なまま出生した乳児で，指定養育医療機関での入院治療が必要な場合，医療費の助成を行います（所得に応じて一部自己負担）。

④　代謝異常児等特殊ミルク供給事業

新生児マス・スクリーニングで発見されてくる先天性代謝異常症等の治療に必要な特殊調合をしたミルク（特殊ミルク）を安定提供し，必要量の確保を図り，障害の発生を予防する目的の事業です。特殊ミルクの品質の管理及び改良，並びに必要な情報の提供が行われています。

⑤　結核児童に対する療育の給付

長期の療養を必要とする結核児童を厚生労働大臣または都道府県知事が指定する病院に入院させ，適正な医療を行うとともに，学校教育を受けさせ，必要な学習用品が支給されます。また，療養生活に必要な物品も支給されます。

⑥　不妊に悩む方への特定治療支援事業

医療保険の適用がない高度な不妊治療（体外受精，顕微授精）を選ばざるを得ない場合の経済的負担の軽減を図るために，2004年度から，次世代育成支援の一環として，配偶者間のこれらの不妊治療に要する費用の一部を助成していましたが，2022年4月から保険が適用されるようになりました。40歳未満の女性の場合は，6回まで，40歳以上43歳未満の女性の場合は，3回まで保険診療を受けることができます。

⑦　子どもの心の診療ネットワーク事業

被虐待児や発達障害児など，様々な子どもの心の問題に対応するために，医療機関や保健福祉機関等と連携した支援体制の構築を図るための「子どもの心

の診療ネットワーク事業」が2011年度から実施されています。

　事業の内容は，①地域の医療機関や，関係機関から相談を受けた様々な子どもの心の問題や発達障害の症例に対する診療支援や医学的支援（アドバイス），②子どもの心の問題に関する地域の関係機関の連携会議の開催，③医師・関係専門職に対する研修の充実や関係機関・施設職員に対する講習会の開催，④専門機関に対する情報提供，地域住民に対する普及啓発などです。

　⑧　児童虐待防止医療ネットワーク事業

　児童虐待の増加に伴い，小児救急現場でも身体的虐待が疑われる子どもの受診が多くみられます。しかし，医療機関では組織的対応の体制が整わない場合もあり，充分対応できていない状況です。このため，地域医療全体で児童虐待防止体制を整備するために「児童虐待防止医療ネットワーク事業」が実施されています。都道府県，指定都市の中核的な小児救急病院等に，児童虐待専門コーディネーターを配置し，地域の医療機関に対する研修，助言等を行い，地域の児童虐待対応体制の整備が図られています。

4）健やか親子21

　2001年からスタートした「健やか親子21」の計画期間が2014年に終了することから，設定された4つの主要課題ごとに設けた69指標（74項目）について，目標の達成状況や関連する施策の取り組み状況などの評価が行われました。この評価をふまえて，2015年から次期計画「健やか親子21（第2次）」が開始されました。

　「健やか親子21（第2次）」では，今まで努力したが達成（改善）できなかったもの，今後も引き続き維持していく必要があるもの，21世紀の課題として取り組む必要があるものなどを観点に指標が設置され，10年後に目指す姿として「すべての子どもが健やかに育つ社会」を示しています。これは，①日本全国どこで生まれても一定の質の母子保健サービスを受けられ，生命が守られるという地域間の健康格差の解消，②疾病や障害，親の経済状況，個人の家庭環境の違いを超えて，多様性を認識して母子保健サービスを展開するという2つの視点から出されたものです。

図表 6 - 15　「健やか親子21（第 2 次）」における課題の概要

課 題 名		課 題 の 説 明
基盤課題A	切れ目ない妊産婦・乳幼児への保健対策	妊娠・出産・育児期における母子保健対策の充実に取り組むとともに，各事業間や関連機関間の有機的な連携体制の強化や，情報の利活用，母子保健事業の評価・分析体制の構築を図ることにより，切れ目ない支援体制の構築を目指す。
基盤課題B	学童期・思春期から成人期に向けた保健対策	児童生徒自らが，心身の健康に関心を持ち，より良い将来を生きるため，健康の維持・向上に取り組めるよう，多分野の協働による健康教育の推進と次世代の健康を支える社会の実現を目指す。
基盤課題C	子どもの健やかな成長を見守り育む地域づくり	社会全体で子どもの健やかな成長を見守り，子育て世代の親を孤立させないよう支えていく地域づくりを目指す。具体的には，国や地方公共団体による子育て支援施策の拡充に限らず，地域にある様々な資源（NPOや民間団体，母子愛育会や母子保健推進員等）との連携や役割分担の明確化が挙げられる。
重点課題①	育てにくさを感じる親に寄り添う支援	親子が発信する様々な育てにくさ^(※)のサインを受け止め，丁寧に向き合い，子育てに寄り添う支援の充実を図ることを重点課題の一つとする。 （※）育てにくさとは：子育てに関わる者が感じる育児上の困難感で，その背景として，子どもの要因，親の要因，親子関係に関する要因，支援状況を含めた環境に関する要因など多面的な要素を含む。育てにくさの概念は広く，一部には発達障害等が原因となっている場合がある。
重点課題②	妊婦期からの児童虐待防止対策	児童虐待を防止するための対策として，①発生予防には，妊娠届出時など妊娠期から関わることが重要であること，②早期発見・早期対応には，新生児訪問等の母子保健事業と関係機関の連携強化が必要であることから重点課題の一つとする。

出所：厚生労働省「健やか親子21（第 2 次）について検討会報告書（概要）」2014年。

　その実現に向けて 3 つの基盤課題と 2 つの重点的な課題が設定されました（図表 6 - 15）。

5 ）そ の 他

①　マタニティマークの周知・活用

　「健やか親子21」の課題の一つ「妊娠・出産に関する安全性と快適さの確保と不妊への支援」の解決に向けて，マタニティマークが作られました。これは，妊産婦が交通機関等を利用する際に身につけることで，周囲が妊産婦への配慮を示しやすくするものです。このマタニティマークの周知や活用が図られています。

② 健やか次世代育成基盤研究事業（厚生労働科学研究）

　乳児期の疾患の克服と障害の予防，母性及び乳幼児の健康の保持増進，並びに子ども家庭福祉の向上に資することを目的とする研究について，公募を行い，研究課題を決定しています。

（4）課　　題

　児童相談所への児童虐待相談対応件数の増加や，虐待による乳児の高い死亡率，重篤な児童虐待事件など児童虐待は深刻な社会問題となっています。こうした中，母子保健施策が乳幼児に対する虐待の予防及び早期発見に資するため留意しなければならないことが，国及び地方公共団体の責務として規定され，母子保健施策と児童虐待防止対策との連携の強化が求められています。

　その対策として，「子育て世代包括支援センター」が設置され，妊娠期から子育て期までの切れ目ない支援の強化が図られました。しかし，「子育て世代包括支援センター」は市町村の努力義務のため地域格差が生じる事が考えられます。また，「子ども虐待の死亡事例等の検証結果等について」（社会保障審議会児童部会児童虐待等要保護事例の検証に関する専門委員会）では，それぞれの相談機関の情報が適切に共有されず深刻な事案に至った例も報告されました。

　そのため，子育て世代包括支援センターや児童家庭支援センターなどの相談機関に加え，若年妊娠や身近に頼る人がいないなど困難を抱える妊産婦等が，生活圏内の身近な場所で情報収集でき，気軽に相談できるような支援体制の強化が求められます。また，子どもや妊産婦にとって身近な保育所や児童発達支援センターなどの子育て支援施設や教育機関，医療機関など関係機関との連携強化が求められます。

　母子保健法に基づき全国展開されている「子育て世代包括支援センター」と児童福祉法に基づき，虐待や貧困などの問題を抱えた家庭に対応する「子ども家庭総合支援拠点」との連携強化を図り，支援が必要な家庭の見落としを防ぐ取り組みが実施される予定です。地域格差の解消，関係機関との情報共有・調整など連携体制の強化に加えそれらに対応できる人材配置や人材確保が今後の

課題となります。

5　健全育成

（1）健全育成の理念

　子どもが心身共に健全に育成されるためには，子どもの生活の場として適正な家庭環境や，人間関係を形成するための遊び場，地域での交流の場の確保など，育成環境の整備が必要です。

　しかし，近年の子どもを取り巻く社会環境は，人口の都市集中，住宅，遊び場の減少，交通事故など様々な問題が生じています。家庭生活においても家族形態や就労形態の変化による親と子どもとの関係の希薄化，貧困問題，育児ストレスによる虐待など様々な問題が生じています。これらの問題に対応し，子育ての環境を整備していくことが重要な課題となっています。

　わが国では，子どもの健全育成について，児童福祉法第1条に「全て児童は，児童の権利に関する条約の精神にのつとり，適切に養育されること，その生活を保障されること，愛され，保護されること，その心身の健やかな成長及び発達並びにその自立が図られることその他の福祉を等しく保障される権利を有する」と掲げられています。子どもの健全育成は，すべての子どもが身体的，精神的，社会的に良好な状態が確保され，一人ひとりの個性が尊重され，自己実現が図られることといえるでしょう。

　さらに，「児童福祉法」第2条第3項には，国及び地方公共団体は，児童の保護者とともに，児童を心身ともに健やかに育成する責任を負うと明記されています。つまり，子どもが心身ともに健やかに育ち，また保護者が安心して子育てをしていくためには，国，地域，公共団体等が一体となり，子どもの健全育成に関わる施策を推進していく必要があります。

（2）子どもの健全育成支援施策

1）児童厚生施設

　子どもが心身の健全な発達を図る上で，「遊び」は欠かせない活動です。遊びによって，子どもは自発性・創造性を高め，また，遊びのなかで異年齢児の交流を図り友人との連帯感を育んでいきます。児童厚生施設は，遊びを通して子どもの心身の健全育成を図る場として設置されています。

　児童館は，屋内での遊びを基本とし，その機能や規模により，大型児童館，児童センター，小型児童館に分かれています。子どもに健全な遊びを提供し，健康の増進や情操をゆたかにするとともに，母親クラブ，子ども会，健全育成相談などの子育て支援活動も行われています。また，体育設備を備えたものは児童センターと呼ばれています。

　2011年に児童館の活動・運営に関する基本的事項が定められた「児童館ガイドライン」が作成されました。ガイドラインには，児童館の機能・役割として，①発達の増進，②日常の生活の支援，③問題の発生予防・早期発見と対応，④子育て家庭への支援，⑤地域組織活動の育成があげられています。2018年の改正では，「子どもの意見の尊重，子どもの最善の利益の優先」「配慮が必要な子ども・いじめや保護者の不適切な養育が疑われる場合の対応」「中・高校生と乳幼児の触れ合い体験」などが盛り込まれ，子どもをめぐる福祉的な課題への対応や，地域の子ども・子育て支援としての機能拡充を目指した内容となっています。

　児童遊園は，屋外での遊びを基本とし，都市部の繁華街，住宅密集地など，子どもの遊び場が必要な地域に設置されています。主として幼児および小学校低学年児童を対象としています。主な職員としては，児童の遊びを指導する者（児童厚生員）がサービスを提供しています。

　児童厚生施設の目的や，それぞれの施設の分類や詳細については，第5章を参照してください。

2）放課後児童健全育成事業（学童保育・放課後児童クラブ）

　小学生をもつ共働き家庭やひとり親家庭，働きながら子育てをしたいと願う

保護者たちの声によって，「放課後児童健全育成事業」（放課後児童クラブ）がつくられ，広がってきました。1997年の「児童福祉法」の改正によって法定化され，第2種社会福祉事業として位置づけられました。この事業は「児童福祉法」第6条の3第2項では，「小学校に就学している児童であつて，その保護者が労働等により昼間家庭にいないもの」を対象とし，「授業の終了後に児童厚生施設等の施設を利用して適切な遊び及び生活の場を与えて，その健全な育成を図る」ことを目的としています。一般的には「学童保育」といわれています。この事業は「子ども・子育て支援法」に規定する「地域子ども子育て支援事業として整理されました。

　この事業の質の確保のために，「放課後児童健全育成事業の設備及び運営に関する基準」が定められています。内容としては授業の終了後に児童館，学校の余裕教室，学校敷地内専用施設などを利用して適切な遊びや生活の場を提供し健全な育成を図るもので，「放課後児童クラブガイドライン」（2007年）を参考に実施されています。指導を行う者として放課後児童指導員が2名以上配置され（おおむね40人以下の利用者），保育士，社会福祉士等の資格（「児童の遊びを指導する者」の資格を基本）を有する者で，認定資格研修を修了した者をとされています。

　放課後児童クラブの推進については，これまで様々な子育て支援の施策のなかに盛り込まれ，整備されてきました。利用希望者が増加するなか，障害児の受け入れ体制の整備の問題や，都市部を中心に待機児童問題などが課題となっています。

3）新・放課後子どもプラン

　共稼ぎ家庭などの子どもの放課後の安心・安全な居場所の問題いわゆる「小1の壁」を解消し，放課後児童クラブの「待機児童」問題を解消するために，2014年「放課後子ども総合プラン」が策定されました。これは，文部科学省の「放課後子ども教室推進事業」と厚生労働省の「放課後児童健全育成事業（学童保育・放課後児童クラブ）」の一体的な（または連携による事業）として実施されています。具体的には，放課後や週末に子どもに適切な遊びや生活の場を提供

したり，学習支援，スポーツや文化活動などの体験活動，地域の方々との交流活動などを行っています。

2019年度末までに放課後児童クラブについて約30万人分を新たに整備することを目指していました。しかし，女性の就業率の上昇などによって，共働き家庭の子ども数の上昇が見込まれます。そのため，「新・放課後子どもプラン」を策定し2019年度から2023年度末までにさらに約30万人分の受け皿を整備し，約152万人分を目標に待機児童解消を目指します。さらに，すべての小学校で，両事業を一体的または連携して実施し，小学校内で一体型を1万か所以上で実施することを目指しています。

4）地域組織活動

子どもの健全な育成を図るための重要な役割として，地域住民の積極的参加による地域活動は欠かせません。これらの地域活動としては，子ども会等の児童の集団活動と，母親クラブ，親の会等の親による子どもの育成活動があります。

子ども会は，小地域のすべての子どもが健全に育成されることを目的とした組織で，遊びが主体となる活動が行われています。その他，社会奉仕，文化，レクリエーションなども行われています。

母親クラブ，親の会は，母親同士の話し合いや研修によって子どもの養育についての知識や技術を高め，これを家庭や地域社会で実践することを通して，子どもの健全な育成を図ることを目的としています。

特に母親等による地域活動への参加は，地域全体で子どもを育成する体制を整えるために不可欠です。そのため，所定の要件を具備している母親クラブ等の地域組織に対し，活動費の一部補助が行われています。また，近年，子育てサークルや子育て支援NPOの活動が増加していることに伴い，幅広い地域組織への活動に対する支援を図っています。さらに，これらの地域組織活動は，ボランティアによって支えられるため，ボランティアと指導者の育成のために，指導者の研修事業に対しても費用の助成が行われています。

5）児童手当

　児童手当は，子どもを養育している者に行政から支給される手当てのことです。児童手当を支給することにより，家庭における生活の安定に寄与するとともに，次代の社会を担う児童の健全な育成と資質の向上に資することを目的として，「児童手当法」(1971年制定)に基づき，1972年から開始されました。児童手当の詳細については，第3章を参照してください。

（3）課　　題

　学童保育（放課後児童クラブ）は，1997年に法制化され，それ以降学童保育数も入所児数も急激に増加し続けています。その背景として，小学生の子どもをもつ家庭の共働き世帯の一般化や，ひとり親世帯の増加で学童保育を希望する世帯が増加していることがあげられます。しかし，急激に学童保育を必要とする子どもが増加しているために，学童保育の新設・増設が追いつかず，待機児童の増加と大規模化が進んでいます。

　厚生労働省が2021年12月24日に発表した内容によると，2021年5月1日現在の学童保育（放課後児童クラブ）の利用は，2万6,925か所で実施され，登録者数（2020年）は，134万8,275人で過去最多となっています。把握されている待機児童数は1万3,416人で前年より2,579人減少していますが，都市部（東京都・埼玉県・千葉県）では全体の4割を占めています。また，待機児童数を把握していない自治体や地域に学童保育のない自治体もあるため，実際には待機児童数は正確に把握できていないといえます。

　待機児童ゼロを目指して，「新・放課後子どもプラン」による受皿整備が行われていますが，量の拡大と同時に，質の向上も課題となります。学童保育を利用している子どもは多様化しており，「全国学童保育連絡協議会（2018年）」の調べによると，障害のある子どもの入所希望者数は増加し，2012年調査では1万9,639人だったのが，2018年調査では2万9,422人と約1.5倍増加しています。さらに，家庭養育基盤が脆弱で特に配慮を必要とする子どもの増加など，多様な支援が必要となっています。今後，子どもの多様化により，特別な支援

が必要な子どもを受け入れるための指導員の人材確保，研修，支援体制などの条件整備が進められる必要があります。

　また，子ども・子育て支援新制度の施行により，学童保育の運営主体が多様化しています。公設公営が減少し，公営の民間委託化やNPO法人・民間企業などの法人運営が増加しています。企業参入による保育の質の低下や，賃金や雇用条件など処遇の悪化などが懸念されます。子どもたちが安心して生活できる学童保育を継続していくためには，保育の質を保障するために保育環境の整備や指導員に関わる雇用環境の整備が早急に求められます。

　地域における子どもの健全育成としての児童館は，利用者の増加と比較して児童館の数が少なく，地域によって普及率も格差が見られます。児童館は，子育て支援における健全育成のために0〜18歳のすべての子どもが利用できる施設としての機能を持つことからも，未就学児，および未就学児の親を中心とした保護者に対する子育て支援を積極的に行っていくことや，高学年児童や障害児など，地域のニーズに即した柔軟な受け入れ体制も求められています。

　さらに，地域全体を子どもの育つ環境として整備し，児童委員，主任児童委員，母親クラブや子育てサークル，子育て支援NPOなど様々なグループによる子どもの健全育成活動を育てていく役割も求められています。そのためには，子どもの健全育成に携わる人材の養成・確保・専門性の向上等をどう進めていくかが今後の課題です。

参考文献

柏女霊峰『子ども家庭福祉論』誠信書房，2009年。

厚生労働省「平成28年生活のしづらさなどに関する調査（全国在宅児・者等実態調査)」2016年。

厚生労働省「2019年国民生活基礎調査の概況」2020年。

厚生労働省『厚生労働白書（資料編）令和3年版』日経印刷，2021年。

厚生労働省「障害児通所施設の現状等について（障害児通所支援の在り方に関する検討会参考資料)」2021年7月5日。

厚生労働省「社会的養育の推進に向けて」2022年。

厚生労働統計協会『国民の福祉と介護の動向　2021/2022』厚生労働統計協会，2021年。

厚生労働統計協会『国民の福祉と介護の動向 2022/2023』厚生労働統計協会，2022年。

小崎恭弘ほか『子ども家庭福祉論 第4版』晃洋書房，2022年。

財団法人資生堂社会福祉事業財団監修『ファミリーソーシャルワークと児童福祉の未来』中央法規出版，2008年。

清水貞夫ほか『キーワードブック障害児教育』かもがわ出版，2007年。

社会福祉の動向編集委員会編『社会福祉の動向2022』中央法規出版，2022年。

全国児童発達支援協議会『保育所等訪問支援の効果的な実施を図るための手引書』厚生労働省，2017年。

伊達悦子ほか編『保育士をめざす人の児童家庭福祉』みらい，2018年。

玉城晃・神園幸郎「児童自立支援施設における発達障害のある児童生徒への指導・支援に関する研究――施設併設の分校・分教室における教育的支援について」『Asian Journal of Human Services』5，2013年，64-77頁。

内閣府『少子化社会対策白書 令和4年版』日経印刷，2022年。

日本子ども家庭総合研究所編『日本子ども資料年鑑2021』KTC中央出版，2021年。

日本子どもを守る会編『子ども白書2020〜2021』草土文化，2020〜2021年。

日本発達障害福祉連盟編『発達障害白書 2021年版』日本文化科学社，2021年。

比嘉眞人監修『輝く子どもたち 子ども家庭福祉論 第2版』みらい，2022年。

母子衛生研究所『わが国の母子保健（令和3年)』母子保健事業団，2021年。

第7章　保育サービス

少子化の進行，核家族化，就労形態やライフスタイルの変化などによって
子育て環境も多様化しています。そのなかでも保育ニーズは多様化し，これ
まで中心であった保育所における保育に欠ける子どもの保育だけでなく，す
べての子どもと家庭への保育サービスが求められています。

本章では，保育サービスの提供主体として中心的な役割を担っている保育
所と，その他の保育施設，多様な保育サービスについて概説します。

1　保育サービスの多様化

子どもの養育責任は，第一義的には保護者にありますが，その保護者が労働
や疾病などの理由によって家庭において必要な保育を受けることが困難な乳幼
児については，保護者に代わって社会的に養育する必要があります。わが国で
は，その保育サービスを提供する機関として保育所が中心的な役割を担ってき
ました。しかし，保護者の就労形態や家族形態の変化などにより，保育のニー
ズは多様化しています。そのため，保育所だけでは充足できない保育ニーズ
に対して，保育所以外の保育施設が保育サービスを提供しています。乳幼児の
保育は，保育所以外に事業所内保育所やベビーホテルなどの認可外保育施設，
あるいは，在宅型・個別型の保育であるベビーシッターや家庭的保育（保育マ
マ），ファミリーサポートなどによって行われていました。そして，2015年か
らスタートした「子ども・子育て支援新制度」によって，保育施設として新た
に認定こども園，地域の実情に応じて各自治体が認可した小規模保育なども保
育サービスを行うこととなりました。

これらの保育サービスや保育サービスを提供する機関に関する施策に大きな

変化が見られたのは,「仕事と子育ての両立支援」が少子化対策の一つとして取り組みが始まったからです。「今後の子育て支援のための施策の基本的方向について」(エンゼルプラン)や「緊急保育対策等 5 か年計画事業」,「重点的に推進すべき少子化対策の具体的実施計画について」(新エンゼルプラン),「子ども・子育て応援プラン」,「子ども・子育てビジョン」などにより,様々な保育サービスが展開されていきました。

　さらに,核家族化や世帯の小規模化,地域とのつながりの希薄化などによって,母親のみが子育てに対する負担を負わされることが多くなり,それに伴い母親と子どもの密室化,育児不安,育児ストレス,虐待など問題が生じてきました。これまでの働く母親のいる家庭だけでなく,専業主婦のいる家庭の子ども含めた,「すべての家庭への子育て支援」としての保育サービスのニーズが高まってきました。そして,これらの保育サービスのニーズに対応するための様々な施策が展開されていきました。

　さらに進む少子化対策として,子どもと子育てを応援する社会の実現を目指す考え方に転換しましたが,保育所を利用したいと思っても,希望する保育所が満員で入所できない待機児童の発生など,仕事と子育ての両立ができる環境が整備されていない状況が問題となってきました。そのため,幼保一元化を含む,子どもや家庭を支援する新しい支え合いの仕組みとして「子ども・子育て支援新制度」がスタートし,すべての子どもと子育てをする家庭に対して,地域のニーズに応じ,質の高い幼児教育や保育を総合的に提供するシステムに転換されています。

2　待機児童問題への取り組み——子育て安心プラン・新子育て安心プランの策定

　2022年 4 月の保育の受け皿量は328.7万人,申込者数は290.7万人で受け皿量・申込者数ともに年々増加しています。2021年 4 月時点での待機児童数は,5,634人で待機児童数調査開始以来最少の数値となりました(図表 7 - 1)。

　しかし,依然として「保育が必要」な状態で保育所への入所を希望している

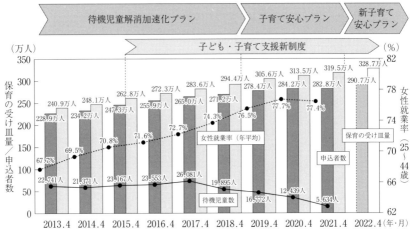

図表 7 - 1　保育所等待機児童の現状

資料：厚生労働省資料。
出所：内閣府『少子化社会対策白書 令和 4 年版』日経印刷，2022年，88頁。

　にもかかわらず，入所できず入所待ちをしている「待機児童」も多く見られます。年齢別に見ると，０〜２歳の低年齢児の待機児童数は，全体の87.5％（4,935人）を占めています（図表 7 - 2）。

　この待機児童に対する施策は，1994年のエンゼルプラン策定以降，仕事と家庭の両立支援として具体的な取り組みが行われてきました。しかし，保育所の待機児童は増加し続けていました。そこで，2001年に「待機児童ゼロ作戦」，また2004年には「子ども・子育て応援プラン」が策定され，2009年度までの目標として待機児童の多い市町村を中心に保育所受入児童数を増やし，待機児童の解消が図られました。保育所受入児童数を増やすために，保育所の緊急整備や保育所の認可要件等の規制緩和も進められ，2008年 2 月には保育所利用児童の増加を見込んだ対策の方針を示した「新待機児童ゼロ作戦」も策定されました。

　しかし，都市部を中心として待機児童の問題は解消されず，さらなる待機児童対策として，2010年には「待機児童解消先取りプロジェクト」がとりまとめられ，家庭的保育の拡充，質の確保された認可外保育施設への公費助成などが実施されました。2013年には「待機児童解消加速化プラン」が発表され，2017

図表7-2　年齢区分別待機児童数

2021年4月1日現在

		2021年待機児童数		2021年利用児童数
低年齢児（0～2歳）		4,935人	87.6%	1,105,335人
	うち0歳児	476人	8.4%	146,361人
	うち1・2歳児	4,459人	79.1%	958,974人
3歳以上児		699人	12.4%	1,636,736人
全年齢児計		5,634人	100.0%	2,742,071人

資料：厚生労働省資料。
出所：図表7-1と同じ，89頁。

年度末までに待機児童の解消をめざし，保育士の人材確保についての取り組みも進められました。「待機児童解消加速化プラン」の実施後，女性の就業率が加速化プラン前と比較して約2倍に上昇しました。それに伴い保育の利用申し込み率も伸びることが見込まれ，それに対応するために，2017年「子育て安心プラン」が策定され，2018年度から2020年度末までに女性就業率80％にも対応できるよう32万人分の保育の受け皿の整備が行われてきました。

　しかし，2020年度末までに待機児童ゼロの達成は難しく，2021年度以降の受け皿を整備するために2020年12月に厚生労働省において「新子育て安心プラン」が取りまとめられ，2021年度から2024年度末までの4年間で約14万人分の保育の受け皿を調整するほか，次の内容を柱として待機児童の解消を目指しています。

　　①　地域の特性に応じた支援
　　②　仕事・職場の魅力向上を通じた保育士の確保
　　③　地域のあらゆる子育て資源の活用

3　保育所における保育サービス

（1）保育の目的と入所の仕組み

　保育所は，「児童福祉法」に基づいて設置・運営される認可保育所のことをいいますが，1947年に制定された「児童福祉法」によって児童福祉施設の一つ

として位置づけられています。保育所の設置主体は，市区町村および都道府県知事の設置認可を受けた社会福祉法人その他です。保育需要に対応するために，地域によっては企業，特定非営利活動法人（NPO）など多様な主体による保育所設置などの規制緩和も進められています。

　保育所は「児童福祉法」第39条で，「保育所は，保育を必要とする乳児・幼児を日々保護者の下から通わせて保育を行うことを目的とする施設…（中略）…とする。②保育所は，前項の規定にかかわらず，特に必要があるときは，保育を必要とするその他の児童を日々保護者の下から通わせて保育することができる」と規定されています。

　これまでは，「保育に欠ける」子どもが保育の対象でしたが，子ども・子育て支援新制度の施行によって，「保育を必要とする」子どもを対象とすることになりました。「保育を必要とする」基準として，以下の事由に該当するものとされています。

① 　パートタイム・夜間を含む就労
② 　妊娠中，出産後間もない
③ 　保護者の疾病・障害
④ 　同居又は長期入院等している親族の介護・看護
⑤ 　災害復旧
⑥ 　求職活動（起業準備を含む）
⑦ 　就学（職業訓練校を含む）
⑧ 　虐待やDVのおそれがあること
⑨ 　育休取得中に保育を利用し，継続利用が必要であること
⑩ 　その他市町村が定める事由

　新制度によって，保育所で保育を受ける場合は，保護者は市町村による「保育の必要性」の認定を受けることになります（2号：3歳以上で保育を必要とする，3号：3歳未満で保育を必要とする）。認定区分の詳細については，図表7‐3を参照して下さい。認定を受けると，市町村から認定証が交付され，希望する施設を申し込みます。利用調整・入所選考により入所が決定後，契約をするこ

図表7-3　施設型給付費等の支給を受ける子どもの認定区分

○子ども・子育て支援法では，教育・保育を利用する子どもについて3つの認定区分が設けられ，これに従って施設型給付等が行われる（施設・事業者が代理受領）。

認 定 区 分		給付の内容	利用定員を設定し，給付を受けることとなる施設・事業
1号認定	満3歳以上の小学校就学前の子どもであって，2号認定子ども以外のもの（第19条第1項第1号）	教育標準時間（※）	幼稚園認定こども園
2号認定	満3歳以上の小学校就学前の子どもであって，保護者の労働又は疾病その他の内閣府令で定める事由により家庭において必要な保育を受けることが困難であるもの（第19条第1項第2号）	保育短時間保育標準時間	保育所認定こども園
3号認定	満3歳未満の小学校就学前の子どもであって，保護者の労働又は疾病その他の内閣府令で定める事由により家庭において必要な保育を受けることが困難であるもの（第19条第1項第3号）	保育短時間保育標準時間	保育所認定こども園小規模保育等

注：（※）教育標準時間外の利用については，一時預かり事業（幼稚園型）等の対象となる。
出所：内閣府「子ども・子育て支援新制度について（平成27年7月）」2015年を一部改変。

とになります。2019年10月から幼稚園，保育所，認定こども園等を利用する3〜5歳児の保育料が無償となりました（子ども・子育て支援新制度対象外の幼稚園の保育料は，同制度の利用者負担額を上限として無償化）。また，0〜2歳までの子ども達の保育料については，住民税非課税世帯を対象に無償化となります。

（2）保育所の設備・運営

　保育所の設備・運営は，「児童福祉施設の設備及び運営に関する基準」に規定されており，子どもの発達特性を考慮して，2歳未満の乳幼児と2歳以上の幼児とに分けて，それぞれに必要な設備，面積，用具等が規定されています。また，職員については，保育士，嘱託医および調理員が必要となっています。保育士の配置基準は，乳児3人につき1人以上，1・2歳児6人に1人以上，3歳児20人に1人以上，4歳児以上30人につき1人以上となっています。

　保育時間は，1日につき8時間を原則とし，保護者の労働や家庭の状況を考慮して開所時間の弾力化，延長保育，夜間保育など，保育所長が定めることとなっています。保育の内容については，保育所保育指針によって具体的に示されています。

（3）保育所保育指針

　保育所における保育内容が，子どもの最善の利益と，子どもの健康や安全の確保，発達の保障などにおいて一定水準を保つために，保育所における保育の内容や，これに関連する運営等について定められたものを「保育所保育指針」といいます。「保育所保育指針」では，保育所の役割として「養護」および「教育」を一体的に行うことを特性とし，環境を通して子どもの保育を総合的に実施する役割と，保護者に対する支援を行うことが明記されています。

　この保育指針に基づき，子どもの健康及び安全を確保し，子どもの一日の生活や発達過程を見通し，保育の内容を組織的・計画的に構成し保育を実施することになります。

（4）子育て支援事業

　多様な保育ニーズに対応するため，保育所では，延長保育，一時預かり保育，休日・夜間保育，病児保育などの推進が図られています。また，新制度の施行に伴い，「地域子ども・子育て支援事業」（第5節参照）など様々な保育サービスも行われています。以下は，保育所で行われる主な事業です。

1）特定保育事業

　パートタイム勤務や育児短時間勤務など，保護者の就労形態の多様化に対応するために，保育所において子どもを一定程度（1か月当たりおおむね64時間以上）継続的に保育を行うサービスです。

2）休日・夜間保育事業

　保護者の就労形態の多様化等により，保護者が日曜・祝日に勤務する場合など，休日において保育を必要とする子どもに対する保育サービスです。夜間保育事業は，夜間においても保育を必要とする子どもに対する保育サービスで，市町村または市町村が認めた夜間保育所等において実施されます。

3）病児保育事業

　子育てと就労の両立支援の一環として，保育所を利用する乳幼児が病気の際に，保護者による家庭での育児が困難な場合，保育所，病院・診療所や乳児院

に併設されたデイサービス施設で一時的に保育するほか，体調不良となった児童への緊急対応や病気の児童の自宅に訪問し，一時保育を行います。

4）延長保育事業

通常の保育所での保育時間は，「児童福祉施設の設備及び運営に関する基準」第34条で，1日8時間を原則としており，保護者の労働や家庭の状況を考慮して保育所長が定めることとなっています。近年の就業形態の変化や労働の長時間化などによって，保育時間の多様化が求められるようになってきました。そのため，就労形態の多様化等に対応するため，民間保育所が開所時間11時間を基本として，それを超えた時間で保育を行う場合に補助金が交付されます。

5）地域子育て支援拠点事業

2007年度から，「地域子育て支援拠点事業」が創設されました。保育所等において，育児不安等に関する相談指導を行ったり，地域の関係機関や子育て支援活動を行う団体等と連携して，地域に出向いた地域支援活動を実施する「地域子育て支援拠点事業（一般型）」や児童福祉施設等多様な子育て支援に関する施設に親子が集う場を設け，子育て支援のための取り組みを実施する「地域子育て支援拠点事業（連携型）」の推進が図られています。

6）一時預かり事業

一時預かり事業は，保護者の就労や，疾病・入院，あるいは家族の介護，リフレッシュなどによって緊急・一時的に保育が必要になった場合に保育所等で一時的に預かる事業で，1990年から国による特別保育事業の一つとして制度化されました。2008年の「児童福祉法」の改正により，児童福祉法上の事業として位置づけられています。

7）障害児保育

保育所において集団保育が可能な中程度までの障害のある子どもを受け入れ，健常児との集団保育が適切に行われるように保育士の配置に必要な経費の補助が行われてきました。現在，保育所における障害のある子どもの受け入れは広く実施されています。また，2012年4月から「保育所等訪問支援」が行われています。

4　認定こども園

（1）認定こども園創設の背景

　日本では，就学前の子どもたちを保育する施設として，「保育が必要な」全ての子どもを対象とした児童福祉施設である保育所と，3歳以上の子どもを対象とした教育施設である幼稚園が中心となっています。保育所は，待機児童対策としての規制緩和，定員の弾力化などが実施され，保育所数，保育所入所児数は増加しています。幼稚園では，2000年から預かり保育を実施するようになり，幼稚園教育要領でも，その必要性が示されています。しかし，少子化の影響を受け，施設数等の減少が続いています。

　このような保育施設の状況から，幼稚園・保育園の共用化・一体化が政策として検討されてきました。具体的には，幼稚園教育要領との整合性を図るための保育所保育指針の改定や，幼稚園教諭免許と保育士資格を同時に取得できる保育資格の養成課程の見直しなどが実施されてきました。

　2003年の「経済財政運営と構造改革に関する基本方針2003」に基づき，「就学前の教育・保育を一体として捉えた一貫した総合施設」として認定こども園が創設されました。2005年にはモデル事業を実施し，2006年に「就学前の子どもに関する教育・保育等の総合的な提供の推進に関する法律」を成立し，2006年10月から認定こども園制度が実施されています。

（2）認定こども園の保育・教育内容

　認定こども園は，地域の実情に応じて「幼保連携型」，「幼稚園型」，「保育所型」，「地域裁量型」の4つの種類が認められています。職員配置は，0〜2歳については保育所と同様で，3〜5歳については学級担任制を配置し（概ね子ども20〜35人に1人），長時間利用時には個別対応が可能な体制をとっています。職員資格は，0〜2歳には保育士資格，3〜5歳児は幼稚園教諭免許と保育士資格をあわせもつことが望ましいとされています。「幼保連携型」については，

2015年から施行の子ども・子育て支援新制度によって「保育教諭」が配置されることになりました。この制度により，認定こども園の利用については，3歳以上で教育を希望する場合（1号認定）は，認定こども園に直接申し込みを行い，園を通じて認定の申請・認定証の交付を行います。3歳以上で教育・保育を希望する場合や3歳未満で保育を希望する場合は，保育所と同様に市町村による保育の必要の認定（2号，3号）を受ける必要があります（図表7-3）。また，利用時間も利用者のニーズに合わせて短時間利用，長時間利用が可能になります。

「幼保連携型認定こども園」については，2014年の「児童福祉法」改正により，児童福祉施設と定められました。制度については，「認定こども園法」の一部改正により，「幼保連携型認定こども園」制度の改善が行われました。これまで学校教育法に基づく幼稚園と児童福祉法に基づく保育所という2つの制度によって，それぞれの法に基づく認可や指導監督等が行われるため，二重行政が課題となっていました。そのため，4種類の認定こども園のうち，「幼保連携型認定こども園」について，2015年からの「子ども・子育て支援新制度」によって「幼保連携型認定こども園」の認可や指導監督を一本化することになりました。設置主体は，国・地方自治体・学校法人および社会福祉法人に限定され，株式会社などの参入は認められていません。具体的な保育・教育の内容については，「幼保連携型認定こども園教育・保育要領」によって実施されています。

5　子ども・子育て支援新制度による保育サービス

（1）子ども・子育て支援新制度のサービス利用

　2015年4月から「子ども・子育て支援新制度」が実施され，新たな体制として制度や財源，給付などの一元化が行われました。概要については，第9章（図表9-3）を参照して下さい。就学前の子どもが，子ども・子育て支援法に規定された教育・保育関連事業を利用する場合には，保育所利用と同様に市町

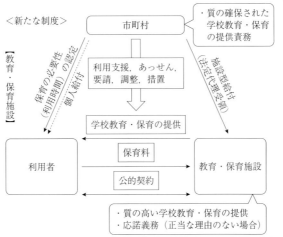

図表 7 - 4　教育・保育の利用について

＜新たな制度＞

市町村

・質の確保された
学校教育・保育
の提供責務

【教育・保育施設】

保育の必要性（利用時間）の認定
個人給付

利用支援，あっせん，
要請，調整，措置

施設型給付
（法定代理受領）

学校教育・保育の提供

利用者

保育料

公的契約

教育・保育施設

・質の高い学校教育・保育の提供
・応諾義務（正当な理由のない場合）

注：(1)　児童福祉法24条において，保育所における保育は市町村が実
施することとされていることから，私立保育所における保育の
費用については，施設型給付ではなく，旧制度と同様に，市町
村が施設に対して，保育に要する費用を委託費として支払う。
この場合の契約は，市町村と利用者の間の契約となり，利用
児童の選考や保育料の徴収は市町村が行うこととなる。
(2)　上記の整理は，地域型保育給付にも共通するものである。
出所：厚生労働統計協会『国民の福祉と介護の動向 2021/2022』2021
年，93頁，一部改変。

　村の「教育・保育の必要性」の認定を受ける必要があります。満 3 歳以上で学
校教育のみを利用する場合は 1 号認定。満 3 歳以上で保育を必要とする場合は
2 号認定，満 3 歳未満で保育を必要とする場合は 3 号認定となります。それぞ
れの認定により，市町村の調整等を受けて幼稚園，保育所，認定こども園など
利用する施設・事業を選択します（図表 7 - 3）。契約については，市町村の認
定を受けた保護者が施設と契約（公的契約）することになります。保育料の給付
については，市町村から保護者に対する現金給付が原則ですが，実際には施設・
事業者に支払われる（法廷代理受領方式）となります（図表 7 - 4）。私立保育所は，
市町村から施設に委託費が支払われ，利用者負担の徴収も市町村が行います。
　　子ども・子育て支援サービスの利用について「子ども・子育て支援法」第 3

図表7-5 子ども・子育て支援法における「子ども・子育て支援給付（保育・教育サービスを含む）」の種類

給 付	対 象
児童手当 （現金給付）	15歳に達する日以後の最初の3月31日までの間にある子どもの保護者
子どものための教育・保育給付	保育の必要性の認定（1～3号）を受けた人が対象 ①施設型給付：幼稚園・保育園・認定こども園の利用者 ②地域型保育給付：地域型保育施設の利用者
子育てのための施設等利用給付	「子どものための教育・保育給付」の対象外の施設利用者 3歳から5歳までの子ども，0歳から2歳までの住民税非課税世帯（所得が一定額より低い世帯）の子どもで，保育の必要性がある子ども

出所：内閣府「子ども・子育て支援法の概要」を基に筆者作成。

図表7-6 地域型保育給付の対象となる施設区分（対象年齢は0～2歳）

種 類	内 容	認定区分
家庭的保育 （保育ママ）	保育所等と連携しながら，保育者の居宅等において少人数（定員5人以下）の就学前の子どもを対象。	3号認定
事業所内保育	会社の事業所内の保育施設などで，従業員の就学前の子ども・地域の子どもを保育する。	
小規模保育	少人数（6～19人）の就学前の児童を対象に，家庭的保育に近い環境で保育を行う。	
居宅訪問型保育	障害や病気などで集団保育が困難になり個別のケアが必要な場合や，保育所の閉鎖などにより施設がない地域で保育をする必要がある場合などに，保護者の自宅で個別に保育を行う。	

出所：内閣府・厚生労働省の資料を基に筆者作成。

条第1項では，市町村は子ども及びその保護者に必要な「子ども・子育て給付」を行う責務が定められています。現金給付としての「児童手当」と，「教育・保育給付」として「施設型給付」，「地域型保育給付」が創設されました（図表7-5）。「施設型給付」は，幼稚園，保育所，認定こども園が対象となります。「地域型保育給付」は，3歳未満児の保育の拡充を図るために，新設された市町村の認可事業「地域型保育事業」が対象となります。「地域型保育事業」には，「家庭的保育（保育ママ）」，「事業所内保育」，「小規模保育」，「居宅訪問型保育」があります（図表7-6）。

　保育料については，2019年度からは，3歳から5歳までの子どもおよび0歳から2歳までの住民税非課税世帯（所得が一定額より低い世帯）の子どもについての幼稚園，保育所，認定こども園，地域型保育，企業主導型保育の利用が無

償化されました。これは，「子どものための教育・保育給付」の認定を受けた人が対象です。また，「子どものための教育・保育給付」の対象外の施設の保育料を無償化するために，「施設等利用給付」が創設されました。対象となるのは，子育て支援新制度の対象とならない幼稚園や，幼稚園・認定こども園（幼稚園部分）の預かり保育，認可外保育施設等を利用する，3歳から5歳までの子どもおよび0歳から2歳までの住民税非課税世帯（所得が一定額より低い世帯）で保育が必要な子どもとなります。

　併せて，就学前の障害児の発達支援についても同様に無償化となっています。ただし，子育て支援新制度の対象とならない幼稚園や認可外保育施設等については，一部支払うことになります。

（2）多様な子育て支援事業

　また，すべての子育て家庭を対象に地域のニーズに応じた多様な子育て支援を充実させるため，「地域子ども・子育て支援事業」が創設され，13の事業が行われています。これらの事業は，図表7‒7の通りです。

　さらに「子ども・子育て支援法」の一部改正によって，仕事と子育ての両立支援として国が実施する「仕事・子育て両立支援事業」が2016年度に新設されました（図表9‒3）。2022年4月現在では，「企業主導型保育事業」と「企業主導型ベビーシッター等利用者支援事業」，「中小企業子ども・子育て支援環境整備事業」が行われています。「企業主導型保育事業」とは，企業が主導して設置する事業所内保育施設の整備・運営に関わる費用の一部を助成するものです。「企業主導型ベビーシッター等利用者支援事業」とは，多様な働き方をしている労働者等が就労のためにベビーシッター派遣サービスを利用した場合に利用料金の一部を助成するものです。「中小企業子ども・子育て支援環境整備事業」とは，子ども・子育て支援に積極的に取り組んでいる事業主を支援するためのものです。

　「地域子ども・子育て支援事業」に加え，新たな「仕事・子育て両立支援事業」によって，保育の受皿の整備を図るとともに，多様な働き方に応じた多様な保

図表 7-7　地域子ども・子育て支援事業の概要

事　業　名	概　　　　　要
①利用者支援事業	子ども又はその保護者の身近な場所で，教育・保育・保健その他の子育て支援の情報提供及び必要に応じ相談・助言等を行うとともに，関係機関との連絡調整等を実施する事業
②地域子育て支援拠点事業	乳幼児及びその保護者が相互の交流を行う場所を開設し，子育てについての相談，情報の提供，助言その他の援助を行う事業
③妊婦健康診査	妊婦の健康の保持及び増進を図るため，妊婦に対する健康診査として，①健康状態の把握，②検査計測，③保健指導を実施するとともに，妊娠期間中の適時に必要に応じた医学的検査を実施する事業
④乳児家庭全戸訪問事業	生後 4 か月までの乳児のいる全ての家庭を訪問し，子育て支援に関する情報提供や養育環境等の把握を行う事業
⑤養育支援訪問事業，子どもを守る地域ネットワーク機能強化事業（その他要保護児童等の支援に資する事業）	養育支援が特に必要な家庭に対して，その居宅を訪問し，養育に関する指導・助言等を行うことにより，当該家庭の適切な養育の実施を確保する事業 ・子どもを守る地域ネットワーク機能強化事業（その他要保護児童等の支援に資する事業） 要保護児童対策地域協議会（子どもを守る地域ネットワーク）の機能強化を図るため，調整機関職員やネットワーク構成員（関係機関）の専門性強化と，ネットワーク機関間の連携強化を図る取組を実施する事業
⑥子育て短期支援事業	保護者の疾病等の理由により家庭において養育を受けることが一時的に困難となった児童について，児童養護施設等に入所させ，必要な保護を行う事業（短期入所生活援助事業（ショートステイ事業）及び夜間養護等事業（トワイライトステイ事業））
⑦ファミリー・サポート・センター事業（子育て援助活動支援事業）	乳幼児や小学生等の児童を有する子育て中の保護者を会員として，児童の預かり等の援助を受けることを希望する者と当該援助を行うことを希望する者との相互援助活動に関する連絡，調整を行う事業
⑧一時預かり事業	家庭において保育を受けることが一時的に困難となった乳幼児について，主として昼間において，認定こども園，幼稚園，保育所，地域子育て支援拠点その他の場所において，一時的に預かり，必要な保護を行う事業
⑨延長保育事業	保育認定を受けた子どもについて，通常の利用日及び利用時間以外の日及び時間において，認定こども園，保育所等において保育を実施する事業
⑩病児保育事業	病児について，病院・保育所等に付設された専用スペース等において，看護師等が一時的に保育するほか，保育中に体調不良となった児童への緊急対応ならびに病気の児童の自宅に訪問する事業
⑪放課後児童クラブ（放課後児童健全育成事業）	保護者が労働等により昼間家庭にいない小学校に就学している児童に対し，授業の終了後等に小学校の余裕教室，児童館等を利用して適切な遊び及び生活の場を与えて，その健全な育成を図る事業
⑫実費徴収に係る補足給付を行う事業	保護者の世帯所得の状況等を勘案して，特定教育・保育施設等に対して保護者が支払うべき日用品，文房具その他の教育・保育に必要な物品の購入に要する費用又は行事への参加に要する費用等を助成する事業
⑬多様な事業者の参入促進・能力活用事業	特定教育・保育施設等への民間事業者の参入の促進に関する調査研究その他多様な事業者の能力を活用した特定教育・保育施設等の設置又は運営を促進するための事業

出所：内閣府「子ども・子育て支援新制度について（平成27年 7 月）」2015年を基に筆者作成。

育サービスを提供することで，子ども・子育て支援の充実が進められています。

6　認可外保育サービス

　認可外保育サービスとは，「児童福祉法」に規定された認可保育所以外の保育サービスのことを指します。形態としては，事業所内保育施設，企業委託型保育サービス，駅型保育事業，ベビーホテルなどがあります。また，東京都は2001年度から独自に「認証保育所」制度を導入しています。乳児保育や延長保育など多様なニーズに対応するために，民間企業を含む多様な事業者が保育サービスを提供し，運営費は行政が運営費の補助を行います。

　この認可外保育サービスは，1965年頃から民間の保育施設として認可外保育所が設立され，乳児保育，延長保育を中心に，認可保育所が対応できない部分を補完し，女性労働者等を支援してきました。保育ニーズの増大，多様化に伴い，認可外保育施設は急速に増加しましたが，ベビーホテルにおける乳幼児の事故が多発し，その安全性や劣悪な保育環境などが問題となりました。しかし，さらなる保育ニーズの増大により，認可保育所では対応できず認可外保育施設への入所児童数は急増し，同時に認可外保育施設での子ども虐待や相つぐ死亡事故が社会問題となり，行政の指導のあり方が問われることになりました。

　現在，認可外保育施設には，都道府県知事への届出が必要で「認可外保育施設指導監督基準」に基づいて立入調査が原則年1回以上行われ，保育環境と保育の質の維持が図られています。

　また，待機児童問題の解消など保育需要の増加に対応するために，認可外保育の推進が図られています。これまでは保育所と認定こども園だけが認可されてきましたが，「子ども・子育て支援新制度」では「地域型保育給付」の制度で認可の範囲が広くなりました。そのため，認可外保育施設が「地域型保育給付」の対象となる保育所，小規模保育事業等への移行（認可化移行支援強化事業）も推進されています。また「企業主導型保育事業」の実施により，企業が設置する認可外保育施設の整備・運営費の一部が助成されます。

7　保育に関する課題

　2015年から施行された「子ども・子育て支援新制度」によって，待機児童解消やすべての子育てをする家庭への包括的支援など子育て支援の量と質の拡大が図られることとなりました。しかし同時にいくつかの課題も生じています。

　新制度によって新設される小規模保育事業や家庭的保育には，認可外保育施設やNPO，企業などの移行や新規参入が見込まれますが，同時に保育の質や子どもの発達の保障について検討する必要があります。

　地域型保育は保育士配置や給食などにおいて，認可保育所に比べて基準が低くなっています。そのため，子どもが受ける保育に格差が生じていることや，認可外保育施設での子どもの死亡事故などが指摘されています。保育者の資格について，家庭的保育（保育ママ）や居宅訪問型保育では，保育士，幼稚園教諭，看護師など一定の資格を持つ者，または研修を修了した者とされており，保育士資格を持たなくても研修を受けた人が保育にあたることのできる仕組みとなっています。さらに，家庭的保育や小規模保育事業は3歳になれば原則退園し，新たに入園先を探すことになりますが，待機児童数の多い地域では新たな受け入れ先の確保が課題となります。

　子どもが安全に安心して保育を受けられる施設の環境整備や，子どもの発達の保障という視点からも，適切なカリキュラムが計画され実施される必要があります。待機児童解消のための量の拡大だけでなく，子どもの福祉と発達を保障するためには，施設や職員，保育内容など適切な基準の設定が求められます。

　保育現場の業務負担の問題については，これまでも報告されてきましたが，コロナ禍によって，保育現場の業務負担は更に増加しています。子どものコロナ陽性者が出ても保護者の就労支援のために，多くの保育施設は時短出勤や人数を減らすなどの対応をして開園を継続しています。しかし，保育者の欠勤によって保育業務量は増加し，これまで以上の安全衛生管理業務の負担，欠勤中の保育士の所得補償の問題など保育施設で困難な状況が続いています。

子どもの発達と親の就労支援のためには，人材を増やし安定的に子どもの育成を保障するための職員配置や労働条件を整備することが必要です。2020年4月1日現在，保育士登録者数は約166万人（厚生労働省「保育士登録者数」）ですが，「社会福祉施設等調査（2020年）」では，現場の保育者数は約58万人（保育士資格保有者約54万人）にとどまっています。保育の受皿拡大が進む中，保育人材の確保のために，国や自治体の取り組みとして，処遇改善や新規資格取得支援，就業継続支援，離職者の再就職支援など総合的な対策が講じられていますが，改善には至っていません。また，保育士の勤務環境改善のために，ICT等の活用や保育支援者の活用などによって業務負担軽減も図られていますが，導入費用や職場環境，システム化なども今後の課題となります。

参考文献

柏女霊峰『子ども家庭福祉論』誠信書房，2009年。

厚生労働統計協会『国民の福祉と介護の動向 2021/2022』厚生労働統計協会，2021年。

厚生労働省「令和2年社会福祉施設等調査の概況」2021年。

千葉喜久也『児童福祉論』中央法規出版，2005年。

東京都認証保育所協会ホームページ（http://www.toninhokyo.com/，2022年8月10日アクセス。）

内閣府『少子化社会対策白書 令和4年版』日経印刷，2022年。

日本子どもを守る会編『子ども白書2021〜2022』草土文化，2021〜2022年。

山内昭道監修『子育て支援用語集』同文書院，2005年。

山縣文治編『よくわかる子ども家庭福祉 第9版』ミネルヴァ書房，2014年。

第8章　困難を抱える子どもと家庭への支援

近年の社会状況の変化によって，子どもが安全に健やかに育つ環境の保障が困難な家庭が増えてきました。子どもへの暴力や少年犯罪の増加，また，貧困家庭で育つ子どもや外国人労働者の増加による外国籍の子どもの抱える問題など多岐にわたります。本章では，子ども虐待，ドメスティック・バイオレンス（DV），貧困家庭，外国籍の子どもとその家族，非行児童への現状と支援について学習します。

1　子ども虐待の防止と支援

（1）子ども虐待とは

子ども虐待とは，「児童虐待の防止等に関する法律」（以下，「児童虐待防止法」）第2条において，保護者がその監護する児童（18歳に満たない者をいう）に，次に掲げる行為を行うことをいいます。

① 児童の身体に外傷が生じ，又は生じるおそれのある暴行を加えること。

② 児童にわいせつな行為をすること又は児童をしてわいせつな行為をさせること。

③ 児童の心身の正常な発達を妨げるような著しい減食又は長時間の放置，保護者以外の同居人による前2号又は次号に掲げる行為と同様の行為の放置その他の保護者としての監護を著しく怠ること。

④ 児童に対する著しい暴言又は著しく拒絶的な対応，児童が同居する家庭における配偶者に対する暴力（配偶者（婚姻の届出をしていないが，事実上婚姻関係と同様の事情にある者を含む。）の身体に対する不法な攻撃であって生命又は身体に危害を及ぼすもの及びこれに準ずる心身に有害な影響を及ぼす言

動をいう。) その他の児童に著しい心理的外傷を与える言動を行うこと。

　このように，子ども虐待の種類として，「1　身体的虐待」「2　性的虐待」「3　ネグレクト」「4　心理的虐待」の4つがあります（図表8‐1）。

　さらに，第2条は，子ども虐待の主体を，「保護者（親権を行う者，未成年後見人その他の者で，児童を現に監護するもの）」としており，子どもを育てている祖父母，親戚等による虐待は，「児童虐待防止法」の対象となります。また，子どもを監護しているとはいえない，きょうだい，親権者の恋人などからの虐待については，親権者が第三者による虐待を放置している場合，親権者が「保護者としての監護を著しく怠っている」として，「児童虐待防止法」の対象となります。

　2020年4月から施行された「改正児童虐待防止法」と「改正児童福祉法」では「親権者のしつけ名目の体罰の禁止」について明文化されました。「児童虐待防止法」第14条では，親権者は「児童のしつけに際して，体罰を加えることその他民法第820条の規定による監護及び教育に必要な範囲を超える行為により当該児童を懲戒してはならない」と明記されました。「児童福祉法」では，「児童相談所長による体罰の禁止」，「施設長・ファミリーホームの養育者・里親による体罰の禁止」が盛り込まれ，保護者からの虐待だけではなく，施設の職員や養育者，里親についても禁止することが規定されました。

（2）子ども虐待の現状

　近年の子どもをめぐる諸問題のなかで，最も重要とされているのは子ども虐待でしょう。虐待は，子どもへの人権侵害であり，心身の成長および人格形成に重大な影響を与える深刻な暴力です。

　図表8‐2は，1990年から現在までの全国の児童相談所における虐待相談対応件数の推移ですが，虐待件数の急激な増加の背景として，実際の虐待数が増加している可能性も否定できませんが，もともと存在していた子ども虐待が，「虐待」という言葉が社会的に認知され，子ども虐待に対する関心や認識が高まったために急増したともいわれています。しかし，この数値は児童相談所へ

図表 8 - 1　子ども虐待の種類

一　身体的虐待	・打撲傷，あざ（内出血），骨折，頭蓋内出血などの頭部外傷，内臓損傷，刺傷，たばこなどによる火傷などの外傷を生じるような行為 ・首を絞める，殴る，蹴る，叩く，投げ落とす，激しく揺さぶる，熱湯をかける，布団蒸しにする，溺れさせる，逆さ吊りにする，異物をのませる，食事を与えない，戸外にしめだす，縄などにより一室に拘束するなどの行為 ・意図的に子どもを病気にさせる　など
二　性的虐待	・子どもへの性交，性的行為（教唆を含む） ・子どもの性器を触る又は子どもに性器を触らせるなどの性的行為（教唆を含む） ・子どもに性器や性交を見せる ・子どもをポルノグラフィーの被写体などにする　など
三　ネグレクト	・子どもの健康・安全への配慮を怠っているなど 　　例えば， 　　(1)重大な病気になっても病院に連れて行かない 　　(2)乳幼児を家に残したまま外出する　など 　　なお，親がパチンコに熱中したり，買い物をしたりするなどの間，乳幼児等の低年齢の子どもを自動車の中に放置し，熱中症で子どもが死亡したり，誘拐されたり，乳幼児等の低年齢の子どもだけを家に残したために火災で子どもが焼死したりする事件も，ネグレクトという虐待の結果であることに留意すべきである ・子どもの意思に反して学校等に登校させない，子どもが学校等に登校するように促すなどの子どもに教育を保障する努力をしない ・子どもにとって必要な情緒的欲求に応えていない（愛情遮断など） ・食事，衣服，住居などが極端に不適切で，健康状態を損なうほどの無関心・怠慢　など 　　例えば， 　　(1)適切な食事を与えない 　　(2)下着など長期間ひどく不潔なままにする 　　(3)極端に不潔な環境の中で生活をさせる　など ・子どもを遺棄したり，置き去りにする ・祖父母，きょうだい，保護者の恋人などの同居人や自宅に出入りする第三者が一，二又は四に掲げる行為を行っているにもかかわらず，それを放置する　など
四　心理的虐待	・ことばによる脅かし，脅迫　など ・子どもを無視したり，拒否的な態度を示すこと　など ・子どもの心を傷つけることを繰り返し言う ・子どもの自尊心を傷つけるような言動　など ・他のきょうだいとは著しく差別的な扱いをする ・配偶者やその他の家族などに対する暴力や暴言 ・子どものきょうだいに，一〜四の行為を行う　など

出所：厚生労働省『子ども虐待対応の手引き』2013年。

図表 8 - 2　虐待相談対応件数の推移

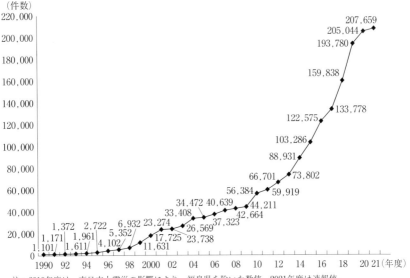

注：2010年度は，東日本大震災の影響により，福島県を除いた数値。2021年度は速報値。
出所：厚生労働省「令和3年度児童相談所での児童虐待相談対応件数（速報値）」2022年。

　の相談や通告が行われた数で，氷山の一角といえます。また，新型コロナウイ
ルス感染によって外出自粛やテレワークなどにより子どもと過ごす時間が増え，
虐待が増加していることも報告されています。

　2020年度の児童相談所における虐待相談件数は，20万5,044件で，毎年増加
しています。そのうち虐待の内容別でみると，身体的虐待（24.4％），ネグレク
ト（15.1％），心理的虐待（59.2％），性的虐待（1.1％）と，心理的虐待が最も多
い割合となっています。これまで多かった身体的虐待は減少しており，逆に心
理的虐待が増加しています（図表8 - 3）。また，主たる虐待者は，実母が最も
多く47.4％，次に実父41.3％となっています。実父による虐待の割合は年々上
昇しています（図表8 - 4）。被虐待児童の年齢をみると，虐待を受けた子ども
のうち，学齢前の子どもの割合が全体の44.9％と，4割を超えています（図表
8 - 5）。つまり幼稚園，保育所，保健所，医療機関等，子どもに関わる機関で
の対応は，虐待の予防や早期発見につながる重要な役割があるといえます。

図表8-3　児童相談所における虐待の内容別相談件数の推移

(件, %)

区　分	総　数	身体的虐待	ネグレクト	性　的　虐　待	心理的虐待
1997年度	5,352	2,780(51.9)	1,803(33.7)	311(5.8)	458(8.6)
2000	17,725	8,877(50.1)	6,318(35.6)	754(4.3)	1,776(10.0)
2005	34,472	14,712(42.7)	12,911(37.5)	1,052(3.1)	5,797(16.8)
2010	56,384	21,559(38.2)	18,352(32.5)	1,405(2.5)	15,068(26.7)
2014	88,931	26,181(29.4)	22,455(25.2)	1,520(1.7)	38,775(43.6)
2018	159,838	40,238(25.2)	29,479(18.4)	1,730(1.1)	88,391(55.3)
2020	205,044	50,035(24.4)	31,430(15.3)	2,245(1.1)	121,334(59.2)

注：(1)2010年度は，東日本大震災の影響により，福島県を除く。
　　(2)割合は四捨五入のため100%にならない場合がある。
出所：厚生労働省「福祉行政報告例」より作成。

図表8-4　児童相談所虐待相談における主たる虐待者の推移

(件, %)

区　分	総　数	父		母		そ　の　他
		実　父	実父以外	実　母	実母以外	
1997年度	5,352	1,445(27.0)	488(9.1)	2,943(55.0)	203(3.8)	273(5.1)
2000	17,725	4,205(23.7)	1,194(6.7)	10,833(61.1)	311(1.8)	1,182(6.7)
2005	34,472	7,976(23.1)	2,093(6.1)	21,074(61.1)	591(1.7)	2,738(7.9)
2010	56,384	14,140(25.1)	3,627(6.4)	34,060(60.4)	616(1.1)	3,941(7.0)
2014	88,931	30,646(34.5)	5,573(6.3)	46,624(52.4)	674(0.8)	5,414(6.1)
2018	159,838	65,525(41.0)	9,274(5.8)	75,177(47.0)	797(0.5)	9,065(5.7)
2020	205,044	84,709(41.3)	10,817(5.3)	97,222(47.4)	892(0.4)	11,404(5.6)

注：(1)その他は，祖父母，兄弟姉妹，叔父叔母など。2010年度は，東日本大震災の影響により，福島県を
　　　除く。
　　(2)割合は四捨五入のため100%にならない場合がある。
出所：図表8-3と同じ。

図表8-5　児童相談所虐待相談における被虐待児童の年齢構成の推移

(件, %)

区　分	総　数	0～2歳	3～6歳	7～12歳	13～15歳	16～18歳
1997年度	5,352	1,034(19.3)	1,371(25.6)	1,923(35.9)	741(13.9)	283(5.3)
2000	17,725	3,522(19.9)	5,147(29.0)	6,235(35.2)	1,957(11.0)	864(4.9)
2005	34,472	6,361(18.5)	8,781(25.5)	13,024(37.8)	4,620(13.4)	1,686(4.9)
2010	56,384	11,033(19.6)	13,650(24.2)	20,584(36.5)	7,474(13.3)	3,643(6.5)
2014	88,931	17,479(19.7)	21,186(23.8)	30,721(34.5)	12,510(14.1)	7,035(7.9)
2018	159,838	32,302(20.2)	41,090(25.7)	53,797(33.6)	21,847(13.6)	10,802(6.7)
2020	205,044	39,658(19.3)	52,601(25.6)	70,111(34.1)	28,071(13.7)	14,603(7.1)

注：(1)2010年度は，東日本大震災の影響により，福島県を除く。
　　(2)割合は四捨五入のため100%にならない場合がある。
出所：図表8-3と同じ。

（3）子ども虐待に関する法的整備

2000年に施行された「児童虐待の防止等に関する法律」（以下，「児童虐待防止法」）は，子ども虐待の禁止，虐待の防止に関する国や地方公共団体の責務，児童の保護や自立の支援のための措置などが定められています。

子ども虐待防止に向けた取り組みが行われてきたにもかかわらず，子ども虐待に関する相談件数は年々増加し，さらに死亡に至る悲惨な虐待の実態が社会問題となっています。それらに対応するために同法律制定後も改正され，虐待の定義の見直しや児童相談所・関係機関の体制強化などが行われてきました。図表8‐6は，子ども虐待防止対策の経緯をまとめたものです。

2018年に東京都目黒区で5歳女児の死亡した子ども虐待事案などを受けて，2018年に「児童虐待防止対策に関する関係閣僚会議」が開催され，子どもの命を守るための緊急対策が講じられました。同年7月20日に同関係閣僚会議で「児童虐待防止対策の強化に向けた緊急総合対策」が決定され，それに基づいて「児童虐待防止対策体制総合強化プラン（新プラン）」が策定されました。これは2015年に策定された「児童相談所強化プラン」を前倒しし見直されたものです。2022年度までに児童福祉司を約2,000人増加させることや，市町村子ども家庭総合支援拠点を全市町村に設置することなどが定められています。

さらに，児童虐待件数の急増や2018年，2019年に発生した女児の死亡事案を受けて，児童虐待防止の抜本的強化を図るために，2019年3月「児童虐待防止対策の抜本的強化について」が関係閣僚会議で決定されました。「子どもの権利擁護」，「児童虐待の発生予防・早期発見」，「児童虐待発生時の迅速・的確な対応」，「社会的養護の充実・強化」が重点施策とされました。これを受け，2019年6月に「児童虐待防止対策の強化を図るための児童福祉法等の一部を改正する法律」が成立し，「児童虐待防止法」，「児童福祉法」などが改正されました。

▷1　市町村子ども家庭総合支援拠点
　　2016年「児童福祉法」改正で，子どもとその家庭及び妊産婦等を対象に，実態の把握，子ども等に関する相談全般から通所・在宅支援を中心としたより専門的な相談対応や必要な調査，訪問等による継続的なソーシャルワーク業務までを行う機能を担う拠点。

図表 8-6　子ども虐待防止対策の経緯

2000年	児童虐待に関する法律（児童虐待防止法）の成立　2000年11月施行
2004年	児童虐待防止法・児童福祉法の改正　2004年10月以降順次施行 ・子ども虐待の定義の見直し（同居人による虐待の放置等も対象） ・通告義務の範囲の拡大 ・市町村の役割の明確化 ・要保護児童対策地域協議会の法定化　など
2007年	児童虐待防止法・児童福祉法の改正　2008年4月施行 ・子どもの安全確認等のための立入り調査等の強化，保護者に対する面会・通信等の制限の強化，保護者に対する指導に従わない場合の措置の明確化　など
2008年	児童福祉法の改正　一部を除き2009年4月施行 ・乳児家庭全戸訪問事業，養育支援訪問事業等子育て支援事業の法定化及び努力義務化 ・要保護児童対策地域協議会の機能強化 ・里親制度の改正等家庭的養護の拡充　など
2011年	児童福祉法の改正　一部を除き2012年施行 ・親権停止及び管理件喪失の審判等について，児童相談所長の請求権付与 ・施設長が，児童の監護等に関し，その福祉のために必要な措置をとる場合には，親権者等はその措置を不当に妨げてはならないことを規定 ・里親等委託中及び一時保護中の子どもに親権者等がいない場合の児童相談所長の親権代行を規定　など
2015年	「児童虐待防止対策強化プロジェクト」（すくすくサポート・プロジェクト）策定 ・子育て世代包括支援センターの法定化・全国展開 ・孤立しがちな子育て家庭へのアウトリーチ支援 ・「児童相談所強化プラン（2016〜2019年度）」策定，要保護児童対策地域協議会の機能強化 ・親子関係再構築支援，里親委託等の家庭的養護の推進，施設入所時の自立支援　など
2016年	児童福祉法・児童虐待防止法等の改正　一部を除き2017年4月施行 ・児童福祉法の理念の明確化 ・母子健康包括支援センター（子育て世代包括支援センター）の全国展開 ・市町村及び児童相談所の体制強化 ・里親委託の推進，18歳以上の者に対する支援継続，自立援助ホームの対象者の拡大　など
2017年	児童福祉法・児童虐待防止法の改正　2018年4月施行 ・児童保護についての司法関与を強化（親権者の意に反して2か月以上の一時保護は家庭裁判所の承認が必要） ・接近禁止命令を行う事ができる場合の拡大 ・子ども虐待防止対策に重要な役割を果たす者の例示に歯科医師等を追加　など
2018年	児童虐待防止対策体制総合強化プラン（新プラン）策定 ・児童相談所及び学校における子どもの緊急安全確認の実施 ・要保護児童等の情報の取り扱い，関連機関の連携に関する新ルールの設定 ・児童相談所等の抜本的な体制強化　など
2019年	児童虐待防止対策の抜本的強化について（3月　関係閣僚会議決定） ・子どもの権利擁護 ・子ども虐待の発生予防・早期発見 ・子ども虐待発生時の迅速・的確な対応 ・社会的養護の充実・強化 児童福祉法・児童虐待防止法等の改正（6月成立）2020年4月以降順次施行 ・子どもの権利擁護（体罰の禁止の法定化） ・被虐待児が住所等を移転した際に，移転先の児童相談所等への情報提供 ・児童相談所の設置促進と体制強化，関連機関間の連携強化 ・子どもの意見表明権の保障　など

児童虐待の相談対応件数の増加など，子育てに困難を抱える世帯がこれまで以上に顕在化してきている状況等を踏まえ，子育て世帯に対する包括的な支援のための体制強化等を行うために，2022年「児童福祉法」改正が行われ，2024年から施行予定です。具体的には，次の要件などが定められました。

① 子ども家庭総合支援拠点と子育て世代包括支援センターを見直し一体的な相談支援を行う「こども家庭センター」の設置。

② 児童福祉司の任用要件に，被虐待児への対応に十分な知識・技術を有する者を追加

③ 一時保護所の環境改善や，子どもの一時保護や施設入所の際の意見・意向表明や権利擁護に向けた環境整備

④ 性的虐待防止のために，子どもにわいせつ行為を行った保育士の資格管理の厳格化

（4）児童相談所における虐待対応の流れ

　児童相談所における被虐待児への対応は，図表8-7の通りです。

1）相談・通告

　子ども虐待は，家庭という密室のなかで発生し，潜在化しやすいことから，なるべく早く発見し，児童相談所などの関係機関に通告することが重要となります。

　「児童福祉法」第25条は，「要保護児童を発見した者は，これを市町村，都道府県の設置する福祉事務所若しくは児童相談所…（中略）…に通告しなければならない」と規定しています。さらに，「児童虐待防止法」第6条でも「児童虐待を受けたと思われる児童を発見した者は，速やかに」児童相談所等に通告することを義務づけています。また，同法第5条において，保育士などの児童福祉施設の職員や，学校の教職員，医師，保健師，弁護士など，児童福祉に関わる者の虐待の早期発見に努める義務が規定されています。

2）調　査

　通告により子ども虐待が明らかになった場合は，「児童虐待防止法」第8条において，児童相談所は速やかに児童の安全確認が求められています。また，

図表 8 - 7　被虐待児救出の流れ（児童相談所が主となってかかわる場合）

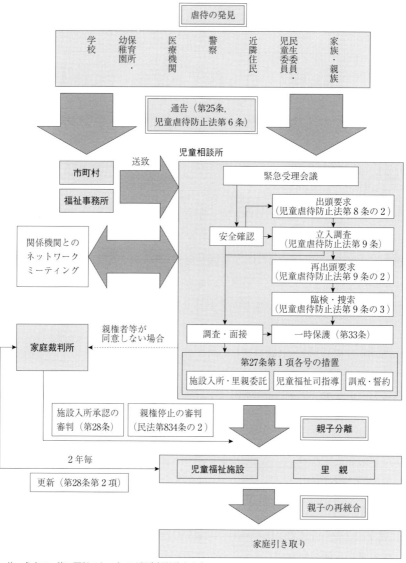

注：条文で，特に明記のないものは児童福祉法をさす。
出所：日本弁護士連合会子どもの権利委員会『子どもの虐待防止・法的実務マニュアル 第 5 版』明石書店，
　　　2012年，24頁。

「児童相談所運営指針」では，迅速かつ的確な虐待対応のため，通告を受けてから48時間以内に子どもの安全確認を行うことが明文化されています。安全確認の方法として，直接目視によることを基本とし，加えて，保護者に対する出頭要求，臨検・捜索等の制度も設けられています。

さらに，要保護児童を発見した場合は，「児童福祉法」第11条第1項第2号ハにおいて，「児童及びその家庭につき，必要な調査並びに医学的，心理学的，教育学的，社会学的及び精神保健上の判定を行うこと」と定められ，対応を検討するための調査を行うことが業務に含まれています。

3）一時保護

保護者といることで，子どもの生命，身体の安全が脅かされる危険がある場合や，親子を分離して事情を聴き取るなどの調査を行う必要があると認められた場合は，子どもを一時的に保護することができます。一時保護の期間は，原則2か月以内で，一時保護所や児童福祉施設等での生活を通じて，行動観察や生活指導を行います。また，面接，心理療法を担当する者による心理検査や精神科の診察等も並行して実施されます。

4）判定・援助方針の決定

調査内容に基づき，社会診断，心理診断，医学診断，子どもが一時保護されている場合は行動診断が行われ，それらの診断結果をもとに総合的見地から判定が行われます。子どもを在宅のまま援助を行うか，親子分離し，児童福祉施設への入所措置や里親委託措置を行うなどの援助を決定します。

さらに，子どもが法律上の親子関係を今後も維持することが望ましくない場合，家庭裁判所に親権喪失宣告請求を行い，承認されると，親権の喪失や親権の停止となります。

5）援　　助

虐待について具体的な援助計画の策定が行われます。具体的援助計画は，子どもやその保護者が有するそれぞれの問題点や課題などについて，家庭環境調整を含めた援助の目標，援助方法，その他留意事項を短期的，長期的に明確にし，他の関係機関や施設等と連携し，それぞれの機関・施設等の役割を明確に

します。

　施設入所の場合，施設における子どもに対する援助の具体的方向性，配慮事項などについて具体的な援助計画が作成されます。さらに，児童福祉施設入所の場合は，施設における心理・社会的自立のための自立支援計画が作成されます。それらの計画に基づき，被虐待児および保護者に対する心理的・社会的ケア，家庭環境調整を行うための援助が行われます。

　在宅援助の場合は，定期的に児童相談所に通所しながら，保護者や被虐待児に対する，児童福祉司による心理療法やカウンセリングなどの面接指導を受けたり，家庭訪問を中心とした児童福祉司指導，要保護児童対策地域協議会を活用した定期的な家庭訪問等があります。さらに，子どもや保護者が所属する地域の保育所・幼稚園・小学校・中学校などとの連携や，民生・児童委員などによる日常の細かな援助によって，家庭状況の把握と変化の観察，緊急時の対応など，必要に応じて児童相談所と連携を図りつつ対応していきます。その他にも，保護者の育児に対する不安やストレスを解消するため「一時保育」など地域の子育て支援事業の活用や，ドメスティック・バイオレンス（DV）・配偶者等からの子どもへの虐待から逃れるためのシェルター的な「母子生活支援施設」での援助も行われています。

（5）子ども虐待防止対策の取り組み

　子ども虐待は，子どもの心身の発達および人格の形成に重大な影響を与えるため，子ども虐待の防止に向けて，虐待の「発生予防」から「早期発見・早期対策」，さらには，虐待を受けた子どもの「保護・自立支援」に至るまでの総合的な支援体制を整備し充実していく必要があります。

　このため，発生予防に関しては，生後4か月までの乳児のいるすべての家庭を訪問し，子育て支援に関する情報提供や養育環境などの把握を行う「乳児家庭全戸訪問事業」（こんにちは赤ちゃん事業）や，養育支援が必要な家庭に対して，訪問による育児・家事の援助や技術支援等を行う「養育支援訪問事業」の推進，子育て中の親子が相談・交流できる「地域子育て支援拠点事業」など地

域子育て支援拠点の整備などが行われています。また，子育て世代包括支援センターを中心に，地域の産婦人科・小児科の医療機関等と関係機関と連携しながら，妊娠期から子育て期までの切れ目ない支援を提供する仕組みを全国展開されています。医療機関，児童福祉施設，学校等が特に支援を必要とする妊婦や子ども等を把握した場合には，当該者の情報を市町村に提供するよう努めるなど，虐待の発生予防の施策が図られています。

早期発見・早期対応に関しては，2017年からは，市町村子ども家庭総合支援拠点が設置され，子どもとその家庭及び妊産婦等を対象に，実情の把握，相談，継続的なソーシャルワーク業務が行われます。また市町村における「要保護児童対策地域協議会」の機能強化として，専門職の配置や研修を受けることが義務づけられました。児童相談所の体制強化として，児童福祉司，児童心理司，弁護士などの専門職の配置や，児童相談所の設置を中核市及び特別区に拡大し，人材確保・育成など整備が行われています。子ども虐待を受けたと思われる子どもを発見した時にためらわずに児童相談所に通告・相談ができるように児童相談所全国共通ダイヤル「189」が設置されています。

さらに，学校においても児童虐待の早期発見・早期対応の体制の充実が図られています。学校等と児童相談所の相互の連携が図られ，文部科学省は，児童虐待の速やかな通告を推進するための留意事項を，学校教育関係者に通知し，早期発見努力義務及び通告義務等について周知徹底を図っています。この他にも，児童生徒の相談を受けるためのスクールカウンセラーやスクールソーシャルワーカーの活用など，教育相談体制の整備が図られています。

保護・自立支援に関しては，児童養護施設等の小規模ケアの推進，被虐待児個別対応職員や心理療法担当職員，家庭支援専門相談員（ファミリーソーシャルワーカー）の配置等，ケア担当職員の質的・量的充実，里親委託の推進，18歳以上の者に対する支援の継続，身元保証人を確保するための事業などの取り組みが行われています。また，市町村子ども家庭総合支援拠点での支援や要保護児童対策地域協議会などによる地域支援が行われています。

親権に関わる制度の見直しも行われました。子ども虐待の防止等や子どもの

権利を擁護するために，親権の停止制度を設け，法人または複数の未成年後見人を選任することができるようになりました。さらに，施設長等が行う監護等の措置について，親権者が不当に妨げてはならないなどの規定が定められました。また，虐待をした保護者自身への再発防止対策として，家族再統合や家族の養育機能の再生・強化に向けた取り組みを行う保護者支援の推進などが行われています。

子ども虐待防止に向けた普及啓発も行われています。2004年から毎年11月を「児童虐待防止推進月間」と位置づけ，子ども虐待問題に対する社会的関心を高めるため，関係府省庁や地方公共団体，関係団体等と連携した集中的な広報・啓発活動を実施しています。また，民間団体（児童虐待防止全国ネットワーク）が中心となって実施している「オレンジリボン運動を」を後援しています。

このように，国や地方自治体によって，子ども虐待の防止から虐待を受けた子どもの自立支援までの総合的な支援体制の整備が図られています。それに加えて，地域の一般の方，保育所，企業，特定非営利活動法人（NPO），PTA団体なども参加し，子ども虐待の予防，早期発見，自立支援において，それぞれが果たす役割を見つけ，連携しながら支援を行う必要があります。

（6）課　　題

1）児童相談所の人的・質的体制の整備

子ども虐待の対応の中枢を担う児童相談所は，子ども虐待の相談件数が急増するなか，虐待以外の子どもに関する相談やその他の業務など多種多様の業務に追われています。

児童相談所の一時保護は，児童の安全の迅速な確保，適切な保護を行い，児童の心身の状況，置かれている環境などの状況を把握するために行うものであり，児童の最善の利益を最優先に考慮して行われるものです。しかし，首都圏の一時保護所は子どもの安全確保のために慢性的な定員超過の状態です。さらに被虐待児の緊急一時保護の増加に加え，非行や保健・育成を理由とした子どもの一時保護も一定数存在し，多種多様な問題を抱える子ども一人ひとりの個

別対応が十分に保障されるには厳しい状況であると言わざるを得ません。

　また，相談内容と子どもが抱える問題が複雑深刻化することから，医療的，心理的な関わりを必要とするケースが増加しています。それらに対応するために，児童相談所の専門性は不可欠です。児童福祉法等の一部改正により児童福祉司，児童心理司，児童相談員，医師，保健師，弁護士等の専門職員が配置され，さらに児童福祉司の任用要件の見直し等による職員の資質向上が図られます。また，児童相談所の中核市，特別区への設置も可能となり施設整備や人材確保が急がれます。

2）周産期からの養育支援

　子ども虐待防止対策について，「児童虐待防止法」や「児童福祉法」の改正，また民法等の改正によって制度的な充実が図られてきました。しかし，子ども虐待に関する相談対応件数は増加の一途をたどり，低年齢児の死亡事例が問題となっています。

　「児童虐待要保護事例の検証に関する専門委員会」において分析・検証されてきた子ども虐待による死亡事例等によると，死亡例の多くは乳幼児期の子どもであり，心中以外の虐待死では0歳児が49.1％と最も多く，0歳児の月齢では0か月児が39.3％と最も多くなっています。心中以外の虐待死で実母が妊娠期・周産期に抱えていた問題は，「予期しない妊娠／計画していない妊娠」「妊婦健康診査未受診」が35.1％で最も多く，次いで「遺棄」が31.6％，「母子健康手帳の未発行」が26.3％であることから，妊娠期に適切な支援を受けることなく出産し，遺棄に至っている事例が多いといえます。

　これらの虐待死には，ある類似性が指摘されています。社会的に孤立しており，周囲に妊娠を告げたり相談せず，公的機関や医療機関に把握されることなく，ひとりで自宅等で出産した事例が少なくありません。

　本人・家族に寄り添った支援の継続に加え，身近な場所で妊娠期や周産期に関する情報を容易に取得・相談等ができる支援体制の整備，妊娠・出産や避妊に関する知識の提供及びそれら知識を獲得できる機会の充実，若い世代に対してSNSなどを活用した相談支援など多角的な取り組みが必要になります。そ

のために，子ども虐待の未然防止に向けた妊産期，周産期からの母子保健における支援の充実，早期対応が重要とされ，「子育て世代包括支援センター」や「市町村子ども家庭総合支援拠点」の設置や，支援を必要とする妊婦等に関する情報提供などの取り組みが進められています。さらに，子どもと家族の支援は地域社会で展開される必要があるため，要保護児童対策地域協議会や関係機関，民間団体との協力など地域との協働による支援体制強化と支援機能の拡大が求められます。

2　ドメスティック・バイオレンス（DV）の防止と支援

（1）ドメスティック・バイオレンス（DV）の現状

　配偶者からの暴力（ドメスティック・バイオレンス）とは，「配偶者からの暴力の防止及び被害者の保護等に関する法律（DV防止法）」第1条において，「配偶者からの身体に対する暴力（身体に対する不法な攻撃であって生命又は身体に危害を及ぼすもの）又はこれに準ずる心身に有害な影響を及ぼす言動」であり，「配偶者からの身体に対する暴力等を受けた後に，その者が離婚をし，又はその婚姻が取り消された場合にあっては，当該配偶者であった者から引き続き受ける身体に対する暴力等を含む」と定義されています。配偶者とは，婚姻の届け出を出していないが，事実上婚姻関係等同様の事情（事実婚）にある者も含みます。また同居している交際相手からの暴力及びその被害者についても法律を準用することになっています。

　この法律では，配偶者からの暴力を対象としており，被害者を女性に限定していません。しかし，配偶者からの暴力の被害者の多くは女性であることなどから，女性に対する暴力に十分配慮した規定となっています。

　配偶者からの暴力については，婦人相談所が配偶者暴力相談支援センターとして，暴力被害女性の相談や援助を行うほか，必要な場合には一時保護を行っています。配偶者暴力相談支援センターへの相談件数は増加しており，2020年度の相談件数は18万2,188件で過去最多となりました。2018年の11万4,481件と

図表 8 - 8　DV 相談件数の年次推移

出所：内閣府男女共同参画局「令和 2 年度 配偶者暴力相談センターの相談件数」2021年。

比較しても急増しているのがわかります（図表 8 - 8 ）。

　また，近年の子ども虐待による死亡事案に家庭内暴力が関わっていたことが明るみになりました。DV が起きている家庭では，子どもに対する虐待が同時に行われている場合があり，子ども虐待対策と DV 対策との連携強化に向けた取り組みが進められています。

（2）配偶者等からの暴力の防止に関する法律

　女性への配偶者からの暴力（ドメスティック・バイオレンス），性暴力，貧困，障がい等様々な問題を抱えた女性の支援は婦人保護事業として行われてきました。近年では配偶者からの暴力が深刻な社会問題となり，2001年に「配偶者からの暴力の防止及び被害者の保護等に関する法律（DV 防止法）」が制定されました。同法では，配偶者からの暴力に係る通報，相談，保護，自立支援等の体制を整備し，配偶者からの暴力の防止及び被害者の保護を図ることを目的としています。2019年の改正では，児童虐待防止対策及び配偶者暴力被害者の保護対策の強化を図るため，児童虐待と密接な関連があるとされる DV の被害者の適切な保護が行われるよう，連携・協力すべき関係機関として児童相談所が

盛り込まれました。それにより配偶者暴力相談支援センターと児童相談所等との連携強化が図られることになります。また，その保護の適用対象として被害者の同伴家族が含まれることとなります。

　また，コロナ禍によってさらに女性への影響は深刻となり，DV（経済的・精神的），ひとり親世帯，自殺，貧困など女性の抱える問題が可視化されました。それらに対応するために2022年5月に「困難な問題を抱える女性への支援に関する法律」が成立し，2024年4月から施行されます。女性が家庭の状況や性的被害など様々な事情で問題を抱える女性を包括的に支援することを目的としています。同法では，「女性相談支援センター」（現：婦人相談所）が都道府県に設置義務とされ，相談，緊急時における安全の確保・一時保護，医学的・心理学的援助，関係機関との連絡調整等を行います。「女性相談支援センター」は，入所，保護，医学的・心理的な援助，自立促進のための生活支援を行い，退所後の相談等も行います。また，国や地方公共団体が，支援を行う民間団体に対して必要な援助を行うことが規定されました。DV防止法による支援の流れは，図表8-9の通りです。

（3）配偶者暴力被害者への支援

1）婦人相談所（配偶者暴力相談支援センター）

　配偶者からの暴力を受けた被害者は，婦人相談所（配偶者暴力相談支援センター）又は警察において，相談又は援助若しくは保護を求めることができます。配偶者暴力相談支援センターの設置は，都道府県は設置義務となっており，市町村では努力義務となっています。2021年4月現在全国300か所（うち市町村が設置する施設は127か所）です。同センターでは，相談，カウンセリング，被害者またはその同伴家族の安全確保及び一時保護，自立支援のための情報提供などが行われ，必要な場合は民間シェルターの紹介を行います。

　また，相談に対応する職員として，婦人相談員が配置されており，被害者に関する各般の相談に応じるとともに，その態様に応じた適切な援助を行います。婦人相談員は，婦人相談所（配偶者暴力相談支援センター）の他，福祉事務所等

図表 8-9　配偶者暴力防止法の概要（チャート）

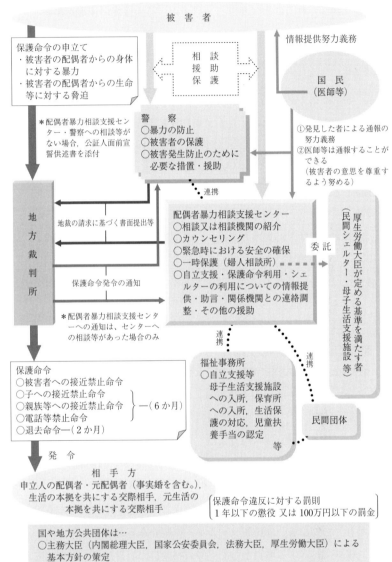

被　害　者

保護命令の申立て
・被害者の配偶者からの身体に対する暴力
・被害者の配偶者からの生命等に対する脅迫

相　談
援　助
保　護

情報提供努力義務

国　民
（医師等）

＊配偶者暴力相談支援センター・警察への相談等がない場合，公証人面前宣誓供述書を添付

警　察
○暴力の防止
○被害者の保護
○被害発生防止のために必要な措置・援助

①発見した者による通報の努力義務
②医師等は通報することができる
（被害者の意思を尊重するよう努める）

連携

地方裁判所

地裁の請求に基づく書面提出等

配偶者暴力相談支援センター
○相談又は相談機関の紹介
○カウンセリング
○緊急時における安全の確保
○一時保護（婦人相談所）
○自立支援・保護命令利用・シェルターの利用についての情報提供・助言・関係機関との連絡調整・その他の援助

委　託

厚生労働大臣が定める基準を満たす者
（民間シェルター・母子生活支援施設等）

保護命令発令の通知

＊配偶者暴力相談支援センターへの通知は、センターへの相談等があった場合のみ

連携

連携

保護命令
○被害者への接近禁止命令
○子への接近禁止命令
○親族等への接近禁止命令
○電話等禁止命令　　　　　　　　　　｝―（6か月）
○退去命令―（2か月）

福祉事務所
○自立支援等
　母子生活支援施設への入所，保育所への入所，生活保護の対応，児童扶養手当の認定
　　　　　　　　　　等

民間団体

発　令

相　手　方
申立人の配偶者・元配偶者（事実婚を含む。），生活の本拠を共にする交際相手，元生活の本拠を共にする交際相手

保護命令違反に対する罰則
1年以下の懲役 又は 100万円以下の罰金

国や地方公共団体は…
○主務大臣（内閣総理大臣，国家公安委員会，法務大臣，厚生労働大臣）による基本方針の策定
○都道府県・市町村による基本計画の策定（市町村については努力義務）

出所：内閣府「配偶者からの暴力の防止及び被害者からの保護に関する法律の概要」2018年。

に配置され，被害者に関する各般の相談に応じるとともに，その態様に応じた
適切な援助を行います。

　警察は，暴力の制止，被害者の保護，被害発生防止のための必要な処置を行
います。

2）保護命令制度

　「DV防止法」による支援として，①相談，②一時保護，③自立支援，④保
護命令などが行われます。

　配偶者や被害者の子どもなどへの接近を禁じるものとして，保護命令制度が
あります。配偶者からの身体に対する暴力を受けた被害者が，配偶者からの更
なる身体に対する暴力により，又は，配偶者からの生命等に対する脅迫を受け
た被害者が配偶者から受ける身体に対する暴力により，その生命又は身体に重
大な危害を受けるおそれが大きいときに，裁判所が被害者からの申立てにより，
配偶者に対して保護命令が出されます。

　保護命令には，(1)被害者への接近禁止命令，(2)被害者の同居の子への接近禁
止命令，(3)被害者の親族等への接近禁止命令，(4)被害者への電話等禁止命令，
(5)被害者と共に生活の本拠としている住居からの退去命令，の5つの類型があ
ります。同居する交際相手から身体に対する暴力又は生命等に対する脅迫を受
けた被害者についても準用されることにより，上記と同様の場合に保護命令が
発せられます。

3）婦人保護施設等

　配偶者からの暴力の被害女性への保護施設として，売春防止法第36条により
都道府県や社会福祉法人などが設置している婦人保護施設があります。家庭環
境の破綻や生活の困窮など，様々な事情により社会生活を営む上で困難な問題
を抱えている女性や配偶者からの暴力の被害者の保護を行います。婦人相談所
を通して入所手続きが行われ，心身の健康の回復や生活基盤の安定化と自立支
援に向けた支援を行います。母子生活支援施設では，生活支援や子どもの保
育・教育を含め，母子について生活の基盤安定と自立支援を行います。また，
民間シェルターや民間団体などでも被害者の保護を図るための活動が行われて

います。

　その他にも，DV被害者の自立支援として就業支援が行われています。母子家庭等就業・自立支援センターやマザーズハローワーク等での就業相談や就業支援サービスが提供されています。福祉事務所（もしくは市町村）では，生活保護制度，児童扶養手当の支給，子育て短期支援事業などが行われています。

（4）配偶者からの暴力に関する課題

　DVは，家庭内や親しい人間関係など，外部からの発見が困難な場において行われることが多いため，潜在化しやすく，被害が深刻になりやすいという特性があります。コロナ禍による外出自粛や行動規制によって家庭内で過ごす時間の増加に伴い，DVの相談件数や子ども虐待の相談件数は急増しており，第三者の介入が難しく家庭の密室化によって，家庭内の様々な問題は深刻化しています。

　国の調査によると，配偶者から暴力を受けたとき誰にも相談しなかった人が5割弱いることからDVに悩みながらも相談に至らない潜在的な被害者は多いと考えられます。DVに悩む人が，誰でも早めに相談することができるよう，男性向けも含めた相談窓口の周知を進めるとともに，DVの発生自体を予防するために若年層など，早い時期から暴力に対する理解を深めるための啓発など，重点的に取り組む必要があります。

　また，DVが起きている家庭では，子どもに対する暴力が同時に行われている場合があります。子どもが直接暴力を受ける場合の他にも，子どもの前で夫婦間で暴力を振るうことも子どもへの心理的虐待にあたります。また，DV被害者は，加害者に対する恐怖心などから，子どもに対する暴力を制止できず，重篤なケースに至ることも少なくありません。

　子ども虐待とDVが重複して発生する事案においては，被害者と子どもを同時に保護する必要もあり，各関係機関での連携と情報共有が必要となります。児童虐待への対応を行う児童相談所は，実際にその現場に出向いて虐待を行うものも含めて介入や支援を行っています。一方，配偶者暴力相談支援センター

では，被害者の相談が中心で，直接介入・支援することはありません。DV加害への直接的介入は警察のみとなります。さらに，通告に関しても，子ども虐待の場合は通告が義務づけられていますが，DVの場合は努力義務とされ，被害者の意向をふまえることになっています。このように，子ども虐待防止とDV防止の対応や機能が異なりますが，子ども虐待とDVが重複するケースへの対応には，要保護児童対策地域協議会，NPO法人や各種相談機関など民間団体との連携も含めた包括的な支援が不可欠となります。

3　貧困家庭への支援

（1）貧困の定義

　貧困には，「絶対的貧困」と「相対的貧困」の2種類があり，「絶対的貧困」とは，食べるものがない，住居がない，教育を受けられないといった，人として最低限の生活を送ることができない貧困レベルのことを指します。相対的貧困とは，日本を始めとした先進国での貧困を相対的貧困と呼びます。

　国民生活基礎調査における「相対的貧困率」とは，一定基準（貧困線）に満たない等価可処分所得（収入から税金・社会保険料などを差し引いた手取りの収入）しか得ていない人の割合です。「貧困線」とは，等価可処分所得（収入から税金・社会保険料等を除いた手取り収入）を世帯人員の平方根$\sqrt{\ }$で割って調整した所得の中央値の50％の額を示します（2018年の貧困線は127万円）。

（2）子どもの貧困とは

　「子どもの貧困」とは，上記に述べた相対的貧困の状態にある18歳未満の子どもの存在及び生活状況のことを指し，その割合を「子どもの貧困率」といいます。

　2008年頃から「子どもの貧困」の問題が社会問題の一つとして取り上げられてきました。「相対的貧困率」が初めて公表されたのは，2009年の国民生活基礎調査で，「子どもの貧困率」が先進諸国の中でも高い水準（15.7％）であるこ

とが示されました。そして2012年の国民生活基礎調査では，相対的貧困率は16.1％となり，これらの家庭で暮らす18歳未満の子どもの貧困率は16.3％と過去最悪の状態となりました。これにより「子どもの貧困」がより深刻な社会問題であるとの認識が高まり，具体的な対策が図られてきました。

（3）子どもの貧困の状況

　国民生活基礎調査（2019年）では，2018年の貧困線は127万円となっており，「相対的貧困率」（貧困線に満たない世帯員の割合）は15.4％，「子どもの貧困率」（17歳以下）は13.5％となり，子どもの7人に1人が貧困といわれています。子どもがいる世帯別にみると「子どもがいる大人2人以上」の世帯の貧困率は10.7％であるのに対して，「子どもがいる大人1人」の世帯では48.1％です。

　子どもの貧困の状況を示す指標として小学生・中学生への「就学援助費」の受給率があります。低所得世帯の子どもの義務教育にかかる費用（給食費・修学旅行費・PTA会費など）を国と自治体が支給する制度です。この受給率が増加していることは，子どもの貧困の拡大を示しています（図表8-10）。

　子どもの貧困は，ひとり親世帯や生活保護受給世帯に限らず，夫婦と子どもの世帯においても「見えにくい貧困」として存在します。その背景には，子育て世代の収入の低下や，働く母親がパート・アルバイト等，低賃金の非正規雇用に就く割合が高いことも指摘されています。また，男性の非正規雇用も増加し，2019年度は22.8％（1985年，7.4％）と拡大しています。さらに，長期化するコロナ禍による経済的負担は大きくなっています。

　家庭の経済状況は，教育格差と学力格差を生じさせる可能性があります。「令和3年子供の生活状況の分析」（内閣府）によると，子どもの普段の勉強の仕方について，「貧困層」の子どもは「塾で勉強する」28.7％で，全体の47.2％と差があります。また「学校の授業以外では勉強はしない」子どもは，全体で4.9％，「貧困層」では12.3％です。クラスの成績に関して「貧困層」の子どもの52.0％が「やや下のほう」「下のほう」と回答しています。貧困家庭では塾や習い事などの教育費を捻出する金銭的余裕がなく，さらに家庭内でも，生

図表8-10　小学生・中学生に対する就学援助の状況

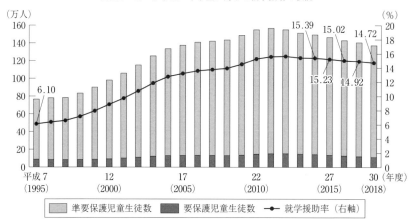

注：(1)　学校教育法第19条では，「経済的理由によって就学困難と認められる学齢児童又は学齢生徒の保
　　　　護者に対しては，市町村は，必要な援助を与えなければならない。」とされており，生活保護法第
　　　　6条第2項に規定する要保護者とそれに準ずる程度に困窮していると市町村教育委員会が認めた者
　　　　（準要保護者）に対し，就学援助が行われている。
　　　(2)　ここでいう就学援助率とは，公立小中学校児童生徒の総数に占める要保護・準要保護児童生徒数
　　　　の割合。
資料：文部科学省「平成30年度就学援助実施状況等調査」。
出所：内閣府『子供・若者白書 令和2年版』2020年，144頁。

活を送る厳しさに親が追われ，学習習慣も身に付きにくい状況があります。こ
れらの環境から，貧困家庭の子どもと平均的な収入世帯等の子どもとの間に学
力格差が生じることが推察されます。教育格差や学力格差によって，進学や社
会経験の機会を失い低学力・低学歴になってしまった子どもは，結果として経
済的に豊かになる可能性も低く，「貧困の連鎖」をもたらすことになります。
さらに，機会格差によって人や社会との関わりが希薄化し，社会的孤立につな
がっていきます。

　また，子どもの成育への影響も指摘されています。貧困家庭の子どもは経済
的理由や保護者自身の問題から医療機関を受診せず，病気になるリスクや健康
問題を抱える割合が高い事が報告されています。生活環境に問題がある場合は，
栄養の偏った食事や朝食抜き，親の長時間労働によるケアの欠如，虐待などの
問題も考えられます。貧困家庭に育つ子どもの情緒について，内閣府の先の調

査では，収入の低い世帯ほど逆境体験が多く，生活満足度が低くなっており，これが低い自己肯定感につながることが考えられます。

（4）子どもの貧困に対する施策等

　子どもの貧困はひとり親世帯と深く関わるため，第6章第2節も参照して下さい。

1）子どもの貧困対策の推進に関する法律（子どもの貧困対策推進法）

　親から子への貧困の連鎖が起きないよう，子どもの貧困対策を総合的に進めることを目的とする法律として，2013年に「子どもの貧困対策の推進に関する法律（子どもの貧困対策推進法）」が公布され，2014年から施行されました。政府には就労，生活，教育面などでの支援の指針となる子ども貧困対策に関する大綱の作成と，実施状況の毎年の公表が義務づけられました。2019年に改正され，法の目的に子どもの「将来」だけでなく「現在」の生活等に応じた対策を講じることが示されるとともに，子どもの最善の利益が優先されること，貧困の背景には様々な社会的要因があることなどが明記されました。また，これまで都道府県の努力義務とされていた「子どもの貧困対策の計画の策定」が市町村も対象となりました。

2）子供の貧困対策に関する大綱（子供の貧困対策大綱）

　「子供の貧困対策推進法」を受けて「子供の貧困対策に関する大綱（子供の貧困対策大綱）」2014年8月に閣議決定されました。基本方針として「貧困の世代間連鎖の解消と積極的な人材育成を目指す」ことが掲げられ，保護者の学び直し，親や子どもの就労支援，ひとり親家庭への支援，奨学金の拡充，スクールソーシャルワーカーの増員，学習支援など約40項目が重点政策とされました。2019年の見直しでは，現在だけでなく将来にもわたり，すべての子どもたちが夢や希望を持てる社会を目指して，子どもを第一に考えた支援を包括的・早期に実施することが目標とされました。また，生活保護世帯の子どもの進学率，子どもやひとり親の貧困率などの改善に向けた重点施策として，①教育の支援，②生活の安定に資するための支援（新たに設定），③保護者に対する職業安定と

向上に資するための就労支援，④経済的支援などが掲げられています（図表8-11）。

3）生活困窮者自立支援法・生活保護法

「生活困窮者自立支援法」（2015年施行）に基づき，生活保護受給者となるおそれのある生活困窮者を対象として，その自立の促進のための包括的な支援事業を実施する生活困窮者自立支援制度が2015年4月から実施されています。その中に生活困窮世帯の子どもの学習・生活支援事業として，子どもの学習支援をはじめ，生活習慣・育成環境の改善に関する助言，教育及び就労（進路選択等）に関する支援などが実施されています。

　また，「生活保護法」の改正では，生活保護世帯の子どもの貧困の連鎖を断ち切るため，大学等への進学支援が実施されています。生活保護受給世帯の子どもが大学等に進学した際に，新生活の立ち上げ費用として，自宅通学で10万円〜自宅外通学で30万円の一時金を給付する「進学準備給付金」が実施されています。

4）教育格差に関する支援

　家庭の経済状況に応じて，就学前の教育，義務教育以降の教育にかかる経済的な負担軽減のための施策が行われています。具体的には，幼児教育・保育では利用料無償化，義務教育では市町村における就学援助等，高校教育では公立高校授業料の無償化および「高等学校等就学支援金制度」，高等教育においては「高等教育の就学支援新制度」による大学等の授業料の減免等が挙げられます。これらの施策によって，大学等への進学率の向上や学びの機会が保障されることが期待されます。

5）貧困家庭の子どもへの民間支援

　貧困家庭やひとり親家庭では，食事の不足や栄養バランスが偏った食事，また子どもだけで食事をする家庭もあります。そのため，NPO法人等が実施している「子ども食堂」では，子どもが1人でも行ける無料または低額の食堂として，子どもへの食事提供から孤食の解消や食育，さらには地域交流の場等の役割を果たしています。また，品質に問題がないにもかかわらず様々な理由で

図表 8‑11　子供の貧困対策に関する大綱（概要）

Ⅰ　目的・理念

○現在から将来にわたって，全ての子供たちが前向きな気持ちで夢や希望を持つことのできる社会の構築を目指す。
○子育てや貧困を家庭のみの責任とするのではなく，地域や社会全体で課題を解決するという意識を強く持ち，子供のことを第一に考えた適切な支援を包括的かつ早期に講じる。

Ⅱ　基本的な方針

○親の妊娠・出産期から子供の社会的自立までの切れ目ない支援
○支援が届いていない，又は届きにくい子供・家庭への配慮
○地方公共団体による取組の充実
　　　　　　　　　など

Ⅲ　子供の貧困に関する指標

○生活保護世帯に属する子供の高校・大学等進学率
○高等教育の修学支援新制度の利用者数
○食料又は衣服が買えない経験
○子供の貧困率
○ひとり親世帯の貧困率
　　　　　など，39の指標

Ⅳ　指標の改善に向けた重点施策

教育の支援

○幼児教育・保育の無償化の推進及び質の向上
○地域に開かれた子供の貧困対策のプラットフォームとしての学校指導・運営体制の構築
　・スクールソーシャルワーカーやスクールカウンセラーが機能する体制の構築，少人数指導や習熟度別指導，補習等のための指導体制の充実等を通じた学校教育による学力保障
○高等学校等における修学継続のための支援
　・高校中退の予防のための取組，高校中退後の支援
○大学等進学に対する教育機会の提供
○特に配慮を要する子供への支援
○教育費負担の軽減
○地域における学習支援等

保護者に対する職業生活の安定や向上に資するための就労の支援

○職業生活の安定と向上のための支援
　・所得向上策の推進，職業と家庭が安心して両立できる働き方の実現
○ひとり親に対する就労支援
○ふたり親世帯を含む困窮世帯等への就労支援

生活の安定に資するための支援

○親の妊娠・出産期，子供の乳幼児期における支援
　・特定妊婦等困難を抱えた女性の把握と支援　等
○保護者の生活支援
　・保護者の自立支援，保育等の確保　等
○子供の生活支援
○子供の就労支援
○住宅に関する支援
○児童養護施設退所者等に関する支援
　・家庭への復帰支援，退所等後の相談支援
○支援体制の強化

経済的支援

○児童手当・児童扶養手当制度の着実な実施
○養育費の確保の推進
○教育費負担の軽減

施策の推進体制等

＜子供の貧困に関する調査研究等＞
○子供の貧困の実態等を把握するための調査研究
○子供の貧困に関する指標に関する調査研究
○地方公共団体による実態把握の支援

＜施策の推進体制等＞
○国における推進体制
○地域における施策推進への支援
○官公民の連携・協働プロジェクトの推進，国民運動の展開
○施策の実施状況等の検証・評価
○大綱の見直し

出所：内閣府「子供の貧困対策に関する大綱のポイント」(2019年11月29日閣議決定)。

捨てられてしまう食品を，必要とする人たちの手に届ける活動として「フードバンク」があります。生活困窮者や子ども食堂，福祉施設など食料が必要な施設や世帯に配達されます。

　NPO法人等が主催者として行う「学習支援」は，生活保護世帯等の子どもを対象に，大学生や教員OBがボランティアで公民館や公共施設等において勉強を教える取り組みを各地で行っているものです。学力の向上だけでなく，学習習慣の定着，進学への意欲の向上もみられます。また家庭や学校以外の人々と交流できる子どもの居場所としての役割も果たしています。

（5）貧困家庭に関する課題

　子どもの貧困が見えにくい理由として，①頼る人がいない，あるいは情報が届かず社会的に孤立しやすい，②子ども・家族に貧困である自覚がないため支援を求めない，あるいは周囲の目を気にして表に出せないなどがあります。内閣府調査「令和3年子供の生活状況の分析」によると，収入の水準が最も低い世帯でも「就学援助」や「児童扶養手当」の利用は5割前後で，「生活保護」，「生活困窮者の自立支援相談窓口」，「母子家庭等就業・自立支援センター」の利用割合は1割未満と低くなっています。収入が最も低い世帯では，各支援制度を利用していない理由として「利用したいが，今までこの支援制度を知らなかった」，「利用したいが，手続きがわからなかったり，利用しにくいから」を合わせた回答が約1割，「ひとり親世帯」では，約2割の回答となっています。この結果からも支援が必要な家庭に，必要な情報が届いていない，あるいは知っていても手続きに至らない家庭が多いことを示しています。

　さらに，収入の低い世帯やひとり親世帯では，頼れる人がいない割合が高く，心理的な状況として，うつ，不安障害が疑われる状況の割合も高くなっています。

　先の調査結果からも，支援が必要な人に必要な情報が届き，社会的に孤立させないための支援などが必要です。そのためには，身近な地域やSNSなどでの情報収集や相談体制の強化に加え，民間団体や学校，保育園など関係機関との連携強化が求められます。

4　外国籍等の子どもとその家庭への支援

（1）外国籍等を持つ子どもの増加

　1991年の「改正出入国管理及び難民認定法」施行以来，日本に暮らす在留外国人の数は急速に増えました。外国人の就学や留学，その他の理由により来日あるいは帰国によって，日本に在留する外国籍の子ども数が増加するとともに，日本の学校で学ぶ外国籍の子どもや保育施設で保育を受ける外国籍の子どもたちも急増しました。外国籍の子どもたちは「義務教育」ではないため，在日外国人学校やインターナショナルスクールでの学びなど，保護者と子どもたちは様々な選択が可能です。しかし，社会・経済的な条件などから日本での学校教育を選択した家族は，多様な背景を持つため，これまでとは異なった学校の在り方が必要となります。また，保護者の国際結婚によって，日本国籍を持ちながら，家庭内では日本語以外を使い日本文化に触れていない子どもも在籍しています。これらの子どもたちが学校で学ぶための条件を整備することが求められています。

　文部科学省の調べによると，2021年5月現在公立の小学校，中学校，高等学校，義務教育学校，中等教育学校，特別支援学校に在籍する外国籍の子どもの数は，11万4,853人で2016年の8万119人から約1.4倍に増加しています（図表8 - 12）。日本語指導が必要な子どもの数は5万8,307人（日本人国籍1万688人，外国籍4万7,619人）で，前回調査（2018年度）より7,181人増加しています。（図表8 - 13）。多くの外国籍等の子どもが学校生活や学びに支援を必要としているといえます。

　保育所等に在籍している外国籍等の子どもに関する調査では，2020年4月1日時点で，6,511件の保育所等で外国籍等の子どもが「在籍していると思われ

　▷2　厚生労働省「2019年度子ども・子育て支援推進調査研究事業」。三菱 UFJ リサーチ＆コンサルティング株式会社が行った『外国籍等の子どもへの保育に関する調査研究報告書』。「保育所等」とは，認可保育所（保育所型認可子ども園を含む），地域型保育事業（家庭的保育事業・小規模保育事業・居宅型保育事業）を指す。保育所等回収数10,821件。

図表 8 - 12　公立学校に在籍している外国籍の児童生徒数

資料：文部科学省「学校基本調査」。
出所：文部科学省「日本語指導が必要な児童生徒の受け入れ状況等に関する調査結果の概要（速報）」
　　　2022年一部改変。

図表 8 - 13　公立学校における日本語指導が必要な児童生徒（外国籍・日本国籍）の推移

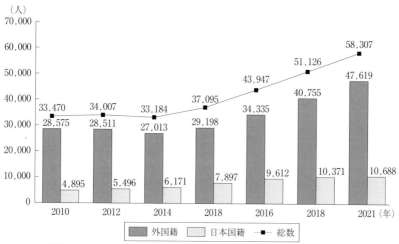

出所：文部科学省「日本語指導が必要な児童生徒の受入状況等に関する調査（令和 3 年度）」を基に筆
　　　者作成。

る」と回答しており，これは回答した園の約6割です。多くの園で外国籍等の子どもを受け入れていることが推測されます。外国籍等の子どもが入所している保育所等がある自治体は68.6％で，7割近くの市町村が受け入れている結果となります。外国人人口の比率による差はあると思われますが，多くの自治体では保育所等で外国籍等の子どもの保育が実施されていると考えられます。

（2）外国籍等を持つ子どもと家庭の背景

　外国籍等を持つ子どもの保護者は，外国人就業者（日系人を含む）や留学生，中国残留邦人，国際結婚者，海外からの帰国者など多様です。そのため，国籍や言語，宗教など文化的な背景も多様になります。外国籍等の子どもの家庭環境や経済環境も様々です。外国籍等をもつ子どもの家庭では，言葉の壁などから保護者が工場での派遣請負労働などの不安定な就労状況にある場合が多く十分な収入とはいえません。さらに言葉の壁や文化の違いから日本の制度に関する情報を得ることが難しく，家族や友人なども少なく，孤立していることもしばしばあります。

　外国籍等の子どもは，親の就労状況によっては，社会的・経済的に安定した生活や教育を受けることが困難な家庭もあります。保護者の転職と同時に転校を繰り返したり，社会状況の影響で失業や収入の低下によって高校進学をあきらめるケースも見られます。文部科学省の2021年度の調査では，高等学校への進学率は89.9％で，全中学生の進学率99.2％と比較して低いといえます。さらに，日本語の力が不十分なために，学校の勉強についていけない，友達が作れないなど強い孤独を感じることが少なくありません。さらに言葉がわからない中，学校に通う負担から不登校になる子どもも少なくありません。日本語指導が必要な高校生等の中退率は，2021年度は5.5％で2018年度調査の9.6％より改善傾向ですが，全高校生等の1.0％と比べると高いといえます（文部科学省「日本語指導が必要な児童生徒の受入状況等に関する調査」〔2022年〕）。日本語指導が必要な子どもの数は増加していますが，日本語指導が必要な子どもが十分な指導を受けているとは言い難い状況です。日本語指導が必要な子どものうち，約2

割の子どもは特別な指導を受けていません（2018年度）。その理由として，人員・予算不足，保護者や子ども本人が希望しない等が挙げられました。

（3）外国籍等を持つ子どもと保護者への支援

　先に述べたように，外国籍等を持つ子どもとその家族は言語，習慣，宗教など様々です。そのため，一人ひとりに応じた支援や関わりが必要となります。例えば，保育園や学校での給食や体育での配慮，宗教に関する行事などについては保護者と事前に相談し，判断が必要となります。また，滞在目的や滞在期間についても，保護者の留学や就業による一時的な滞在なのか，永住目的の来日なのか，家族の背景を見据えた子どもへの指導も重要になります。永住目的の場合は，その後も日本の学校に滞在する可能性が高く，日本語の習得や学力形成はその後の将来に影響することになります。

　外国籍等を持つ保護者の場合，言語に関する不安を訴える保護者が多く，子どもたちが保育園や学校生活を円満に送るための保護者支援として，多言語での資料配布や翻訳なども行われている自治体もあります。

　子どもたちの学校での学びの支援として，日本語学習支援や日本語サポート指導，進学支援などが行われています。日本語指導が必要な子ども18人に対して1人の教員が基礎定数として配置されるよう改善が図られています。また，日本語指導補助者・母国支援員の派遣や，ICTを活用した教育・支援等の推進が図られています。

　さらに，外国籍等の子どもの受け入れから卒業後の進路までの一貫した指導・支援体制を図るため，学校への受け入れ促進，日本語と教科の統合指導・生活指導等を含めた総合的な指導や，保護者を含めた支援体制の整備などに関する支援が行われています。具体的には，進路指導・キャリア教育の充実，生活相談・心理サポート，放課後や学内外での居場所づくり，外国籍等の子どもを対象とした特別定員枠の設定や受験に際しての配慮などです。

（４）課　　題

　日本語指導が必要な子どもとその家族は増加傾向であり，その使用言語も多様化しています。日本語指導が必要な子どもが十分に指導を受けられる体制の強化は必要ですが，学校教育現場では人員不足のため十分な時間数を確保するのが困難な状況です。多様な背景を持つ外国籍等の子どもが増大する中，授業や日本語指導以外にも学校生活全般のサポートを行う必要があります。一人ひとりの子どもに応じた受け入れ環境を整備するためには，日本語指導員数の確保に加え日本語指導補助や支援員など対応できる人材を増やす必要があります。また，日本語指導が必要な子どもやその保護者の状況は地域により集散化・散在化しているため，それぞれの地域に応じたきめ細かな支援が必要となります。

　保育現場においては，学校教育と異なり外国籍等の子どもへの特別なカリキュラムや人材配置に関する規定がありません。そのため，通訳・翻訳ができる職員不足，通訳・翻訳者を派遣する自治体の予算不足なども課題として指摘されています。ICT を活用した翻訳支援や，対応内容の統一化や翻訳作業の軽減を図るために，すべての保育所等で共通して使用する資料の多言語化など，自治体の取り組みが求められます。さらに，小学校に入学する場合，小学校の制度の説明，保護者・子どもの支援ニーズの共有など，他の部局や関係機関との連携が必要となります。外国籍等の子どもの保育が円滑に行えるための取り組みや環境整備が求められます。

　「外国人の子供の就学状況等調査（2022年）」では，2021年 5 月時点で約 1 万人の外国籍の子どもが不就学の状況である可能性が指摘されました。外国籍の子どもは「義務教育」ではないため，就学に関する実態把握が積極的に行われていない状況です。義務教育段階の子どもが教育を受けられないのは大きな問題です。その実態把握と義務教育年齢相当の子どもを持つ家庭への働きかけを行い，子どもの就学機会の確保に努める必要があります。さらに，外国籍等を持つ子どもや保護者が孤立しないための家庭へのサポート，国際交流や民間団体などとの連携強化の取り組みの必要性が指摘されています。

5　非行児童への支援

（1）非行のある子どもとは

　非行のある子どもについて，「少年法」第 3 条では家庭裁判所の審判に付すべき少年として非行のある子どもを次のように定義しています。

　　　犯罪少年：14歳以上で犯罪を行った少年

　　　触法少年：14歳に満たないで，刑罰法令に触れる行為をした少年

　　　ぐ犯少年：20歳未満で下記の一定の事由があり，その性格または環境に照
　　　　　　　　らして，将来，罪を犯し，または刑罰法令に触れる行為をする
　　　　　　　　おそれのある少年

　　　　　ア　保護者の正当な監督に服しない性癖のあること

　　　　　イ　正当な理由がなく家庭に寄りつかないこと

　　　　　ウ　犯罪性のある人若しくは不道徳な人と交際し，又はいかが
　　　　　　　わしい場所に出入りすること

　　　　　エ　自己又は他人の徳性を害する行為をする性癖のあること

　警察庁の調べによると，刑法犯少年（14歳以上20歳未満）と，触法少年（14歳未満）の検挙・補導人員は減少傾向にあります。しかし，刑法犯少年の少年人口比は成人人口比と比べても高くなっています。また，14歳未満の子どもの犯罪では12歳の割合が高くなっていることからも，犯罪の低年齢化が進んでいるといえるでしょう。

（2）非行のある子どもの背景

　少年非行の低年齢化や凶悪化には，子どもを取り巻く社会環境が大きく関わっています。家庭においては，貧困，家庭内の DV や子ども虐待，離婚などによる家庭の危機的状況に否応なく巻き込まれた子どもたちは深い心の傷を負うことになります。さらに，家庭の機能低下，希薄な親子関係によって信頼関係が築けず，非行のある子どもの自尊感情の低さも指摘されています。学校に

おいては，学習意欲の低下，校内暴力，いじめや不登校，友人関係の問題など子どもが安心できる居場所を確保できない状況です。インターネットの普及で，出会い系サイトなどのネットにおける有害情報が犯罪や非行の要因となることも指摘されています。また犯罪傾向を持つ子どもの中には，知的障害や発達障害を持つ子どもがいることも指摘されています。適切な成長時期に適切な保護や教育を受けることができず成長したために，二次障害などにより生じる生きにくさが結果として非行などの反社会的行動を招いていると考えられます。

（3）非行少年に関する施策・制度

　非行のある子どもに関する対応・手続きは，「児童福祉法」による「要保護児童」としての対応と，「少年法」による司法手続きとなります（図表 8 - 14）。

　また，非行のある子どもに関わる機関としては，警察の少年相談，児童相談所，家庭裁判所，少年鑑別所，児童自立支援施設等の児童福祉施設，少年院，保護観察所，少年刑務所などがあります。

　「児童福祉法」第25条では，保護者のない児童又は保護者に監護させることが不適当であると認められる児童を発見した者は，これを市町村，都道府県の福祉事務所又は児童相談所に通告しなければならないとされており，罪を犯した14歳以上の子どもの場合は，家庭裁判所への通告となります（児童福祉法第25条ただし書き）。家庭裁判所は，都道府県知事又は児童相談所長から送致を受けたときに限り，これらの子どもを審判に付すとされています。

（4）児童福祉法による措置

　非行のある子どもの相談援助や措置の中心となるのは児童相談所です。児童相談所では，不良行為のある子ども，ぐ犯行為のある子どもおよび14歳未満の触法行為のある子どもへの相談「非行相談」を行っています。2019年度に児童相談所で対応した非行関係の総件数は，1 万2,410件でした。その内訳は「虞犯行為等相談」7,466件，「触法行為等相談」4,944件となっています（全相談件数の2.3％）。

図表 8-14　非行傾向のある児童への福祉的対応

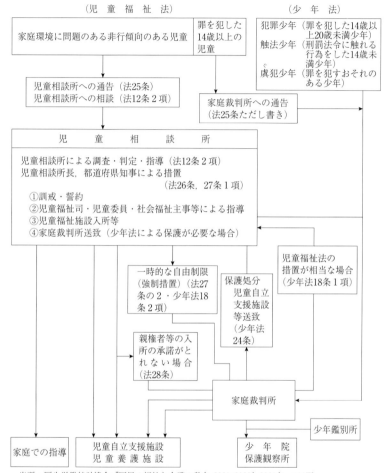

出所：厚生労働統計協会『国民の福祉と介護の動向 2021/2022』2021年，106頁。

　非行のある子どものうち，家庭環境に非行の原因がある者，14歳未満の子どもなどは，「児童福祉法」に基づいて措置がとられます。家庭環境に非行の主な原因がある場合は，児童相談所による判定結果に基づき，以下のような措置等がとられます。

　　①　児童または保護者への訓戒，または誓約書の提出

② 児童福祉司，社会福祉主事，児童委員などの指導

③ 里親への委託，または児童自立支援施設などの児童福祉施設への入所

④ 家庭裁判所への送致

　子どもと保護者への面接・調査や心理・医学診断，必要に応じて一時保護を実施した上での行動診断を行い，背景にある家族・親子関係や社会環境，心身の状況を明らかにし，子どもの非行行動の改善や親子関係の修復，関係機関による支援体制が図られます。援助内容として，児童福祉司等によるソーシャルワークや心理療法が行われ，主に通所指導が行われます。施設入所の措置の場合は児童自立支援施設が中心で，児童自立支援専門員や児童生活支援員による生活指導や自立支援などが行われます。

　罪を犯した14歳以上の少年（犯罪少年）は，「少年法」が適用となります。家庭裁判所において調査・審判を受けることになります。家庭裁判所では少年鑑別所が行った鑑別結果を総合的に考慮し，適当と認められる保護処分（保護観察所における保護観察，少年院への送致，児童自立支援施設または児童養護施設への送致など）が決定されます。

　少年院は，家庭裁判所から保護処分として送致された少年，及び少年院において懲役または禁錮刑の執行を受ける者を収容し，矯正教育，その他の必要な処遇を行う施設をいいます。

（5）少年法の改正と厳罰化

　少年法の改正による非行少年への厳罰化が進み，2000年の改正では，14歳以上であれば刑事処分が可能となり，16歳以上の少年が故意に犯罪行為によって人を死亡させた場合は，家庭裁判所から検察への送致が原則となりました。2007年の改正では，少年犯罪の凶悪化，深刻化を背景に，14歳未満の少年の保護処分が見直され，少年院の収容対象年齢が14歳以上からおおむね12歳以上へと引き下げられました。2014年の改正では，少年法の有期刑の規定が「最長で15年まで」が20年に引き上げられました。さらに，より適切な事実認定をするために検察官が少年審判に立ち会える範囲や，少年の権利保護に配慮する観点

から国選付添人の弁護士が立ち会える範囲も，殺人や強盗などだけでなく，窃盗や傷害，詐欺などにも拡大されました。

　2021年の改正では，成人年齢が20歳から18歳に引き下げられた「民法」との整合性を図る目的で，18〜19歳の少年については，「特定少年」と定義し一部厳罰化されました。家庭裁判所が，保護処分ではなく，事件を検察官に送る逆送された事件（逆送対象事件）について，18〜19歳が犯した犯罪の逆送対象事件（成人と同様の刑事手続き）の範囲が拡大されました。また，18〜19歳の時に犯した事件について起訴された場合，実名や写真等の報道が許されるようになりました。

　少年法の厳罰化の背景として，少年が社会的に注目されるような犯罪を起こした場合に，18歳や19歳の少年は成人との大きな違いはなく同じように厳罰を与えるべきではないか，少年法によって少年が守られているために少年の犯罪抑止が機能しないのではないかといった議論がありました。しかし，少年非行の低年齢化や凶悪化には，子どもを取り巻く社会環境が大きく関わっています。家庭環境や親子関係，教育現場における子どもの状況など様々な要因が絡み合っています。少年法の厳罰化について賛否両論見られますが，このような背景をもつ子どもたちの保護性と健全な育成・性格の矯正及び環境の整備という教育的配慮について，慎重な議論が必要となるでしょう。

（6）課　　題

　先に述べたように，非行のある子ども・若者の背景には，家庭環境，親子関係，教育現場，社会環境など様々な要因があります。このような子ども・若者の支援として，犯罪・非行の少ない，安全な社会を作る事前予防の強化が必要でしょう。医療機関や地域，学校現場，保育園や幼稚園などにおいて，家庭に問題のある子どもの情緒やその他の問題点を早期に発見し，早期の治療や福祉施策につないでいけるシステムの強化や，地域で子どもの環境や状態に注意を向ける社会環境の構築が必要でしょう。さらに，施設等を退所後の環境において，子どもたちを受け入れる教育現場，職場，地域社会などの理解と協力が必

要となります。特に学びの継続に関しては，復学後の修学・進路指導や，退学後の子どもの居場所や支援の継続のために，警察，児童相談所，保護観察所，学校関係者，民間協力者などが連携して対応する仕組みが必要です。

参考文献

厚生労働省「2019年国民生活基礎調査の概況」2020年。

厚生労働統計協会『国民の福祉と介護の動向　2021/2022』厚生労働統計協会，2021年。

小崎恭弘ほか『子ども家庭福祉論 第4版』晃洋書房，2022年。

社会保障審議会児童部会児童虐待等要保護事例の検証に関する専門委員会「子ども虐待の死亡事例等の検証結果等について17次報告」厚生労働省，2021年。

伊達悦子ほか編『保育士をめざす人の児童家庭福祉』みらい，2018年。

玉城晃・神園幸郎「児童自立支援施設における発達障害のある児童生徒への指導・支援に関する研究——施設併設の分校・分教室における教育的支援について」『Asian Journal of Human Services』5，2013年，64-77頁。

男女共同参画室『令和2年度配偶者暴力相談センターの相談件数』(https://www.gender.go.jp/policy/no_violence/e-vaw/data/pdf/2020soudan.pdf，2022年8月30日アクセス)。

内閣府「令和3年 子供の生活状況の分析」2021年。

内閣府『男女共同参画白書 令和3年版』勝美印刷，2021年。

内閣府『子供・若者白書 令和4年版』日経印刷，2022年。

日本子ども家庭総合研究所編『子ども虐待対応の手引き』有斐閣，2014年。

日本弁護士連合会子どもの権利委員会『子どもの虐待防止・法的実務マニュアル 第5版』明石書店，2012年。

比嘉眞人監修『輝く子どもたち 子ども家庭福祉論 第2版』みらい，2022年。

文部科学省「外国人児童生徒受け入れの手引き 改訂版」2019年。

文部科学省「外国人の子供の就学状況等調査について」2022年。

文部科学省「日本語指導が必要な児童生徒の受け入れ状況等に関する調査」2022年。

三菱UFJリサーチ＆コンサルティング株式会社『外国籍等の子どもへの保育に関する調査報告書』(https://www.murc.jp/wp-content/uploads/2021/04/koukai_210426_16.pdf，2022年10月1日アクセス)。

第 9 章　少子化対策と子育て支援

本章では，少子化対策として始まった，これまでの子育て支援の流れと具体的な施策について整理します。さらに，新しい少子化対策の方向性と子育てしやすい社会を目指した新たな子育て支援についてまとめます。

1　これまでの少子化対策の流れ

（1）子育て支援，保育サービスの展開

1）1.57ショックと少子化問題

　日本の人口減少社会は，急速な出生率低下を背景に子どもが急減する社会です。合計特殊出生率（1人の女性が生涯に産む子どもの数の推計値）は戦後のベビーブームであった1947年の4.32をピークに，1950年以降急激に低下しました。その後，第2次ベビーブームを含め，ほぼ2.1台を保っていましたが，1975年に2.0を下回ってから再び低下傾向となり，2005年には，過去最低を更新し1.26を示しました。

　少子化に視点を当てた少子化対策は，1989年の合計特殊出生率が1.57と統計史上最低となった，いわゆる1.57ショックを機に始まります。当時は，国会で高齢化社会を乗り切るための基盤整備を目的とした福祉関連法の改正が行われており，高齢化社会を担うはずの子どもの減少は，政官界に大きなショックを与えました。これ以後，政府における少子化問題の捉え方は変化していきました（図表9‐1，234-235頁）。

2）エンゼルプランと新エンゼルプランの策定

　最初の少子化対策の計画として，保育ニーズの多様化に対応するために，政府は1994年に「今後の子育て支援のための施策の基本的方向について」（エン

図表 9-1　これまでの少子化対策の取り組み

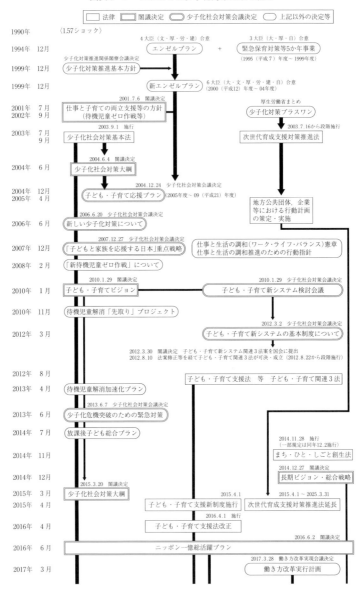

| 法律 | 閣議決定 | 少子化社会対策会議決定 | 上記以外の決定等 |

1990年　〈1.57ショック〉

1994年　12月　4大臣（文・厚・労・建）合意　エンゼルプラン　＋　3大臣（大・厚・自）合意　緊急保育対策等5か年事業（1995（平成7）年度～1999年度）

1999年　12月　少子化対策推進関係閣僚会議決定　少子化対策推進基本方針

1999年　12月　新エンゼルプラン　6大臣（大・文・厚・労・建・自）合意（2000（平成12）年度～04年度）

2001年　7月　2001.7.6　閣議決定　仕事と子育ての両立支援等の方針（待機児童ゼロ作戦等）
2002年　9月　厚生労働省まとめ　少子化対策プラスワン

2003年　7月　2003.9.1　施行　少子化社会対策基本法　2003.7.16から段階施行　次世代育成支援対策推進法
　　　　9月

2004年　6月　2004.6.4　閣議決定　少子化社会対策大綱

2004年　12月　2004.12.24　少子化社会対策会議決定　子ども・子育て応援プラン（2005年度～09（平成21）年度）
2005年　4月　地方公共団体，企業等における行動計画の策定・実施

2006年　6月　2006.6.20　少子化社会対策会議決定　新しい少子化対策について

2007年　12月　2007.12.27　少子化社会対策会議決定　「子どもと家族を応援する日本」重点戦略　仕事と生活の調和（ワーク・ライフ・バランス）憲章　仕事と生活の調和推進のための行動指針

2008年　2月　「新待機児童ゼロ作戦」について

2010年　1月　2010.1.29　閣議決定　子ども・子育てビジョン　2010.1.29　少子化社会対策会議決定　子ども・子育て新システム検討会議

2010年　11月　待機児童解消「先取り」プロジェクト

2012年　3月　2012.3.2　少子化社会対策会議決定　子ども・子育て新システムの基本制度について

2012.3.30　閣議決定　子ども・子育て新システム関連3法案を国会に提出
2012.8.10　法案修正等を経て子ども・子育て関連3法が可決・成立（2012.8.22から段階施行）

2012年　8月　子ども・子育て支援法　等　子ども・子育て関連3法

2013年　4月　待機児童解消加速化プラン

2013年　6月　2013.6.7　少子化社会対策会議決定　少子化危機突破のための緊急対策

2014年　7月　放課後子ども総合プラン

2014年　11月　2014.11.28　施行（一部規定は同年12.2施行）　まち・ひと・しごと創生法

2014年　12月　2014.12.27　閣議決定　長期ビジョン・総合戦略

2015年　3月　2015.3.20　閣議決定　少子化社会対策大綱
2015年　4月　2015.4.1　子ども・子育て支援新制度施行　2015.4.1～2025.3.31　次世代育成支援対策推進法延長

2016年　4月　2016.4.1　施行　子ども・子育て支援法改正

2016年　6月　2016.6.2　閣議決定　ニッポン一億総活躍プラン

2017年　3月　2017.3.28　働き方改革実現会議決定　働き方改革実行計画

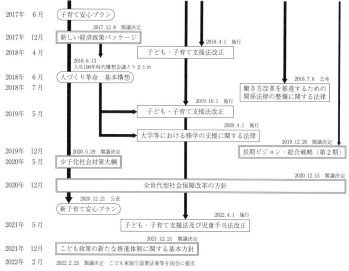

出所：内閣府『少子化社会対策白書 令和 4 年版』日経印刷，2022年，48-49頁。

ゼルプラン）を策定しました。エンゼルプランは，子育てを夫婦や家庭だけの問題と捉えるのではなく，国や地方自治体をはじめ，企業・職場や地域社会も含めた社会全体で子育てを支援していくことをねらいとして，今後10年間で取り組むべき基本的方向と重点施策を定めた計画でした。それを実施するために，保育所の量的拡大や低年齢児保育，延長保育など多様な保育サービスを充実させ，さらに「緊急保育対策等 5 か年事業」が策定され，整備が進められました。

　1999年にはこれらを引き継ぐ「重点的に推進すべき少子化対策の具体的実施計画について」（新エンゼルプラン）が策定されました。これまでのエンゼルプランと「緊急保育対策等 5 か年事業」を見直し，2004年度までの 5 年間の達成目標値を設置し，低年齢児受け入れの拡大，延長保育・休日保育，放課後児童クラブなどの各種保育サービスの拡充を中心として，子どもを産み育てたいと希望する人々が生み育てやすいように，雇用，母子保健・相談，教育など幅広い子育て支援対策を推進しました。

　また，子育てを社会全体で支援していくため，新エンゼルプランに引き続き，

様々な施策が展開されていきました。

（2）新たな子育て支援施策の視点——次世代育成支援

1）次世代育成への転換

　少子化に対応するための政策にもかかわらず，少子化に歯止めがかからず，もう一度子育て支援施策を見直す必要が出てきました。その背景として，さらに進む少子化，子ども虐待の社会問題化，凶悪な少年犯罪の増加など，子育ちや子育てが依然として厳しい現状にあることがあげられます。特に，先に述べたような夫婦の出生力の低下が確認され，それらをふまえた少子化対策が必要とされました。これまでの子育て支援サービスは，「福祉」としての保育に偏りすぎ，社会保障においても子育て・子育て分野の割合も相対的に低いことが子育ての負担をいっそう大きくしていることが指摘され，さらに，現状の子育て支援施策，サービスは，地域子育て支援，母子保健，育児休業，保育，児童手当などそれぞれの支援制度，財源，実施主体が分断化されすぎて，総合的な対策が取りにくいことも問題となりました。

　このような問題認識から，次世育成支援という新しい考え方による少子化，子育て支援施策の推進が図られるようになりました。

2）少子化対策基本法と少子化社会対策大綱

　少子化に歯止めをかけるため，2003年に少子化社会対策に関する基本法である「少子化社会対策基本法」が成立しました。それに基づき，少子化に対処するための基本指針として2004年に「少子化社会対策大綱」が策定されました。

　この大綱では，子どもが健康に育つ社会，子どもを生み育てることに喜びを感じることのできる社会への転換を課題として，社会全体で子育てを応援するために，「3つの視点」と「4つの重点課題」，「28の具体的行動」が提示されました。

3）子ども・子育て応援プラン

　「少子化社会対策大綱」の重点施策を具体的に実施する計画として，2004年に「子ども・子育て応援プラン」が策定され，2009年3月までの5か年計画が

立てられました。「子ども・子育て応援プラン」は，「少子化社会対策大綱」の掲げる4つの重点課題に沿って，国が地方自治体や企業等とともに計画的に取り組む必要のある事項について，2005〜2009年度までの5年間に講ずる施策内容と目標を掲げています。

4）次世代育成支援対策推進法

「少子化社会対策基本法」と同時に，2003年に成立したのが「次世代育成支援対策推進法」です。「次世代育成支援対策推進法」は，次代の社会を担う子どもが健やかに生まれ，かつ育成される環境の整備を図るため，次世代育成支援の基本的理念や，国，自治体，事業主による行動計画の策定などが規定されました。行動計画の観点は，男性を含む「働きながら子育てをしている人」への支援，「子育てをしているすべての家族」の子育て環境の整備と促進，「次世代を育む親となるため」の子ども養育についての支援です。国やすべての自治体および従業員301人以上の企業に対し10年間の集中的行動計画策定を義務づけ，2003年から段階的に実施されました。

2008年には一部改正が行われ，従業員101人以上の企業に対し，行動計画策定が義務づけられました。当法により従来の保育施策中心の少子化対策から，労働環境を含めた男女参画の家庭対策による少子化対策となり，家庭や住民，企業が積極的に参加する取り組みが進められてきました。

さらに，子ども・子育て関連3法の施行にともない，2015年の改正では，行動計画策定の有効期限が2025年3月31日まで延長されました。また，これまで一定の要件を満たすと厚生労働大臣の認定（くるみん認定）が受けられましたが，次世代育成対策の実施状況が特に優良な企業に対して，特例認定制度（プラチナくるみん）を創設しました（図表9-2）。

2021年には，同法に基づく「行動計画策定指針」が改正されました。これにより，①子どもの看護休暇のための措置，②不妊治療を受ける労働者に配慮した措置が盛り込まれました。

5）子育て支援事業の法定化

2003年「次世代育成支援対策推進法」の制定と同時に「児童福祉法」の改正

図表 9-2　次世代育成支援対策推進法に基づく企業の行動計画策定・実施

（2025年3月末までの時限立法（※2005年4月から2015年3月までの10年間の時限立法を，10年間延長））

行動計画の策定	届出・実施	計画終了・目標達成	厚生労働大臣による認定
・101人以上企業 　→義務 ・100人以下企業 　→努力義務 （2011年4月から義務の対象を拡大（従前は301人以上企業））	・各都道府県労働局に届出 ・計画の公表・従業員へ周知（2009年4月から義務付け） ・目標達成に向けて計画実施	・次期行動計画の策定・実施 ・認定の申請	・一定の基準を満たす企業を認定 ・企業は商品等に認定マークを使用可（2015年4月1日から，新たな認定（特例認定）制度（プラチナくるみん認定制度）を実施）

<table>
<tr><td>

行動計画（一般事業主行動計画）

【行動計画とは】
　企業が，次世代法に基づき，従業員の仕事と子育ての両立を図るために策定する計画

【計画に定める事項】
　①計画期間（各企業の実情を踏まえおおむね2～5年間の範囲）
　②達成しようとする目標
　③目標達成のための対策およびその実施時期

【計画の内容に関する事項】
1　雇用環境の整備に関する事項
　(1)主に育児をしている従業員を対象とする取組
　(2)育児をしていない従業員も含めて対象とする取組
2　その他の次世代育成支援対策
　対象を自社の従業員に限定しない，雇用環境整備以外の取組
＝計画例＝
（例1）　計画期間内に育児休業の取得状況を次の水準にする。
　男性：年に○人以上取得，女性：取得率○％以上
　<対策>
　令和○年○月　管理職を対象とした研修の実施
　令和○年○月　育児休業中の社員で希望する者を対象とする職場復帰のための講習会を年に○回実施
（例2）　ノー残業デーを月に1日設定する。
　<対策>
　令和○年○月　部署ごとに検討グループを設置
　令和○年○月　社内情報などでキャンペーンを行う

</td><td>

○届出状況(2020年12月末時点)
　・101人以上企業の　　97.7％
　・301人以上企業の　　98.2％
　・101～300人企業の　97.4％
　規模計届出企業数　94,367社
○認定状況(2020年12月末時点)
　・くるみん認定企業　3,496社
　・うち，プラチナくるみん認定企業　　　　　　　416社

</td><td>

認定基準

・行動計画の期間が，2年以上5年以下であること。
・策定した行動計画を実施し，それに定めた目標を達成したこと。
・3歳から小学校に入学するまでの子を持つ労働者を対象とする「育児休業の制度または勤務時間短縮等の措置に準ずる措置」を講じていること。
・計画期間内に，男性の育児休業等取得率が7％（プラチナくるみんは13％以上）以上又は計画期間内に，男性労働者のうち，配偶者が出産した男性労働者に対する育児休業等を取得した者及び育児休業等に類似した企業独自の休暇制度を利用した者の割合が15％以上（プラチナくるみんは30％）であり，かつ，育児休業等をした者の数が1人以上いること。
・女性の育児休業等取得率が75％以上であること。
・フルタイムの労働者等の法定時間外・法定休日労働時間の平均が各月45時間未満であること。
・月平均の法定時間外労働60時間以上の労働者がいないこと。
　　　　　　　　　　　　など
※認定企業に対する税制優遇制度は，2018年3月31日をもって廃止

</td></tr>
</table>

出所：厚生労働省『厚生労働白書　令和3年版』日経印刷，2021年。

が行われ，「子育て支援事業」が法定化されました。これまでの保育所を中心とする施設サービスではなく，「放課後健全育成事業」や「子育て短期支援事業」など在宅福祉サービスも含め，「児童及びその保護者又はその他の者の居宅において保護者の児童の養育を支援する事業（育児家庭訪問支援事業など）」，「保育所その他の施設において保護者の児童の養育を支援する事業（放課後児童

健全育成事業，子育て短期支援事業，特定保育事業など）」，「地域の児童の養育に関
する各般の問題につき，保護者からの相談に応じ，必要な情報の提供及び助言
を行う事業（地域子育て支援センター事業，つどいの広場事業など）」が法定化され
ました。また，この改正により，市町村は，「子育て支援事業」に関して必要
な情報の提供を行うとともに，最も適切な子育て支援事業の利用ができるよう
相談，助言，あっせん，調整を行うことが明記されました。

　さらに，急速な少子化・高齢化の進行の現状から，次代の社会を担う子ども
の健全育成の環境整備を図るために，地域や職場における総合的な次世代育成
支援対策の推進が，緊急の課題とされ，2008年の「児童福祉法の一部を改正す
る法律」では「乳児家庭全戸訪問事業（これまでの生後4か月までの全戸訪問事
業）」，「一時預かり事業」，「地域子育て支援拠点事業」，「養育支援訪問事業
（これまでの育児支援家庭訪問事業）」，「家庭的保育事業」などの法定化が図られ
ました。

6）新しい少子化対策と子どもと家族を応援する日本重点戦略

　2005年の合計特殊出生率が1.26と過去最低を記録したことから，少子化対策
の抜本的な拡充，強化，転換を図るため，2006年には，少子化社会対策会議に
おいて「新しい少子化対策について」が取りまとめられ，さらに進む少子化対
策として抜本的な改革が図られることになりました。具体的には，①社会全体
の意識改革，②子どもと家族を大切にする観点からの施策の拡充に重点を置き，
40項目における具体的な施策が掲げられました。それにより，「生後4か月ま
での全戸訪問事業（2009年度より乳児家庭全戸訪問事業）」，「育児休業給付金の給
付率の引き上げ」，「放課後子どもプラン」などが実施されました。

　2007年には，少子化社会対策会議において，「子どもと家族を応援する日本」
の策定方針が決定され，同年12月に「子どもと家族を応援する日本重点戦略」
がまとめられました。

　「子どもと家族を応援する日本重点戦略」においては，これまでの「就労」
と「出産・子育て」という二者択一の状況を抜本的に変えるために，①働き方
の見直しによる仕事と生活の調和（ワーク・ライフ・バランス）の実現，②「就

労と子育ての両立」,「家庭における子育て」の包括的支援のために次世代育成支援策の再構築が必要不可欠とされました。①の課題については，2007年に「仕事と生活の調和（ワーク・ライフ・バランス）憲章」と「仕事と生活の調和促進のための行動指針」が決定され，その推進が図られています。②の課題については，2008年の「児童福祉法」の改正，「次世代育成支援対策推進法」の改正によって「家庭的保育事業」の制度化，一時預かり等の「子育て支援事業」への法的位置づけ，地方公共団体や事業主が策定する次世代育成支援の取り組みの推進，などが行われました。

2　仕事と生活の調和（ワーク・ライフ・バランス）のための就労支援

（1）「仕事と生活の調和（ワーク・ライフ・バランス）憲章」等に基づく取り組み

　働き方の見直しによる仕事と生活の調和の実現について2007年「仕事と生活の調和（ワーク・ライフ・バランス）憲章」及び「仕事と生活の調和推進のための行動指針」が決定され，その推進が図られています。年1回取りまとめられる「仕事と生活の調和（ワーク・ライフ・バランス）レポート」において，そのレポート2016年度版では「行動指針」に設定されている数値目標の目標年2020年に向けて，長時間労働の抑制，年次有給休暇の取得の促進，女性の継続就業の促進，男性の育児・家事参画の促進，仕事と介護の両立の促進等について，仕事と生活の調和に向けた取り組みを加速していくことが掲げられています。

　さらに，仕事と生活の両立支援制度を利用しやすい職場環境の整備として，育児を行う労働者が仕事を継続できる雇用環境の整備をしている事業主への助成金の支援が行われています。また，育児休業や短期間勤務等の両立支援制度の普及・定着に向けた取り組みも図られています。

（2）育児休業制度等

　1991年に，労働者の仕事と家庭の両立の負担を軽減するため，育児休業・介

護休業制度，時間外労働短縮等に関する規定を定めた「育児休業・介護休業等
育児又は家族介護を行う労働者の福祉に関する法律」（通称：育児・介護休業法）
が制定されました。さらに，次世代育成支援を進めていく上でも大きな課題と
なっている育児や介護を行う労働者の仕事と家庭との両立をより一層推進する
ために，「育児・介護休業法」が改正されてきました。

　育児休業制度では，１歳未満の子どもを養育する男女労働者が，子どもが１
歳に達する日までの希望する期間，育児休業をとることができます。しかし，
保育所への入所を希望していても入所ができないなどの場合は，最長２歳に達
する日まで育児休業期間を延長できます。

　また，父母がともに育児休業を取得する場合に限り，子どもが１歳２か月ま
での間に，１年間（パパ・ママ育休プラス）育児休業を取得できます。また，産
後８週間以内の期間に育児休業を取得した場合は，特別な事情がなくても申出
により再度の育児休業取得ができます（パパ休暇）。2022年10月からは，産後パ
パ育休が創設され，父親は産後パパ育休を２回，育児休業を２回の合計４回ま
で，分割して育児休業を取得できるようになります。このように，育児休業を
分割して取得でき，夫婦で交替して柔軟に休業しながら育児ができるようにな
ります。

　育児休業を取得した労働者の雇用の継続のために，育児休業給付金が支給さ
れます。育児休業開始から180日間までは，休業開始前賃金の67％，それ以降
は50％の育児休業給付を受けることができます。

　国は，少子化社会対策大綱（2020年）において，2025年までに「男性の育児
休業取得率」30％の数値目標を掲げています。しかし，2020年度で12.65％と，
女性の取得率81.6％に比べ大きな差があります。また，女性が就労を希望して
いても，育児や介護によって離職を選択せざるを得ない状況もあります。出
産・育児等による離職率を防ぎ，希望に応じて男女ともに仕事と育児等を両立
できる社会の実現のために，「家事・育児は女性がするもの」「男性が育児休業
を取得することへの批判」など意識を改め，職場の雇用環境を整備し，男性の
育児休業取得を促進する必要があります。

（3）男性の子育て参加を促進する取り組み

　仕事と家庭の両立については，男女を問わず推進していくことが求められる課題です。しかし日本では，他の先進国と比較しても男性が家事・育児に関わる時間は短く，その環境が充分に整備されていないことがわかります。父親が育児に関わることは，父親も子育ての喜びを実感するとともに，子どもの成長にとっても重要な意味があります。

　このため，男性労働者が家事や育児を行うことが制約される職場の働き方を是正し，親子，特に父親が子どもと過ごす時間を増やすことができるように，これまでの働き方を見直し，仕事と生活の調和（ワーク・ライフ・バランス）が図られる必要があります。そのためには，企業における労働者に対する子育て支援を充実させ，仕事と育児の両立支援を進めることが必要です。

　働き方の改革として，「仕事と生活の調和（ワーク・ライフ・バランス）憲章」及び「行動計画」に基づき，長時間労働の抑制，年次有給休暇の取得促進など，労働時間等の改善に取り組む中小企業に対する支援や助成が行われています。

　またICTを利用し，時間や場所を有効に活用できる柔軟な働き方として，テレワークの導入・定着も進められています。

　先に述べた「育児・介護休業法」では，男性の育児休業の取得を促進する内容が盛り込まれています。たとえば，父母がともに育児休業を取得する場合に，育児休業取得可能期間を延長する制度「パパ・ママ育休プラス」，また，出産後8週間以内の父親の育児休業取得を促進する制度などがあります。

　また，「育児・介護休業法」改正の施行と合わせて，2010年には，育児を積極的にする男性「イクメン」を広めるために開始された「イクメンプロジェクト」が開始されました。男性が育児をより積極的に楽しみ，育児休業を取得しやすい社会の実現を目指して，公式サイトの運営やシンポジウムの開催，ハンドブックの配布などが行われています（http://ikumen-project.jp/）。

（4）再就職を支援する取り組み

　出産や子育てのためにいったん離職した女性の再就職・企業等を総合的に支

援するための取り組みとして，「女性の再チャレンジ支援プラン」が2005年に決定されました。

職業能力開発施設では土日・夜間等の時間帯を活用した訓練コースを設置したり，2006年度から，マザーズハローワークを全国に設置し，子育てをしながら早期の就職を希望している女性に対して就職支援を実施しています。2022年3月31日現在，全国で204か所設置されています。

公的職業訓練では，母子家庭の母や父子家庭の父の特性に応じた訓練コースや託児サービス付きの訓練等が実施されています。さらに，インターネット上で再就職に向けた取組計画の作成や再就職のための基礎的な学習ができるeラーニングプログラムが提供されています。

内閣府では，様々な女性のライフステージやニーズに合わせた女性活躍等に向けた実施機関の支援情報をまとめ，「女性応援ポータルサイト」で発信しています。家事・子育てとの両立が可能な就業・再就職支援策，ひとり親家庭への就業支援などの情報を得ることができます。

3　新たな少子化対策と子育てを応援する新しいシステム

（1）子ども・子育てビジョン

子どもと子育てを応援する社会の実現に向けて，2010年に少子化対策基本法に基づく新たな大綱「子ども・子育てビジョン」が策定されました。この「子ども・子育てビジョン」は，子どもが主人公（チルドレン・ファースト）であると位置づけ，少子化対策から子ども・子育て支援に考え方が転換されました。社会全体で子どもと子育てを応援する社会の実現を目指し，高校の実質無償化，父子家庭への児童扶養手当の支給などが具体的な施策として位置づけられるとともに，2010年度から2014年度までの5年間で目指すべき施策内容と具体的な数値目標が設定されました。これにより，保育サービスやワーク・ライフ・バランスの推進など，「生活と仕事と子育ての調和」をめざす取り組みが進められました。

（2）子ども・子育て支援新制度

　「子ども・子育てビジョン」等に基づき，幼保一体化を含む新しい子ども・子育て支援のための包括的・一元的な制度を策定するため，「子ども・子育て新システム」の検討が進められ，2015年4月から「子ども・子育て支援新制度」がスタートしました。この新制度の施行に合わせて，内閣府に子ども・子育て本部が設置されました。

　本制度は，子どもの育ちを保障し，社会全体で子どもや子育てを支援するため，子ども・子育て支援関連の制度，財源，給付を一元化し，制度の実施主体を市町村として，国や都道府県が新制度の給付・事業が円滑に運営されるよう支援・助言を行う一元的なシステムを構築するものです。

　新制度の主なポイントは，①子ども・子育てサービスを中心に給付を行う仕組みとして，「子ども・子育て支援給付」の創設，②認定こども園制度の改善，③地域の子ども・子育て支援の充実の3点です

　「子ども・子育て支援給付」には，市町村が実施主体として行われる「現金給付」，「教育・保育給付」，「施設等利用給付」があります。「現金給付」は児童手当法に基づく児童手当に充てられます。「教育・保育給付」は，子ども・子育て支援法に規定される教育・保育関連事業を利用する場合に，市町村の認定を受けた子どもが対象です。この教育・保育給付は「施設型給付」と「地域型保育給付」に分けられ，「施設型給付」は幼稚園，保育所，認定こども園が対象となります。「地域型保育給付」は，「地域型保育事業」（小規模保育，居宅訪問型保育，家庭的保育，事業所内保育）が対象となります。「施設等利用給付」は，新制度の対象とならない幼稚園，特別支援学校，預かり保育事業，認可外保育施設などが対象となります（図表9‐3）。

　「認定こども園制度の改善」については，4種類の認定こども園のうち，「幼保連携型認定こども園」について，これまで学校教育法に基づく幼稚園と児童福祉法に基づく保育所の2つの制度によって，認可や指導監督等が二重行政となっていましたが，認可や指導監督を一本化されました。また財政についても，4種類全てが「施設型給付」の対象となります。

「地域の子ども・子育て支援の充実」については，すべての子育て家庭を対象に地域のニーズに応じた多様な子育て支援を充実させるため，「地域子ども・子育て支援事業」が創設され13の事業が行われています。「地域子ども・子育て支援事業」の詳細については，第7章（図表7-7）を参照して下さい。

これに加え，子ども・子育て支援の充実を図る目的で，2016年度から国が実施する「仕事・子育て両立支援事業」が新設されました。現在は「企業主導型保育事業」「企業主導型ベビーシッター利用者支援事業」「中小企業子ども・子育て支援環境整備事業」となっています。

現在は，図表9-3の4つの仕組みの子ども・子育て支援が実施され，多様なニーズに対応できる子育て支援が図られています。

（3）新たな少子化社会対策大綱（第3次）

少子化社会対策大綱は，少子化社会対策基本法に基づき，2004年，2010年に策定されてきました（2010年は「子ども・子育てビジョン」として策定）。2010年に策定された大綱は5年後に見直しされ，政府は2015年3月20日新たな少子化社会対策大綱を策定しました。

今回の少子化社会対策大綱（第3次）では，「基本的な考え方」として，「①結婚や子育てしやすい環境となるよう，社会全体を見直し，これまで以上に対策の充実を図る。②個々人が結婚や子供についての希望を実現できる社会をつくることを基本的な目標とする。③『結婚・妊娠・出産，子育ての各段階に応じた切れ目のない取組』と『地域・企業など社会全体の取り組み』を両軸として，きめ細かく対応する。④集中取組期間を設定し，政策を効果的かつ集中投入する。⑤長期展望に立って，子供への資源配分を大胆に拡充し，継続的かつ総合的な少子化対策を推進する。」という5つの項目が挙げられています。

さらに，2020年に向けて，第1子出産前後の女性の就業継続率55％，男性の育児休業取得率13％などの数値目標が盛り込まれました。

図表 9‑3　子ども・子育て支援新制度の概要

市町村主体			国主体
子どものための 教育・保育給付	子育てのための 施設等利用給付	地域子ども・子育 て支援事業	仕事・子育て 両立支援事業
認定こども園・幼稚園・保育所・小規模保育等に係る共通の財政支援	新制度の対象とならない幼稚園，認可外保育施設，預かり保育等の利用に係る支援	地域の実情に応じた子育て支援	仕事と子育ての両立支援

子どものための教育・保育給付

施設型給付費

認定こども園 0〜5歳

幼保連携型

※　幼保連携型については，認可・指導監督の一本化，学校及び児童福祉施設としての法的位置づけを与える等，制度改善を実施

幼稚園型	保育所型	地方 裁量型

幼稚園 3〜5歳	保育所 0〜5歳

※私立保育所については，児童福祉法第24条により市町村が保育の実施義務を担うことに基づく措置として，委託費を支弁

地域型保育給付費

小規模保育，家庭的保育，居宅訪問型保育，事業所内保育

子育てのための施設等利用給付

施設等利用費

新制度の対象とならない幼稚園

特別支援学校

預かり保育事業

認可外保育施設等
・認可外保育施設
・一時預かり事業
・病児保育事業
・子育て援助活動支援事業（ファミリー・サポート・センター事業）

※認定こども園（国立・公立大学法人立）も対象

地域子ども・子育て支援事業

①利用者支援事業
②延長保育事業
③実費徴収に係る補足給付を行う事業
④多様な事業者の参入促進・能力活用事業
⑤放課後児童健全育成事業
⑥子育て短期支援事業
⑦乳児家庭全戸訪問事業
⑧・養育支援訪問事業
　・子どもを守る地域ネットワーク機能強化事業
⑨地域子育て支援拠点事業
⑩一時預かり事業
⑪病児保育事業
⑫子育て援助活動支援事業（ファミリー・サポート・センター事業）
⑬妊婦健診

仕事・子育て両立支援事業

・企業主導型保育事業
⇒事業所内保育を主軸とした企業主導型の多様な就労形態に対応した保育サービスの拡大を支援（整備費，運営費の助成）

・企業主導型ベビーシッター利用者支援事業
⇒繁忙期の残業や夜勤等の多様な働き方をしている労働者が，低廉な価格でベビーシッター派遣サービスを利用できるよう支援

・中小企業子ども・子育て支援環境整備事業
⇒くるみん認定を活用し，育児休業等取得に積極的に取り組む中小企業を支援

資料：内閣府資料。
出所：内閣府『少子化社会対策白書　令和 4 年版』日経印刷，2022年，111頁。

（4）ニッポン一億総活躍プラン

　2015年10月から開催された一億総活躍国民会議で，一億総活躍社会の実現に向けて「希望を生み出す強い経済」，「夢をつむぐ子育て支援」，「安心につながる社会保障」の「3本の矢」が公表され，2016年6月に「ニッポン一億総活躍プラン」が取りまとめられ閣議決定されました。「夢をつむぐ子育て支援」では「希望出生率1.8」を目標とし，子育て・介護の環境整備など7つの事項について施策が打ち出されました。

　　①　子育て・介護の環境整備

　　②　すべての子どもが希望する教育を受けられる環境の整備

　　③　女性活躍

　　④　結婚支援の充実

　　⑤　若者・子育て世帯への支援

　　⑥　子育てを家族で支える三世代同居・近居しやすい環境づくり

　　⑦　社会生活を円滑に営む上での困難を有する子ども・若者等の活躍支援

　「希望出生率1.8」の実現に向けて，国民生活における課題，検討すべき方向性，対応策が示されています。この対応策について，項目ごとに各年度の施策展開の指標を掲げ2016〜2025年度の10年間のロードマップが示されています。

（5）新しい経済政策パッケージと子ども・子育て支援法の一部を改正する法律

　2017年12月に「新しい経済政策パッケージ」が策定されました。これは，「人づくり革命」，「生産性革命」を車の両輪として，少子高齢化に立ち向かうため，2020年までの3年間，人材，設備へ投資し，日本経済の生産性を飛躍的に押し上げていく政策です。「人づくり革命」では，①幼児教育の無償化，②待機児童の解消，③高等教育の無償化，④私立高等学校の授業料の実質無償化が掲げられました。

　これを受けて，教育の無償化を実施するために，2019年「子ども・子育て支援法の一部を改正する法律」，「大学等における修学の支援に関する法律」が成立しました。これによって，2019年10月から幼児教育・保育の無償化が，2020

図表 9-4　少子化社会対策大綱（概要）──新しい令和の時代にふさわしい少子化対策へ

少子化社会対策大綱（概要） ～新しい令和の時代にふさわしい少子化対策へ～	2020年5月29日閣議決定 ・少子化社会対策基本法[1]に基づく総合的かつ長期的な少子化に対処するための施策の指針 ・2004年，2010年，2015年に続く第4次の大綱

＜背景＞
- ・少子化の進行は，人口（特に生産年齢人口）の減少と高齢化を通じて，社会経済に多大な影響
- ・少子化の主な原因は，未婚化・晩婚化，有配偶出生率の低下
- ・背景には，個々人の結婚や出産，子育ての希望の実現を阻む様々な要因
- ・希望の実現を阻む隘路を打破するため，長期的な展望に立ち，必要な安定財源を確保しながら，総合的な少子化対策を大胆に進める必要
- ・新型コロナウイルス感染症の流行は，安心して子供を生み育てられる環境整備の重要性を改めて浮き彫りにした　学校の臨時休業等により影響を受ける子育て世帯に対する支援等の対策と併せて，非常時の対応にも留意しながら総合的な少子化対策を進める

＜基本的な目標＞
- ・「希望出生率1.8」の実現に向け，令和の時代にふさわしい環境を整備し，国民が結婚，妊娠・出産，子育てに希望を見出せるとともに，男女が互いの生き方を尊重しつつ，主体的な選択により，希望する時期に結婚でき，かつ，希望するタイミングで希望する数の子供を持つ社会をつくる（結婚，妊娠・出産，子育ては個人の自由な意思決定に基づくものであり，個々人の決定に特定の価値観を押し付けたり，プレッシャーを与えたりすることがあってはならないことに十分留意）

＜基本的な考え方＞

1 結婚・子育て世代が将来にわたる展望を描ける環境をつくる
- ・若い世代が将来に展望を持てる雇用環境等の整備
- ・結婚を希望する者への支援
- ・男女共に仕事と子育てを両立できる環境の整備
- ・子育て等により離職した女性の再就職支援，地域活動への参画支援
- ・男性の家事・育児参画の促進
- ・働き方改革と暮らし方改革

2 多様化する子育て家庭の様々なニーズに応える
- ・子育てに関する支援（経済的支援，心理的・肉体的負担の軽減等）
- ・在宅子育て家庭に対する支援
- ・多子世帯，多胎児を育てる家庭に対する支援
- ・妊娠期から子育て期にわたる切れ目のない支援
- ・子育ての担い手の多様化と世代間での助け合い

3 地域の実情に応じたきめ細かな取組を進める
- ・結婚，子育てに関する地方公共団体の取組に対する支援
- ・地方創生と連携した取組の推進

4 結婚，妊娠・出産，子供・子育てに温かい社会をつくる
- ・結婚を希望する人を応援し，子育て世帯をやさしく包み込む社会的機運の醸成
- ・妊娠中の方や子供連れに優しい施設や外出しやすい環境の整備
- ・結婚，妊娠・出産，子供・子育てに関する効果的な情報発信

5 科学技術の成果など新たなリソースを積極的に活用する
- ・結婚支援・子育て分野におけるICTやAI等の科学技術の成果の活用促進

このほか，ライフステージ（結婚前，結婚，妊娠・出産，子育て）ごとに施策の方向性を整理

＜施策の推進体制等＞
- ・有識者の意見を聞きつつ，施策の進捗状況等を検証・評価する体制を構築し，PDCAサイクルを適切に回す
- ・施策について数値目標を設定するとともに，その進捗を定期的にフォローアップ[2]
- ・更に強力に少子化対策を推し進めるために必要な安定財源の確保について，国民各層の理解を得ながら，社会全体での費用負担の在り方を含め，幅広く検討

注：(1)　少子化社会対策基本法（平成15年法律第133号）（抄）　第7条　政府は，少子化に対処するための施策の指針として，総合的かつ長期的な少子化に対処するための施策の大綱を定めなければならない。
　　(2)　本大綱については，施策の進捗状況とその効果，社会情勢の変化等を踏まえ，おおむね5年後を目処に見直しを行うこととする。

出所：図表9-1と同じ，42頁。

年 4 月からは低所得者世帯に対する高等教育の修学支援新制度が実施されました。

（6）少子化社会対策大綱（第 4 次）

2020年策定に「少子化社会対策大綱（第 4 次）」が策定され，2021年から 5 年間の目標が掲げられました。今回の少子化社会対策大綱（第 4 次）は，「ニッポン一億人総活躍プラン」で掲げられた「希望出生率1.8」を実現するため，次の 5 つの基本的な考え方に基づいて，社会情勢等の変化に対応するための少子化対策を進めていくものです。

①　結婚・子育て世代が将来にわたる展望を描ける環境をつくる
②　多様化する子育て家庭の様々なニーズに応える
③　地域の実情に応じたきめ細かな取組を進める
④　結婚，妊娠・出産，子供・子育てに温かい社会をつくる
⑤　科学技術の成果など新たなリソースを積極的に活用する

また，新型コロナウィルス感染によって，結婚，妊娠，出産・子育てへの影響は大きく，安心して子どもを生み育てる環境の整備が重要となっています（図表 9 - 4 ）。

参考文献

厚生労働省『厚生労働白書 令和 3 年版』日経印刷，2021年。
厚生労働省『厚生労働白書 令和 3 年版 資料編』（mhlw.go.jp/wp/hakusyo/kosei/20-2/，2022年 8 月 1 日アクセス）。
厚生労働統計協会『国民の福祉と介護の動向 2021/2022』厚生労働統計協会，2021年。
社会福祉の動向編集委員会編『社会福祉の動向2022』中央法規出版，2022年。
内閣府『子ども・子育て白書 平成24年版』勝美印刷，2012年。
内閣府『少子化社会対策白書 令和 4 年版』日経印刷，2022年。

著者紹介

大津泰子（おおつ・やすこ）

現　在　近畿大学九州短期大学保育科教授
主　著　『現代社会福祉学』（共著）学文社，2003年
　　　　『児童福祉概論』（共著）同文書院，2007年
　　　　『児童福祉──子どもと家庭を支援する』（単著）ミネルヴァ書房，2010年
　　　　『保育と社会福祉』（共著）みらい，2011年
　　　　『児童家庭福祉──子どもと家庭を支援する』（単著）ミネルヴァ書房，2013年

子ども家庭福祉
──子どもと家庭を支援する──

2023年 2 月25日　初　版第 1 刷発行　　　　　　　　　〈検印省略〉

定価はカバーに
表示しています

著　者　　大　津　泰　子
発行者　　杉　田　啓　三
印刷者　　江　戸　孝　典

発行所　株式会社　ミネルヴァ書房
607-8494 京都市山科区日ノ岡堤谷町 1
電話代表 (075)581-5191
振替口座 01020-0-8076

© 大津泰子, 2023　　　　　　　　共同印刷工業・新生製本

ISBN978-4-623-09527-8
Printed in Japan

山縣文治・柏女霊峰　編集委員代表
社会福祉用語辞典［第 9 版］　　四六判
本体 2200円

森上史朗・柏女霊峰　編
保育用語辞典［第 8 版］　　四六判
本体 2300円

野﨑和義　監修／ミネルヴァ書房編集部　編
ミネルヴァ社会福祉六法［各年版］　　四六判
本体 2800円

ミネルヴァ書房編集部　編
社会福祉小六法［各年版］　　四六判
本体 1800円

ミネルヴァ書房
https://www.minervashobo.co.jp/